Manfred von Ardenne

Ich bin ihnen begegnet
Wegweiser der Wissenschaft
Pioniere der Technik
Köpfe der Politik

Meiner Frau Bettina in Liebe und
Dankbarkeit gewidmet

Manfred von Ardenne

Ich bin ihnen begegnet

Wegweiser der Wissenschaft
Pioniere der Technik
Köpfe der Politik

Unter Mitarbeit von Manfred Lotsch

Droste Verlag

Bildnachweis:
Peter Blachian, MPG Pressebild: Abb. 47
Bundesarchiv/ADN/Heilig 651858/25: Abb. 35
dpa: Abb. 7, 8, 11, 18, 26, 40, 43, 51, 57
Foto Röhnert: Abb. 22
Interpress: Abb. 28
Keystone Pressedienst: Abb. 10, 19, 33
Museum für Post und Kommunikation: Abb. 38
Adam Opel AG: Abb. 12
Winfried Rabanus: Abb. 48
Rheinische Post, Archiv: Abb. 20, 25, 39, 44, 45
Siemens Forum: Abb. 16
Telefunken Sendertechnik GmbH: Abb. 6, 9
Ullstein Bilderdienst: Abb. 29
Alle anderen Abbildungen stellte freundlicherweise der Autor
zur Verfügung.

Die Deutsche Bibliothek – CIP-Einheitsaufnahme

Ardenne, Manfred von:
Ich bin ihnen begegnet: Wegweiser der Wissenschaft,
Pioniere der Technik, Köpfe der Politik/Manfred von Ardenne.
Unter Mitw. von Manfred Lotsch. –
Düsseldorf: Droste, 1997
ISBN 3-7700-1072-8

© 1997 Droste Verlag GmbH, Düsseldorf
Schutzumschlag: Helmut Schwanen
unter Verwendung eines Fotos von Uwe Tölle, Berlin
Gesamtherstellung: Clausen & Bosse, Leck
ISBN 3-7700-1072-8

Inhalt

Vorwort

Dank glücklicher Umstände hatte ich in den Jahren zwischen 1912 und 1996 Begegnungen mit Menschen, die das Leben in unserem Jahrhundert veränderten.

Diese Begegnungen verdanke ich dem Umstand, daß ich häufig das Arbeitsgebiet wechselte – die Gründe dafür sind in meiner Autobiographie »Die Erinnerungen« dargelegt – und mich dabei nicht ohne Erfolg Forschungsbereichen zuwandte, die meist gerade erst im Entstehen begriffen waren. Hinweise auf eigene Arbeiten, z. B. auf die Entwicklung der heutigen Fernsehtechnik mit Elektronenstrahlröhren 1930, die das Leben in unserer Zeit veränderten, konnten in diesem Buch unterbleiben, weil sie in meiner Autobiographie besprochen sind.

Weiter trug zur Häufigkeit dieser Begegnungen bei, daß ein hohes Lebensalter den Wechsel über mehrere Generationen begleiten ließ.

Schließlich wirkten sich günstig die Erhaltung der geistigen Kräfte und ein gutes Langzeitgedächtnis sowie die glückliche Tatsache aus, daß das 1928 begonnene Gästebuch mit Eintragung der Besuchstermine über die Wirren des Krieges und der Nachkriegsereignisse erhalten geblieben ist.

Politiker mit Fortune, die mit weit in die Zukunft weisenden Fortschritten das Leben in unserem Jahrhundert veränderten, gibt es nur wenige. Als geschichtliche Taten dieses Ranges dürften die Wiedervereinigung des in zwei Staaten geteilten Deutschlands 1990 und die Einleitung des Entstehens der Vereinigten Staaten von Europa einzuschätzen sein. Menschen zu begegnen, die solch langfortwirkende Taten vollbringen, ist selten. Es gibt aber viele Politiker, die temporär in dem zu Ende gehenden Jahrhundert im Rahmen der wechselnden politischen Systeme das Schicksal der Menschen mit schlimmen Auswirkungen, zum Teil sogar in verbrecherischer Weise, beeinflußten. Als Spielball der Ereignisse bin ich leider auch solchen Personen wiederholt begegnet, bei denen die Verletzung

13

der Menschenrechte zum Alltag gehörte. Bei den Begegnungen mit Politikern unterscheide ich daher zwischen Menschen, die ihre Macht mißbrauchten und solchen, die es nicht taten. Zu dieser Unterscheidung gelangte ich durch die Erinnerung an einen Ausspruch des sterbenden griechischen Staatsmannes Perikles:

»Ihr preiset meine glücklichen und glänzenden Taten, vergeßt aber nicht das Schönste und Größte, nämlich, daß nie einer meiner Mitbürger durch meine Schuld in Trauer versetzt worden ist.«

Die meisten Taten, welche unser Leben in diesem Jahrhundert tiefgreifend veränderten und auch noch in kommenden Zeiten fortwirken, stammen von Menschen aus dem Bereich von Naturwissenschaften und Technik, d. h. von Wissenschaftlern, Forschern, Erfindern und Entwicklern mit Phantasie und Intuition. Um besser zu erkennen, was gerade das zu Ende gehende Jahrhundert für die Geschichte der Menschheit bedeutet und wie sehr dieses Jahrhundert sich von früheren Jahrhunderten unterscheidet, sei im folgenden der Versuch unternommen, Beispiele für positive Veränderungen aufzuzählen.

Entwicklung der theoretischen Physik und der Nuklearphysik sowie der Kosmologie, Entdeckung der Spaltung des Urankerns, Entwicklung von Anlagen hoher Betriebssicherheit (mit abreißender Kettenreaktion bei Reaktorunfällen) zur Gewinnung von Wärme- und Elektroenergie, Vernichtung und moralische Ächtung aller Varianten von Atomwaffen, Entwicklung und Einsatz der Computer, Mikrominiaturisierung elektronischer Bauelemente und Schaltkreise, Einführung der Robotertechnik in die industrielle Fertigung, Entwicklung der Lasertechnik und Holographie, Informatik, Schaffung lernfähiger Systeme bis hin zur künstlichen Intelligenz, Astronautik, Satellitentechnik, Satellitenmeteorologie, Entwicklung der Breitband-Nachrichtentechnik, weltweite Telekommunikation, die Kontinente verbindendes Fernsehen, Entwicklung des Tonfilms und der Video- sowie Speichertechnik, die weltumfassende Luftfahrt, Flugsicherung durch Radar, messende Biologie, elektronenmikroskopische Erkundung der Zelle und ihrer Organellen, Verfeinerung der Darwinschen Evolutionstheorie bis hin zum molekularen Bereich, Gentechnik, erhöhter Stellenwert der Ökologie in Verbindung mit der Umweltproblematik, Entwicklung der Medizintechnik und der Sonografie, Fortschritte der Chirurgie, Organtransplantationen, Fortschritte in der Bekämpfung der lebensbedrohenden Krankheiten.

Als einer der erfolgreichsten Gelehrten unserer Zeit, der zweifache Nobelpreisträger Otto Warburg, nach dem bedeutendsten Ereignis seines wissenschaftlichen Lebens gefragt wurde, lautete die Antwort:»Es war die Begegnung mit dem Genius.« Für mich war es beglückend, daß auch ich in meinem beruflichen Schicksal immer wieder Begegnungen mit vielen der ungewöhnlichen Persönlichkeiten hatte, die durch ihr Wirken in einigen der genannten Bereiche das Leben der Menschen in diesem Jahrhundert zum Positiven veränderten. Als eine große Gnade empfand ich es, wenn sich aus diesen Begegnungen unerwartete Förderungen, fachliche Beratungen und in einigen Fällen sogar hilfreiche Zusammenarbeit ergaben.

Ein bewährter und aussichtsvoller Weg, um die eigene geistige, berufliche und charakterliche Entwicklung zu fördern, besteht darin, sich aus der Geschichte Persönlichkeiten mit einem dem eigenen Interesse nahestehenden Lebensweg als Vorbild auszuwählen; dann ihre Biographien gründlich zu studieren und ihnen mit Phantasie, Fleiß und Ausdauer nachzueifern. Ein Zweck dieses Buches ist es, den Leser auf Persönlichkeiten hinzuweisen, die ihm zum Leitbild werden können. Hierfür genügt es, daß ich mich auf eine Skizze der bedeutendsten Lebensleistung jener beschränke, mit denen ich zusammentraf. So habe ich mich bemüht, den Kommentar zu den Begegnungen so abzufassen, daß der Leser dazu angeregt wird, die in die Tiefe gehende Biographie der ausgewählten Persönlichkeiten näher kennenzulernen. Ein breiteres Eingehen auf das Leben und Wirken der Menschen, die mir begegneten, hätte den Rahmen dieses Buches gesprengt.

Meinen Sekretärinnen Frau Simone Adler und Frau Jutta

Neumeister möchte ich für ihre unermüdliche Hilfe herzlich danken. Mein Dank gilt auch dem Droste Verlag und insbesondere Herrn Verlagsdirektor Dr. Manfred Lotsch. Er hat das Manuskript in vielen Passagen ergänzt und somit als Mitautor dieses Buches gewirkt.

Um den Rahmen nicht zu sprengen, haben wir angesichts der Fülle von Begegnungen von bibliographischen Hinweisen zu den einzelnen Persönlichkeiten abgesehen. Gern aber sei erwähnt, daß wir auch dem Pressearchiv der »Rheinischen Post«, Düsseldorf, reichhaltige Materialien verdanken, die für zahlreiche Kapitel genutzt werden konnten.

Im Oktober 1996   Manfred von Ardenne

Der Beginn

1913

Zwei Preußen

Begegnung mit Erich von Falkenhayn und Henning von Tresckow

Das letzte Friedensjahr. Die Erwachsenen mochten wohl ahnen, wie unsicher und bedrohlich es um Europa stand, um Preußens und des Reiches Gloria. Rüstungsfieber allenthalben. Welcher kleine Junge konnte sich vorstellen, daß die glanzvolle Parade der Garderegimenter auf dem Tempelhofer Feld, die Kürassiere, die Generäle mit ihren federgeschmückten Helmen um den Kaiser nur noch ein aufregend schönes Schauspiel boten, als hinter der Kulisse längst der Weltbrand zündelte.

Der Vater war nach Berlin versetzt, ins Allgemeine Kriegsdepartement des preußischen Kriegsministeriums. Und so begegnete ich im Alter von sechs Jahren dem preußischen General und Kriegsminister *Erich von Falkenhayn* (* 1861 – † 1922) und seiner Frau, die eine Freundin meiner Mutter war, in ihrer Dienstwohnung nahe dem Brandenburger Tor. Mehr noch als den Eltern widmete ich meine Aufmerksamkeit der mir fast gleichaltrigen Tochter Erika von Falkenhayn. Mich beeindruckte im Spielzimmer der Tochter besonders ein größeres Puppenhaus mit elektrischer Beleuchtung. Erika von Falkenhayn wurde später die Frau von *Henning von Tresckow* (* 1901 – † 1944). Menschliche Größe, Mut und Handeln des aufrechten Widerstandskämpfers haben meine Familie und ich stets sehr bewundert. Er war der Pate meines Bruders Ekkehard bei dessen Weg zum Kompanieführer im Potsdamer Eliteregiment 9.

Zwei Ereignisse brachten den Sproß eines uralten märki-

*1 Widerstandskämpfer Henning von Tresckow und seine Frau
Erika geb. von Falkenhayn: Freunde der Familie von
Ardenne.*

schen Adelsgeschlechts, der im Zweiten Weltkrieg bis zum Generalmajor aufstieg, zu entschiedener Ablehnung des NS-Regimes: der »Röhmputsch« 1934, die von Hitler angeordnete
Mordaktion gegen die SA-Führung und seine politischen Gegner, und die von Hitler und Goebbels inszenierte »Reichskristallnacht« vom 9. auf den 10. November 1938, der Pogrom gegen die Juden in Deutschland. Als Generalstabsoffizier im
Rußlandfeldzug tief betroffen von brutalen Maßnahmen der
deutschen Führung gegen die Bevölkerung, suchte von Tresckow mit allen Mitteln die Durchführung des berüchtigten
»Kommissarbefehls« zu verhindern: die völkerrechtswidrige
Exekutionsanweisung gegen die politischen Organe der Roten
Armee. Schließlich wurde ihm die Beseitigung Hitlers durch
einen Staatsstreich zur unabdingbaren patriotischen Pflicht, für

die er mutig und unermüdlich warb. Das von ihm und Fabian von Schlabrendorff 1943 bei einem Besuch Hitlers an der Ostfront organisierte Attentat auf dessen Flugzeug, einer von mehreren weiteren Versuchen, schlug fehl. Mit Stauffenberg führend an der Planung des 20. Juli 1944 beteiligt, wie man später erfuhr, ging er nach dem Scheitern in vorderster Frontlinie seines Armeebereichs in den Freitod.

Später habe ich oft an Henning von Tresckow, Schenk von Stauffenberg, Helmuth James von Moltke, meinen Vetter Erwin von Witzleben und die anderen Männer des Widerstandes gegen Hitler mit tiefer Verehrung und in Demut gedacht. Sie gaben ihr Leben für die Ehrenrettung der Deutschen Wehrmacht und der deutschen Aristokratie sowie für die Zukunft Deutschlands.

Besonders jüngere Leser sollten sich bemühen, das Leben der Männer des 20. Juli 1944 kennenzulernen. In ihrer menschlichen Größe, mit dem Mut, ihr Leben für die Erreichung eines Zieles einzusetzen, und mit ihrer politischen Reife sind sie Vorbilder gewesen, die weit in die Zukunft sahen.

1917

Funksignale
Begegnung mit einem Wetterwart

Die Begegnung mit einem kinderfreundlichen Wetterwart in Münster am Stein hatte für mein ganzes weiteres Leben schicksalhafte Bedeutung. Sie lenkte im Alter von zehn Jahren mein Interesse mit außergewöhnlicher Intensität auf das Gebiet der drahtlosen Telegraphie. Den jungen Menschen von heute befremdet wahrscheinlich die Faszination von damals, sind doch Fernsehen, Radio, Computer, Satelliten und Datenspeicherung schon das Selbstverständlichste auf der Welt. 1917 war dies in Deutschland noch ganz anders. In jenem Jahr gelang Hans Bredow und Alexander Meißner an der Westfront bei Versuchen mit Röhrensendern und Rückkopplungsempfängern die Übertragung von Musik: die technische Geburtsstunde des deutschen Rundfunks; nach dem Krieg gingen die USA voran. Am 22. Dezember 1920 übertrug der Langwellensender Königs Wusterhausen zum ersten Mal in Deutschland ein Instrumentalkonzert. 1922 ließ sich der »Wirtschaftsrundspruchdienst« hören. Privatpersonen war bis 1923 der Rundfunkempfang verboten. Dann war es soweit, daß der erste deutsche Rundfunksender den regelmäßigen Sendebetrieb aufnahm. Aufregende Zeiten für mich, für viele. Aber wir greifen vor. 1917 war auch das Telefon noch längst keine ausgereifte Technologie, geschweige denn die drahtlose Telekommunikation.

Der Wetterwart hatte mich die Funksignale des viele hundert Kilometer entfernten Eiffelturm-Senders hören lassen. Meine kindliche Fantasie war auf das Höchste herausgefordert. Die Vorstellung, daß die Funksignale von dem fernen, nur aus Büchern und Erzählungen bekannten Eiffelturm gesendet wurden, weckte schier unbändige Neugier und Wissensbegierde in mir. Erlebnisse solcher Art im jugendlichen Alter lassen sich auch gezielt herbeiführen. Sie können zu Schlüsselerlebnissen werden, die die Interessen des Kindes in die gewünschten aussichtsvollen Berufsrichtungen lenken.

Wäre nicht die jugendliche Begeisterung über die sich neu erschließende Welt der Technik gewesen, wie hätten wir jene Zeit erlebt? Der Weltkrieg wütet 1917 in seinem vierten Jahr. Die USA treten als neuer Gegner auf das Schlachtfeld. Der deutsche Reichskanzler Bethmann-Hollweg stürzt. In Flandern tobt die »Große Schlacht« mit dem ersten Großeinsatz englischer Tanks. Giftgaseinsatz an der Westfront. Es kommt zum Waffenstillstand mit Rußland und zu den Friedensverhandlungen der »Mittelmächte« in Brest-Litowsk. Und wir Kinder erfahren täglich die Lebensmittelnot um uns. Nach dem vorangegangenen schlimmen Kohlrübenwinter mehrfache Kürzungen der Brot- und Kartoffelrationen, Streiks von Arbeitern in Rüstungsbetrieben, Tumulte auf Wochenmärkten.

1919
Der Sieger von Tannenberg
Begegnung mit Erich Ludendorff

Das erste Jahr nach dem bis damals gewaltigsten und fürchterlichsten aller Kriege. Das Kaiserreich ist untergegangen. Generalstreik, innere Unruhen, Straßenkämpfe in Berlin und anderswo. Aber in Weimar tritt die neugewählte Nationalversammlung zusammen und gibt Deutschland eine demokratisch-republikanische Verfassung. Der Sozialdemokrat Friedrich Ebert wird erster Reichspräsident der jungen Republik, der der Friedensvertrag von Versailles schwer lastende Bedingungen und neue äußere Grenzen auferlegt. In diesem Jahr kommt es zu einer Begegnung, die mir damals zum Erlebnis wird und mich später immer wieder grübeln läßt, wie sehr wir alle im Zeitgeist, in Meinungen, Stimmungen und Strömungen unserer Tage befangen sind. Es war ein Auftrag meiner Mutter, der mich zu General *Erich Ludendorff* (* 1865 – † 1937) führte, dem legendären kaiserlichen Heerführer. Weil er nach dem Kriege, so hieß es, von den Siegermächten bestraft werden sollte, wohnte er in einer Geheimwohnung nahe der Potsdamer Straße in Berlin. Ich sollte ihm ein Liebesgabenpaket überreichen. Er öffnete selbst die Tür. Die Erinnerung an den Sieger von Tannenberg 1914 und seine – besonders für mich Zwölfjährigen – imponierende Erscheinung prägte sich unvergeßlich in mein Gedächtnis ein.

Als Generalstabschef der deutschen Armee in Ostpreußen

hatte Ludendorff unter dem Oberbefehl Paul von Hindenburgs bekanntlich entscheidenden Anteil daran, daß kurz nach Kriegsbeginn in den Schlachten von Tannenberg, Masuren und in Polen der russische Vormarsch zurückgeworfen wurde. Fortan war Ludendorff als ›Erster Generalquartiermeister‹ von maßgeblichem Einfluß auf Kriegführung und Politik des kaiserlichen Deutschland. Der Beschluß zum uneingeschränkten U-Boot-Krieg, der 1917 die USA in den Krieg eintreten ließ, der Sturz des Reichskanzlers Bethmann Hollweg, die Mobilisierung eines totalen Krieges gelten vor allem als sein Werk. In letzter Stunde forderte er Waffenstillstandsverhandlungen und eine Demokratisierung der Reichsverfassung, ehe er im Oktober 1918 seinen Abschied nehmen mußte. Nach dem Urteil der Historiker trug seine faktische »Militärdiktatur« gegen Tatsachen und Stimmungen der innen- und außenpolitischen Lage wesentlich zur Novemberrevolution 1918 bei. Was konnte davon der Zwölfjährige wissen, als er der hochragenden Gestalt gegenüberstand?

Hätte Ludendorff nicht das Haber-Bosch-Verfahren für die Gewinnung von Ammoniak aus Wasserstoff und Stickstoff bis zur Großproduktion gefördert, so hätte der Erste Weltkrieg wegen Munitionsmangels auf deutscher Seite ein früheres Ende gefunden. Die Verluste an Menschenleben wären viel geringer gewesen.

Voraussetzung waren die Forschungen von Fritz Haber, Leiter des Kaiser-Wilhelm-Instituts für physikalische Chemie in Berlin-Dahlem, einer der bedeutendsten Vertreter der modernen Chemie, und die Entwicklung des großtechnischen Verfahrens der Haberschen Ammoniak-Synthese durch Carl Bosch. Haber war leitend an der Organisation der chemischen Kriegführung beteiligt, ein Beispiel für verhängnisvolle potentielle Nutzungen wissenschaftlich-technischer Errungenschaften. 1918 erhielt er den Nobelpreis für Chemie. 1933 mußte er, weil Jude, emigrieren und ging nach England. Carl Bosch wurde 1931 zusammen mit Friedrich Bergius, der 1911 das später nach ihm benannte Verfahren zur direkten Kohlehydrierung entwickelt hatte, mit dem Nobelpreis für Chemie ausgezeichnet.

Ludendorff, wie nur zu gut erinnerlich, wurde in der Weimarer Republik zum Propagandisten einer nationalistisch-antisemitischen und antichristlichen »deutsch-völkischen Bewegung«. In seinem Kampf gegen die junge deutsche Demokratie wurde er zeitweilig zum Förderer und Weggefährten Hitlers, marschierte beim Hitler-Putsch am 9. November 1923 mit zur Münchner Feldherrnhalle, war NSDAP-Reichstagsmitglied, 1925 auf Hitlers Wunsch sogar Kandidat für das Amt des Reichspräsidenten. Bei der Wahl erhielt er nur 1,1 % der Stimmen. 1933, so weiß man heute, prophezeite er hellsichtig in einem beschwörenden Brief an Reichspräsident Paul von Hindenburg, daß Hitler Deutschland in den Abgrund und in unfaßbares Elend stürzen würde. Er wandte sich von der NS-Bewegung ab, gleichwohl von dem nunmehrigen Reichskanzler Hitler als »größter Feldherr des deutschen Volkes im Weltkrieg« gefeiert. Mein kindliches Bild von Ludendorff hatte sich längst gewandelt.

1920

Jugendliche Experimentierfreude
Begegnung mit zwei gleichaltrigen Freunden

Trotz Kapp-Putsch gegen die Reichsregierung, Einmarsch rechter Freikorps in Berlin, Generalstreik der Gewerkschaften und Straßenkämpfen zwischen Reichswehr und Putschisten: Das Wichtigste in diesem Jahr war mir die Begegnung mit meinen beiden Freunden Slawik und Süßengut, die sich wie ich mit jugendlicher Begeisterung für die drahtlose Telegraphie interessierten. Da es damals keine für junge Leser geeigneten Bücher darüber gab, war der gegenseitige Austausch von Hinweisen entscheidende Voraussetzung für den Beginn erfolgreicher Basteltätigkeit auf diesem Gebiet. Das Sammeln von praktischen Erfahrungen war damals möglich, weil nach dem Ersten Weltkrieg in zahlreichen Elektrogeschäften Bauelemente oder Geräte für drahtlose Telegraphie aus Heeresbeständen preiswert angeboten wurden.

Obwohl es streng verboten war, bauten wir für den Wellenbereich um 600 Meter auch kleine Funksender, mit denen wir zur verabredeten Zeit zwischen unseren Wohnungen in Berlin privaten Funkverkehr veranstalteten. Wir lernten Morsen im Spiel und konnten dadurch den Nachrichtenverkehr zwischen den Küstenfunkstellen und den nach Übersee fahrenden Schiffen verfolgen, was oft zu interessanten Einblicken führte. Schließlich gingen wir sogar soweit, 10 Watt-Röhrensender zu bauen und Mundharmonika-Konzerte über Berlin auszustrahlen. Unser verbotenes Treiben dauerte etwa anderthalb Jahre, bis die Station in der Wohnung meiner Eltern angepeilt und meine Geräte beschlagnahmt wurden.

1921
Pioniergeist und verbotene Versuche

Die intensive Basteltätigkeit führte in diesem und den folgenden Jahren dazu, daß wir in dem kleinen Laboratorium, das in der elterlichen Wohnung in Berlin, Hasenheide 61, eingerichtet wurde, eine Empfangsanlage mit Rahmenantenne und mehrstufigen Röhrenverstärkern aufbauen konnten. Mit dieser Anlage gelang ein relativ ungestörter Empfang der nordamerikanischen und südamerikanischen Langwellen-Großfunkstellen. In dieser Phase lernte ich den Bau und den Umgang mit Röhrenverstärkern.

Die ungewöhnlichen Ergebnisse jugendlicher Bastelei und verbotene Versuche mit einem selbstgebauten kleinen Röhrensender, die mitgehört wurden, sorgten dafür, daß man auf unsere Experimente aufmerksam wurde. Das erwies sich als eine Voraussetzung für meine künftige berufliche Entwicklung und ihre Förderung.

1922

Rundfunk dem Volke
Begegnung mit Siegmund Loewe

Ich war noch keine 15 Jahre alt, als ich Dr. *Siegmund Loewe* (*1885 – † 1962) begegnete, dem späteren Entdecker des Quarzes als Frequenzstandard höchster Genauigkeit und technischem Pionier des Unterhaltungsrundfunks in Deutschland. Ohne seine Entdeckung wären heutzutage beispielsweise Quarzuhren und viele andere Präzisionsgeräte in Technik, Wissenschaft und im alltäglichen Gebrauch nicht denkbar.

Ich hatte von ihm und seinem funktechnischen Laboratorium gehört und brannte darauf, ihn kennenzulernen. Unsere erste Begegnung, die eine fruchtbare Zusammenarbeit bis zu seiner Emigration in die USA einleitete, geschah im Dezember in einem Elektrogeschäft, wo Funkgeräte aus Heeresbeständen zu erwerben waren. Bei diesem Treffen richtete ich eine solche Fülle von Fachfragen an ihn, daß er aufmerksam wurde und mich zu regelmäßigen Besuchen seines Laboratoriums in der nahen Berliner Gitschiner Straße einlud. Die Zusammenarbeit mit ihm bestimmte mein weiteres Berufsleben, das er uneigennützig und mit mir selten begegneter Fairneß förderte.

Loewes eigener Lebensweg und die Konsequenz seiner Schritte waren imponierend. Er wurde Feinmechaniker-Lehr-

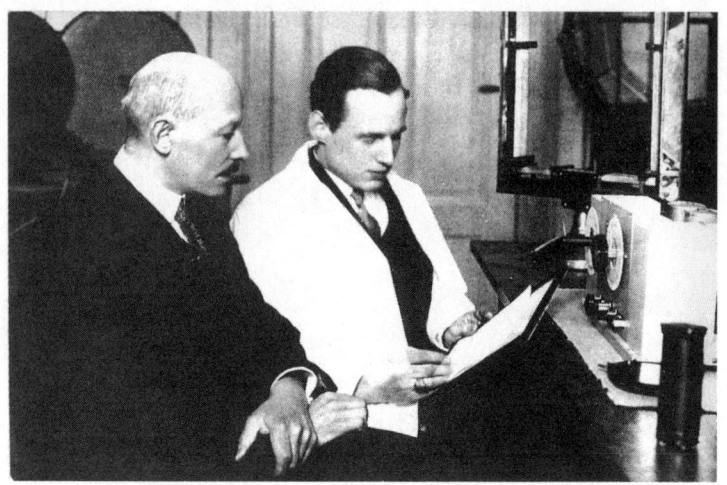

2 Besprechung mit meinem Förderer und Freund
Dr. Siegmund Loewe über Probleme des (rechts im Bild
sichtbaren) ersten Breitband-Verstärkers der
Elektronik (1928).

ling, anstatt die Schule ganz zu beenden – für den Sohn eines
Berliner Arztes ungewöhnlich genug, dann Helfer für Präzisionsmessungen an der Physikalisch-Technischen Reichsanstalt, daneben Gasthörer bei Vorlesungen von A. Slaby über
Elektrotechnik an der Technischen Hochschule Charlotten-
burg. Nach fünf Jahren als Ingenieur bei der Firma Telefunken
in Berlin die nachgeholte Reifeprüfung, Studium der Physik
und Astronomie in Jena, Promotion bei dem Physiker Prof.
Max Wien, einem der Pioniere der Hochfrequenztechnik.
Nach Ingenieurtätigkeit wieder bei Telefunken und drei Jahren
als angestellter technischer Leiter wagte Dr. Loewe in den un-
ruhigen und ungewissen Zeiten kurz nach Kriegsende 1918 den
Schritt in die Selbständigkeit. Sein Laboratorium für Funk- und
Vakuumtechnik widmete sich auch Problemen der Medizin.

Als wir einander 1922 begegneten, war Dr. Loewe gerade

dabei, mit dem Amerikaner Lee de Forest Verbesserungen an Elektronenröhren zu entwickeln. Im Jahr darauf gründete er mit seinem Bruder die »Radio-Frequenz GmbH« für den Bau von Rundfunkgeräten. Daraus wurde, so die heutige neutrale Sicht, »ein Pionierunternehmen der Branche in Deutschland«. Ich konnte, soviel ich wollte, an den Arbeiten und Experimenten in seinem Laboratorium teilnehmen. Damit hatte Loewe etwas getan, was gerade in der heutigen Zeit der scharfen Konkurrenzkämpfe vonnöten ist. Er hatte, wenn es auch unbescheiden klingen mag, von sich selbst so etwas zu formulieren, ein junges Talent erkannt und dessen erste Schritte zur Selbständigkeit entscheidend gefördert. So kam es, daß ich an der Entwicklung und dem Aufbau der Serienfertigung der von mir vorgeschlagenen Loewe 3-fach-Röhre teilnehmen durfte. Es war die erste integrierte Schaltung der Welt, die im September 1924 zum Patent angemeldet wurde. Ich sammelte Erfahrungen, die sich später in meinem eigenen Labor als äußerst hilfreich erwiesen.

Dr. Loewe vertrat seine technischen Entwicklungen und seinen Enthusiasmus für den Rundfunk mit großem Engagement. Schon früh, noch vor dem großen Aufbruch des Rundfunks in den USA, hatte ihn im Frühjahr 1920 eine Studienreise dorthin vorausschauend erkennen lassen: Einem allgemein verbreiteten Rundfunk gehört die Zukunft. »Rundfunk dem Volke« war die Maxime, mit der Loewe dem Rundfunk gegen den Willen der Behörden und insbesondere gegen den der Militärs eine wichtige Aufgabe für die Entwicklung der Demokratie zusprach. Er bemühte sich um Kontakte zu höchsten Stellen im Staat, um die vielerorts – so zum Beispiel bei der Reichspost – bestehenden Widerstände gegen eine neue Form der Massenkommunikation zu brechen.

Da selbst Reichspräsident Friedrich Ebert von seinen Mitarbeitern wohl in der Hauptsache die negativen Aspekte eines öffentlichen Rundfunks vermittelt bekam, bemühte sich Loewe um eine Demonstration einer improvisierten rundfunktechnischen Anlage. Er setzte auf die unmittelbare Wirkung, die eine direkt übertragene Sendung auf den für technische Neuerungen aufgeschlossen geltenden Reichspräsidenten Ebert haben würde. Die Demonstration, ein unvergeßliches Erlebnis für alle, die dabei waren, verfehlte nicht ihre Wirkung. Nicht nur für mich gilt als historisches Ereignis, was auf dem nächsten Blatt dieses Kalendariums der Begegnungen skizziert werden soll.

Meine Zusammenarbeit mit Dr. Loewe und seiner bald in Berlin-Steglitz entstehenden Röhrenfabrik war in den folgenden Jahren äußerst fruchtbar. Um 1925 setzte Dr. Loewe souverän eine Erkenntnis um, die W. G. Cady drei Jahre zuvor beschrieben hatte: Quarz, durch elektrische zu mechanischen Schwingungen gebracht, eignet sich als frequenzbestimmendes Element. Dr. Loewe begann Schwingquarze als Zeit- und Frequenznormale zu nutzen. Vollends heute sind Schwingquarze in Oszillatoren von Sendern und Empfängern und zahllosen technischen Präzisionsgeräten und -produkten, man denke nur an die Quarzuhren, unverzichtbare Voraussetzung unserer modernen Welt.

Ich hatte damals erkannt, daß die Röhrenverstärker mit Transformationskopplung durch Verstärker mit Widerstandskopplung bei den Rundfunkgeräten ersetzt werden sollten, weil letztere viel billiger sind und verzerrungsfreier arbeiten. Ich entwickelte für Loewe einen Ortsempfänger mit Kopplung der Verstärkerstufen über Widerstände. Loewe fabrizierte diesen ersten Ortsempfänger, der schnell großen Absatz fand. Die Rundfunkindustrie kopierte meine Konstruktion und Telefunken brachte diesen neuen Gerätetyp unter dem Namen »Arcolette« auf den Markt. Der Nachbau durch die anderen Firmen verärgerte Dr. Loewe und mich. Ich schlug deshalb vor, die Dreiröhrensysteme mit ihren Widerständen (bei kapazitätsarmem Aufbau) in einem Vakuumrohr zu vereinigen. So enstand die schwer kopierbare Loewe – Dreifachröhre, die dann in Millionen Exemplaren für das In- und Ausland von der Loewe-Firma gebaut wurde (Loewe Ortsempfänger OE 333, Preis nur 39,50). Etwa gleichzeitig konzipierte ich die Loewe-Zweifachröhre mit

2-Doppelgitter-Röhrensystem als ersten Breitbandverstärker der Elektronik mit einer Frequenzbandbreite von einer Million Hertz. Fünf Jahre später, um 1930, wurde die Breitbandverstärkung zum Grundelement der Fernsehtechnik, der Radartechnik, der oszillographischen Meßtechnik, und ist heute Voraussetzung für fast die gesamte Nachrichtentechnik.

1928, im Alter von 21 Jahren und in der Zeit der Weltwirtschaftskrise, mußte ich für den Erwerb meines Institutsgrundstückes Berlin Lichterfelde Ost, Jungfernstieg 19, über 200000 RM Schulden auf mich nehmen. Damals erlaubte mir Dr. Siegmund Loewe im Rahmen des Vertrages mit seiner Firma mit seltener Fairneß, in eigener Regie die Entwicklung, Serienfertigung und den Vertrieb einer Elektronenstrahlröhre mit hellem, in seiner Intensität steuerbarem Schreibfleck sowie der dazugehörigen Hilfsgeräte durchzuführen, um die Schulden abzutragen. Diese Arbeiten mündeten nach meiner Erfindung des Leuchtfleckabtasters 1939 in die Realisierung der Fernsehtechnik mit Elektronenstrahlröhren.*

Auf der Berliner Funkausstellung 1931 stellte mir Dr. Loewe großzügig den Ausstellungsstand seiner Firma zur Demonstration meiner Anlage mit Elektronenstrahlröhren auf der Geber- und Empfangsseite zur Übertragung von Filmen zur Verfügung. Dank ihrer großen Helligkeit waren die Bilder in der beleuchteten Ausstellungshalle gut sichtbar und infolge ihrer Zerlegung in 100 Zeilen bzw. 10000 Bildpunkte von guter Schärfe. Der Farbfernseherfinder Walter Bruch schrieb von dieser Vorführung, sie sei die Welturaufführung der heutigen Fernsehtechnik mit Elektronenstrahlröhren gewesen.

1932 wurde der Vertrag über die Zusammenarbeit meines Laboratoriums mit der Fa. Radio Loewe gelöst. Auf der Funkausstellung 1933 – des Schicksalsjahres für die deutsche Demokratie, für die jüdischen Mitbürger, für Deutschland –

---

* Siehe Buchveröffentlichung M. von Ardenne, Entstehen des Fernsehens. Persönliche Erinnerungen an das Entstehen des heutigen Fernsehens mit Elektronenstrahlröhren. Verlag Historischer Technikliteratur, Herten 1996.

stellte Dr. Siegmund Loewe unseren ersten in Serie gebauten elektronischen Fernsehempfänger vor. 1938 mußte er emigrieren.

1956 sahen wir einander wieder: Harmonie wie am ersten Tag. Das von dem imponierenden Mann gegründete und als Motor der Rundfunk- und Fernsehentwicklung zu Weltruf geführte Unternehmen, heute Loewe Opta GmbH in Kronach, ist seinem Ruf in der Unterhaltungselektronik treu geblieben und zählt durch viele Innovationen immer noch, trotz der großen Konkurrenz im In- und Ausland, zu den deutschen Marktführern.

1923
Senden für den Reichspräsidenten
Begegnung mit Friedrich Ebert

Das Jahr 1923 hielt für Deutschland schlimme Ereignisse bereit. Im Januar waren französische und belgische Truppen ins Ruhrgebiet einmarschiert. Unruhe und Erregung der Bevölkerung teilten sich auch uns Schülern des Berliner Friedrich-Realgymnasiums mit. Verhaftungs- und Ausweisungsaktionen, Protestnoten an die Siegermächte, verschärfter Belagerungszustand im Ruhrgebiet, Sabotage-Akte. In Karlsruhe und Mannheim verkündete Reichspräsident Ebert den passiven Widerstand der Bevölkerung. Die Reichsregierung intervenierte in Paris und Brüssel. Die Inflation trieb dem Höhepunkt zu. Ein Wunder, eine Demonstration, daß der Reichspräsident im März die Leipziger Messe besuchte. Ein noch größeres, daß er mitten im »Ruhrkampf« Zeit für eine andere Demonstration fand, für, wie sich bald herausstellen sollte, ein zukunftsweisendes Ereignis. Es ging um die Rundfunkidee.

Reichspräsident *Friedrich Ebert* (*1871–†1925) begegnete ich Anfang März 1923, als ich Dr. Siegmund Loewe und O. Kappelmeyer bei der Aufstellung und Vorführung einer improvisierten Empfangsanlage vor Ebert, Reichsministern und Staatssekretären half. Die Sendung von Sprache und Musik wurde von einem im Laboratorium von Dr. Loewe aufgestellten 10 Watt-Röhrensender ausgestrahlt. Loewe wollte damals den Reichspräsidenten für die staatlich geförderte Entwicklung eines öffentlichen Rundfunks gewinnen. Loewe verwies auf den sich in den USA bereits etablierenden Rundfunk und dessen zukunftsweisende Bedeutung: für eine die Demokratie unterstützende breitenwirksame Information.

Was aus dem Lautprecher kam, fand Eberts Beifall, überzeugte ihn und Otto Braun, den preußischen Ministerpräsidenten. Der 1961 verstorbene Rundfunkpionier E. Nesper, Freund und Mitstreiter Dr. Loewes, wußte später zu berichten, daß ihn der preußische Innenminister Carl Severing besorgt zur Seite nahm: Ob denn nicht bei allgemeiner Einführung des Rundfunks damit eines Tages die Monarchie ausgerufen werden könne. Diese Befürchtung hatte vorher schon Theodor Wolff geäußert, der Chefredakteur und führende Kommentator des einflußreichen »Berliner Tageblatts«. Dennoch hat Severing bald der guten Sache wertvolle Dienste geleistet. Skepsis und anfänglicher Widerstand kam von Hans Bredow, dem Reichspost-Staatssekretär für Fernmeldewesen. Dieser verdiente Mann, der als Vorstandsmitglied der Telefunken GmbH den deutschen Schiffs- und Überseefunkdienst und 1919 als Ministerialdirektor im Reichspostministerium ein Reichsfunknetz zur Entlastung der Drahttelegraphie aufgebaut hatte, wurde 1926 Reichs-Rundfunk-Kommissar und Vorstandsvorsitzender der im Mai 1925 gegründeten Reichs-Rundfunk-Gesellschaft, dem Dachunternehmen der deutschen Rundfunkgesellschaften. Wenn er als »Vater« und mit jedweder Berechtigung als Organisator des deutschen Rundfunks gewürdigt wird, meine ich: Seine eigentlichen Gründerväter sind Dr. Siegmund Loewe und Dr. Eugen Nesper.

Der Reichspräsident richtete an jenem Märztag des Jahres 1923 einige freundliche Worte an Dr. Loewe und mich, in denen er seine Einschätzung zum Ausdruck brachte, daß die Einführung des Rundfunks auch von großer politischer Bedeutung sei. Ebert, der vom äußersten linken und rechten Parteispektrum der jungen Weimarer Republik angefeindete und geschmähte Sozialdemokrat, war in jenen Jahren der Hungersnöte, der Arbeitslosigkeit und der Inflation bemüht, die Auseinandersetzungen zwischen den Parteien, die gesellschaftlichen Gegensätze zwischen arm und reich sowie zwischen Bürgertum und Arbeiterschaft so weit wie irgend machbar zu überbrücken. Vor wenigen Monaten hatte Thomas Mann in Berlin vor »Vater Ebert« seine große Rede zur Verteidigung der Republik gegen Zerstörung von innen gehalten. Kaum länger lag zurück, daß die Amtszeit Eberts, den die Weimarer Nationalversammlung 1919 zum vorläufigen Reichspräsidenten gewählt hatte, vom Reichstag mit verfassungsändernder Mehrheit ohne Wahl durch das Volk bis 1925 verlängert worden war. Diese demokratische Mehrheit wollte den Mann weiterhin an der Spitze des Reichs wissen, der als Staatsoberhaupt mit überparteilicher Neutralität die ganze Kraft seiner Persönlichkeit und seine verfassungsmäßigen Befugnisse für ein demokratisches, republikanisches Deutschland einsetzte. Der Rundfunk erschien Ebert als Chance, eine an alle Bevölkerungsgruppen gerichtete ausgewogene und ausgleichende Politik zu fördern.

Bereits an die folgende Kabinettssitzung richtete der Reichspräsident den Appell, auf die Aufhebung des bis dahin geltenden Empfangsverbots für private Empfänger hinzuwirken. Am 11. April gaben die Alliierten den privaten Rundfunkempfang in Deutschland frei.

Ebert, der 1925 noch während seiner Amtszeit verstarb, erlebte die rasante Entwicklung des Rundfunks und dessen wachsende politisch-propagandistische Bedeutung nur noch in den Anfängen. Seine politische Unterstützung für den Rundfunk allerdings hat den Rundfunkpionier Dr. Loewe und damit den gesamten deutschen Rundfunk ein wesentliches Stück Wegstrecke vorangebracht. »Achtung! Hier Sendestelle Berlin, Vox-Haus, Potsdamer Str. 4«, so ließ sich am 29. Oktober 1923 zum ersten Mal die Radio-Stunde Berlin hören. Am 2. August 1923 waren diesem Beginn des deutschen Rundfunks Versuchssendungen von Schaeffer aus dem Telefunkenhaus am Halleschen Ufer und von Herzog aus der Station der Firma Lorenz in Eberswalde vorausgegangen. Bald konnte ich häufig die technischen Räume in der Potsdamer Straße besuchen. Hoch unter dem Dach auf Holztischen die für heutige Verhältnisse simplen Anlagen. Alles hat einmal seinen Anfang, auch meine Laufbahn als Erfinder. Am 14. Oktober dieses Jahres 1923, der Dollar stand zwei Tage vorher auf 4 Milliarden Mark, 5 Tage darauf auf 12 Milliarden, wurde mein erstes Patent erteilt. Soeben hatte der Reichstag das Ermächtigungsgesetz verabschiedet, das der Regierung ohne Befragung des Parlaments erlaubte, Gesetze im wirtschaftlichen Bereich zu erlassen. Im November bereitete die neue Rentenmark der zerstörerischen Inflation das Ende.

1925

Der Erfinder und der Professor
Begegnung mit Walther Nernst

Er war Geheimrat – und sah auch so aus: Kneifer, steifer Kragen, gestärkte Manschetten, auf die er gelegentlich Notizen schrieb, Oberlippenbart, hohe, freie Stirn. Kaum konnte man sich vorstellen, wie er wohl einmal als junger Mann ausgesehen haben mußte, als er in Leipzig Assistent am chemischen Laboratorium von Wilhelm Ostwald war, dem berühmten Chemiker und Philosophen, und die elektromotorische Wirkung der Ionen entdeckte, der Spaltprodukte der Elektrolyte. Mit seinem Lehrer und dem holländischen Physikochemiker J.H. van't Hoff, 1901 der erste Nobelpreisträger für Chemie, sowie mit dem Schweden S. A. Arrhenius zählte *Walther Hermann Nernst* (* 1864 – † 1941) zu den Begründern der physikalischen Chemie. Schon mit Dreißig wurde er ordentlicher Professor für physikalische Chemie in Göttingen, 1905 folgte er einem Ruf der Berliner Universität und war von 1922 bis 1924 Präsident der Physikalisch-Technischen Reichsanstalt, von 1925–1933 Direktor des Physikalischen Instituts der Universität Berlin.

Das breite Spektrum seiner wissenschaftlichen Interessen und Leistungen als Physiker, Physikochemiker und technischer Erfinder war bewundernswert. Da sind seine wichtigen Beiträge zur Entwicklung der Thermodynamik. Er entdeckte die nach ihm benannten thermo- und galvanomagnetischen Effekte, schuf schon 1889 die Nernstsche Theorie der galvanischen Stromerzeugung und entwickelte zehn Jahre später die Grundlagen einer Theorie der elektrischen Nervenreizung. Dies ist nur ein kleiner Ausschnitt aus dem reichen Schatz der Entdeckungen und Analysen von Prof. Nernst. 1921 erhielt er den Nobelpreis für Chemie des Vorjahres für den dritten Hauptsatz der Thermodynamik, das 1906 aufgestellte »Nernstsche Wärmetheorem«, das Max Planck 1911 erweiterte. Der Satz besagt: »Es ist nicht möglich, eine kalorische Maschine zu bauen, die einen Körper bis zum absoluten Nullpunkt abzukühlen erlaubt.«

Bei seinen spannenden auch von mir gehörten Vorlesungen über Experimentalphysik erzählte Nernst mit Stolz von seinem Treffen mit dem großen amerikanischen Erfinder Thomas Alva Edison. 1906 hatte Nernst die Vereinigten Staaten besucht und zahlreiche Ehrungen erfahren. Nernst und Edison: Erfinder unter sich, der begnadete Elektrotechniker aus Ohio, der es bis zu seinem Lebensende 1931 zu 1000 Patenten brachte, und der Wissenschaftler aus Westpreußen. Auf mindestens einem Gebiet waren sie Kollegen. Schon 1879 hatte

3 Nobelpreisträger Geheimrat Walther Nernst. Er vermittelte
mir, nur mit Primareife und ohne Abitur, die
Immatrikulation an der Berliner Universität. Die dadurch
gewonnenen zwei Schuljahre ermöglichten meine kreative
Mitwirkung an der 1924 entstandenen Radiotechnik.

Edison bekanntlich die Kohlenfadenglühlampe entwickelt, die erste brauchbare Glühlampe. Nernst erfand 1897 die nach ihm benannte elektrische Glühlampe mit einem Stäbchen aus Oxyden der Erdmetalle als Leuchtkörper, das in gleichmäßigem, fast weißem Licht strahlte. Als Professor wußte dieser stets beeindruckende Mann seine teils komplexen theoretischen Darlegungen mit Anekdoten von Begegnungen auch mit anderen großen Persönlichkeiten zu beleben, denen er im Laufe der Jahre begegnet war.

Dazu gehörten nicht nur viele Namen der Wissenschaft, für die er auch internationale Kongresse initiierte, denen die Durchsetzung der Quantentheorie vieles verdankt. Seine Verbindungen zur Industrie, zur Hochfinanz und zu Repräsentanten des Staates waren vielfältig und trugen nach dem Krieg dazu bei, die Isolierung der deutschen Wissenschaft zu durchbrechen. Für die ganze Spannweite von Nernsts Wirken und Interessen spricht, daß er sich auch politisch engagierte, als Mitglied des Berliner Stadtparlaments und sogar einmal als Reichstagskandidat.

Er stand auch den Rathenaus nahe. Der Großindustrielle Emil Rathenau, Gründer und Lenker der »Allgemeinen Elektricitäts-Gesellschaft« (AEG), hatte frühzeitig auf die umwälzende Bedeutung der Elektrotechnik gesetzt. Schon 1881 hatte er die europäischen Patente Edisons erworben, die er, zunächst gemeinsam mit dem Traditionsunternehmen Siemens & Halske, in der »Deutschen Edison-Gesellschaft für angewandte Elektricität« industriell umsetzte. Daraus ging 1887 die AEG hervor. Drei Jahre bevor ich erstmals in den Vorlesungen von Walther Nernst saß, war Rathenaus Sohn Walther Rathenau, Industrieller und Nachfolger seines Vaters als Präsident der AEG, dann Außenminister der Weimarer Republik, in Berlin bei der Fahrt ins Auswärtige Amt auf offener Straße ermordet worden. Der Mann des Ausgleichs und der Verständigung, der 1922 ein Teilmoratorium für die erdrückenden deutschen Reparationen erreicht hatte und mit seiner Unterschrift unter den Rapallovertrag die Beziehungen zwischen

Deutschland und den Sowjet-Republiken normalisierte, war wegen seiner »Erfüllungspolitik« und seiner jüdischen Herkunft das Haß-Objekt von Rechtsradikalen.

Aus dem Verkauf seiner Nernst-Stift-Lampe, die aber nur vorübergehende Bedeutung hatte, an die AEG war dem Professor ein nicht unbedeutender wirtschaftlicher Erfolg geblieben. Nernsts weite Interessen erstreckten sich bis hin zu kosmologischen Überlegungen, den Energien und Gleichgewichtszuständen im All und der Lebensdauer und absoluten Geschwindigkeit der Erde. Er, den ich gerne einen meiner Lehrer nenne, brachte sich 1931 auch in der Musikwelt zu Gehör. C. Bechstein, die traditionsreiche Berliner Klavierfabrik, entwickelte gemeinsam mit der Firma Siemens nach Patenten von Nernst und E. Driescher den »Neo-Bechsteinflügel«, ein elektronisches Musikinstrument. Es blieb bei Versuchen mit diesem neuen elektroakustischen Instrument. Der Nernst-Flügel war ein Vorläufer der Technik für elektronische Musik.

Wenn ich mich recht erinnere, glaube ich irgendwo gelesen zu haben, Nernst sei mit seinen Bemühungen um die Errichtung einer Chemisch-Technischen Reichsanstalt, für die er seit 1905 beträchtliche finanzielle Zusagen der Industrie und sogar aus England beibrachte, neben Prof. Slaby mit unter jenen gewesen, die Anstöße dazu gaben, daß unter dem Protektorat Kaiser Wilhelms II. im Jahre 1911 in Berlin die Kaiser-Wilhelm-Gesellschaft zur Förderung der Wissenschaften e. V. gegründet wurde. Das wäre bei der Spannweite dieser herausragenden Persönlichkeit gut vorstellbar. Die Max-Planck-Gesellschaft zur Förderung der Wissenschaften setzt ja seit 1948 mit ihren unabhängigen Instituten die große Tradition natur- und geisteswissenschaftlicher Grundlagenforschung fort.

Die Förderung junger Talente gehörte damals zu den selbstverständlichen Pflichten bedeutender Wissenschaftler und Erfinder. Walther Nernst, aus dessen Göttinger Schule drei Nobelpreisträger hervorgegangen waren, war wie Albert Einstein in dieser Hinsicht ein großes Vorbild. Graf Arco, der technische Direktor von »Telefunken«, hatte Nernst erfolgreich gebeten, meine Immatrikulation 1925 an der Berliner Friedrich-Wilhelm-Universität auch ohne Abitur zu vermitteln. Hierdurch ermöglichte Nernst mir ein Grundlagenstudium der Physik, Chemie und Mathematik in den Jahren 1925 und 1926 unter dem berühmten Lehrkörper der Berliner Universität dieser Zeit. Ein Jahrzehnt später, nach einem Vortrag über den von mir entwickelten neuen Polarkoordinaten-Oszillographen auf der Physikertagung 1936 in Bad Salzbrunn, hatte ich die Freude, von Nernst auf sein Rittergut Ober-Zibelle bei Bad Muskau eingeladen zu werden.

1926

Ein einsamer Segler auf dem Wannsee
Begegnung mit Albert Einstein

Meine Begegnung mit *Albert Einstein* (*1879–†1955), dem Schöpfer der speziellen und allgemeinen Relativitätstheorie und grundlegender Gleichungen der theoretischen Physik, wie z. B. der berühmten Energiegleichung E-Masse mal Quadrat der Lichtgeschwindigkeit, war leider nur sehr kurz und einseitig. Trotzdem bedeutete es ein großes Erlebnis für mich, dem damals längst weltbekannten Physiker gegenüberzustehen.

Die Karriere Einsteins begann in Bern. 1905 erschienen in den »Annalen der Physik« drei aufsehenerregende Abhandlungen. Der Autor: ein »technischer Experte dritter Klasse« beim dortigen Patentamt, in Ulm geborener Absolvent des Polytechnikums, der späteren Eidgenössischen Technischen Hochschule Zürich. Einer der Beiträge bewies die atomistische Struktur der Materie. Ein anderer begründete die spezielle Relativitätstheorie. Der dritte, fußend auf dem Quantensatz von Max Planck, formulierte die Hypothese der Lichtquanten. Ein-

38

steins Theorien machten sofort von sich reden. Von der Fachwelt kamen Zuspruch, Zweifel und Widerspruch. Die Habilitation aufgrund der Relativitätstheorie wurde von der Berner Universität verweigert, eine andere Habilitationsschrift 1907 angenommen. Zwei Jahre später war Einstein Professor für theoretische Physik an der Universität Zürich, 1911 an der deutschen Universität zu Prag, 1912 wieder in Zürich. 1913 wurde er als ordentliches Mitglied der Preußischen Akademie der Wissenschaften und als Professor der Friedrich-Wilhelm-Universität nach Berlin berufen; dort war er auch seit 1914 Direktor des Kaiser-Wilhelm-Instituts für Physik.

1914/15 formulierte er sein bedeutendstes Werk, dessen Gedanken ihn schon seit 1907 beschäftigten: die allgemeine Relativitätstheorie von der grundsätzlichen Gleichberechtigung aller raum-zeitlichen Koordinatensysteme, die Fortentwicklung, die radikale Änderung der bisherigen physikalischen Vorstellungen von Raum und Zeit. Als die auf der Grundlage der Einsteinschen Theorien vorhergesagte Lichtablenkung im Gravitationsfeld der Sonne 1919 durch zwei britische Sonnenfinsternis-Expeditionen fotografisch nachgewiesen wurde, rückte der Gelehrte vollends in die vorderste Reihe nicht nur der Physik. »Die Auffindung der Lichtablenkung«, berichtet Max von Laue, der Nobelpreisträger für Physik des Jahres 1914, »hob den Ruhm Einsteins fast ins Übermenschliche.« Gefeiert, geehrt, kontrovers diskutiert, bezweifelt, angefeindet, kam er noch mehr in die Schlagzeilen der Weltpresse, als er im Dezember 1921 den Nobelpreis für Physik erhielt.

Der Mann der Wissenschaft war seit je auch ein homo politicus. Nach Ausbruch des Ersten Weltkrieges hatte er sich dem »Bund neues Vaterland« angeschlossen, einer Vereinigung von Kriegsgegnern, die von Rosa Luxemburg und Karl Liebknecht gefördert wurde. Mit dem Schriftsteller René Schickele aus dem Elsaß und dem Schauspieler Alexander Moissi hatte er im Dezember 1919 auf einer deutsch-französischen Kundgebung in Berlin zur Völkerverständigung aufgerufen. Sein Name stand 1925 unter einem Aufruf»Für die Freiheit der Kunst«,

4 *Leider nur sehr kurz: meine Begegnung mit dem Schöpfer der Relativitätstheorie. Dennoch bedeutete es für mich ein großes Erlebnis, dem weltbekannten Physiker gegenüberzustehen (Gemälde von Hensel).*

den Max Brod, Alfred Döblin, Heinrich George, Hermann Hesse, S. Fischer, Max Liebermann, Heinrich und Thomas Mann, Heinrich Zille, Stefan Zweig und zahlreiche andere Persönlichkeiten aus Kultur und Politik unterzeichneten. Deutschland – ein schwieriges Land. Heimat für immer? Als 1920 eine politische Kampagne in Berlin Einsteins Theorien als »wissenschaftlichen Dadaismus« verunglimpfte, hatten sich drei führende Physiker öffentlich vor ihn gestellt: Max von Laue, Walther Nernst und Heinrich Rubens, dem die Forschung über die Infrarot-Strahlung Grundlegendes verdankt, einer der experimentellen Wegbereiter der Quantentheorie. Ganz zu schweigen von seinen Relativitätsforschungen: Auch Einsteins übrige Arbeiten hätten ihm eine unvergängliche Stellung in der Geschichte der Wissenschaft gesichert. Zehn Jahre lang arbeitete der Wissenschaftler Einstein an einer ganze fünf Seiten umfassenden Schrift, die er dann Anfang 1929 der Preußischen Akademie der Wissenschaften einreicht: eine mathematisch-physikalische Erweiterung der Relativitätstheorie unter dem Titel »Eine neue Feldtheorie«.

1929 wird er auf ein ihm von der Stadt Berlin als Ehrengabe zugedachtes lebenslängliches Wohnrecht verzichten und, wie auch Kölns Oberbürgermeister Konrad Adenauer, mit den Wissenschaftlern Adolf von Harnack und Friedrich Meinecke und anderen für die Ablehnung eines Volksbegehrens gegen den Young-Plan eintreten. Von links, der KPD, und der radikalen Rechten, der NSDAP, erbittert bekämpft, zielte der Plan darauf ab, die deutschen Reparationsleistungen endgültig zu regeln. Im selben Jahr erklärt Einstein im Interview einer Pariser Zeitung, die deutsch-französische Verständigung sei das Kernstück einer klugen europäischen Politik.

Albert Einstein war nicht nur als Physiker, der wohl bedeutendste des 20. Jahrhunderts, ein großes Vorbild für viele junge Forscher, sondern auch als politisch denkender und handelnder Mensch. Einstein engagierte sich insbesondere nach dem Ersten Weltkrieg mit zahlreichen Bemühungen gegen jede Form des Militarismus. Er setzte sich für das Recht auf Kriegsdienstverweigerung ein. Er erkannte frühzeitig die Gefahren, die der Weimarer Republik vom rechten politischen Lager drohten. Sich zu seiner jüdischen Abkunft bekennend, feinfühlig für antisemitische Tendenzen insbesondere in reaktionären, elitären Kreisen, unterstützte Albert Einstein die zionistische Bewegung für ein jüdisches Palästina.

Als Leiter des Kaiser-Wilhelm-Instituts für Physik in Berlin hatte er sich schon während des Ersten Weltkriegs bemüht, möglichst talentierte Wissenschaftler zu fördern. So war es ihm im März 1918 gelungen, durch persönlichen Einsatz und mit Unterstützung von Prof. Krauss den jungen hochtalentierten Biologen Otto Warburg vor einem weiteren Kriegseinsatz zu bewahren. Bis heute ist Einstein mir ein Vorbild auch in dieser wichtigsten Aufgabe jedes Wissenschaftlers neben der der eigenen Forschungsarbeit. Ein Bild von Einstein, gemalt von Hermann Hensel, einem Physiker, der Einstein noch selbst gehört hat, begrüßt unsere Gäste in der Eingangshalle unseres Hauses in Dresden auf dem Weißen Hirsch. Der Brief vom März 1918, in dem Einstein Warburg bat, sich den Bemühungen um seine Reklamation für wissenschaftliche Zwecke nicht zu widersetzen, findet sich in unserer»Museumsecke«. Er ist ein erinnerndes Dokument an Einstein und Warburg, die beiden großen Wissenschaftler.

Ich erlebte mit Einstein 1926 die Vorführung elektronischer Musik in einem Vortragssaal am Potsdamer Platz. Ich saß neben Graf Arco, und unmittelbar vor uns war der Platz von Albert Einstein. Graf Arco stellte mich mit kurzen Erläuterungen dem berühmten Physiker vor, der daraufhin einige freundliche, unvergessene Worte an mich richtete. In jenem Jahr konnte ich mir noch nicht vorstellen, wie brutal und menschenunwürdig einige Jahre später in Deutschland mit den jüdischen Mitbürgern umgegangen werden sollte.

Einsteins Reise in die USA 1921, auf der er unter anderem Vorlesungen über die Relativitätstheorie an der Universität Princeton in New Jersey hielt, galt der offiziellen braunen Lesart später als»jüdische Propagandareise«.

1932 ging er als Professor nach Princeton, obgleich der amerikanische Vaterländische Frauenverein in Washington beantragt hatte, ihm die Einreise zu verweigern. Seine Relativitätstheorie sei geeignet, ein Chaos hervorzurufen. 1933 lehrte er in Paris. Im selben Jahr verzichtete er auf seine akademischen Ämter in Deutschland. Im November 1933, so liest man in einem gleichgeschalteten deutschen Lexikon jener Jahre, »wurde wegen seiner deutsch-feindlichen Hetze sein Vermögen eingezogen... März 1934 ausgebürgert.« Sein Buch »Mein Weltbild« wird verboten.

Im braunen Lexikon heißt es weiter: »E. stellte die sog. Relativitätstheorien auf, die durch eine starke Propaganda der gesamten jüd. Presse starkes Aufsehen erregten, infolge ihres rein begrifflichen und formalen Charakters aber wenig praktische Bedeutung erlangen konnten, da ihre Grundlagen außerhalb der vorstellbaren Wirklichkeit stehen; abzulehnen ist der Versuch, aus dem physikal. Inhalt der Relativitätstheorien eine ›Philosophie‹ zu entwickeln.« Auch im Deutschland des Dritten Reiches konnte man nicht umhin, einen Einstein für wirkungsmächtig zu halten. Und es gab Wissenschaftler hier, die damals mutig für seine Theorien eintraten.

Denkwürdig nicht nur für die Vita des leidenschaftlich überzeugten Pazifisten Einstein wird der 2. August 1939. 25 Jahre zuvor war das Verhängnis des Ersten Weltkrieges hereingebrochen. Der Überfall auf Polen ist für Hitler beschlossene Sache. Während eines Urlaubs auf Long Island im Juli 1939 erfährt Einstein von der Entdeckung der Kernspaltung in Berlin. Bestürzt über Gerüchte von deutschen Forschungen auf dem Feld atomarer Waffen, eindringlich aufgefordert von dem italienischen Physik-Nobelpreisträger Enrico Fermi und den ungarischen Physikern Leo Szilard und Eugene Wigner, unterzeichnet Einstein an jenem Tag das berühmte Schreiben an US-Präsident Franklin D. Roosevelt, das die Notwendigkeit schnellen Handelns beschwört. Das und die Demarchen anderer amerikanischer Gelehrter setzen das »Manhattan Project« in Gang, das zur Atombombe führt. Das Inferno von Hiroshima und Nagasaki im August 1945 wird zur steten Mahnung an die ganze Menschheit. Unter denen, die sich seither für ein weltweites Verbot von Kernwaffen einsetzen und immer neu vor dem Mißbrauch naturwissenschaftlicher Erkenntnisse zu kriegerischen Zwecken ihre Stimme erheben, ist Albert Einstein. Aber dann zieht er sich mehr und mehr aus dem öffentlichen Leben zurück, enttäuscht, daß seine Mahnungen nichts gegen die wachsenden Waffenarsenale vermögen. Erst die jüngste Zeit, vor allem das Ende des Kalten Krieges, hat hier die internationale Wende gebracht.

Von Einstein zu berichten bedeutet, von einem genialen Wissenschaftler zu sprechen, der mehrere hundert Publikationen hinterließ. Einige revolutionierten die Grundlagen der Physik; sein Schaffen bestimmte das Profil der modernen Physik. Den Nobelpreis für Physik hatte Albert Einstein nicht für seine Relativitätstheorie, sondern für das lichtelektrische Quantengesetz und seine Arbeit auf dem Gebiete der theoretischen Physik erhalten. Und er dachte und wagte immer wieder Neues. Seine »Allgemeine Gravitationstheorie«, im Dezember 1949 in der »New York Times« erstmals veröffentlicht, ist ein Zeugnis dafür. Es ist der geniale Versuch, alle grundlegenden physikalischen Gesetze in Begriffen der Schwerkraft darzustellen, der erste große Gedankenentwurf, alle Naturvorgänge vom Inneren eines Atoms bis zum bewegten Universum unter einem einzigen Gesetz zu sehen.

In seinen letzten Lebensjahren in Princeton, von Lehrverpflichtungen befreit, gehörte, so formulierte es Max von Laue, zu Einsteins »wesentlichen Beschäftigungen... ein vergebliches Ringen um die Quantentheorie, wie sie sich in den 20er Jahren durch Wellenmechanik usw. entwickelt hatte. Aber kurz vor seinem Tode gestand er als ein Ergebnis lebenslangen Grübelns ein, daß man von einem Verständnis der atomaren Vorgänge noch viel weiter entfernt sei, als es die meisten Physiker zugeben wollten.« Dennoch: »Meine Arbeit ist getan«, sagte Einstein auf dem Sterbebett.

Jeder Forscher, ja jeder Mensch möchte ich sagen, hat seine

ganz persönliche Art, zu großen und kleinen Erkenntnissen zu gelangen. Einstein gelangte auf ungewöhnliche Weise zu seinen großen Entdeckungen grundlegender Gesetzmäßigkeiten der theoretischen Physik. Er, der Mann auch der Kultur und der Musik, fand sie in besinnlichen Stunden durch Phantasie und Intuition. Die Bestätigung kam dann erst später durch das Experiment. Wohl in einer solchen Stunde begegnete ich ihm als einsamem Segler auf dem Wannsee. Die göttliche Neugier und den Spieltrieb des bastelnden und grübelnden Forschers nannte er einmal in einer Rede als Ursprung jeglichen technischen Fortschritts.

Ein anderer Weg, der in diesem Jahrhundert zu großen Entdeckungen führte, ist die Beobachtung der Natur durch Messungen und ihre nachfolgenden Auswertungen. Es war der Weg von Max Planck und Otto Warburg.

Die visuelle Beobachtung der Natur durch Mittel, die die Leistungsgrenzen des Auges erweitern, wie es beispielsweise durch Elektronenmikroskope und besondere Präparationsverfahren geschieht, ist eine weitere Methode, die zu bedeutenden Entdeckungen geführt hat. Genannt seien hier die Entdeckung der Membranstrukturen lebender Zellen, beispielsweise in den Mitochondrien, die Entdeckung der Lysosomen, die Entdeckung der Faserstruktur belichteter und entwickelter Bromsilberkörner. Die genannten Wege, zu Erkenntnissen zu gelangen, sind nur Beispiele für viele andere Möglichkeiten, die hier nicht alle aufgeführt werden können.

Father of Radio
Begegnung mit Lee de Forest

»Father of Radio«, so nannte sich in seiner Autobiographie der Pfarrerssohn aus Iowa, dem fruchtbaren Land zwischen Mississippi und Missouri. Kaum jemand auf der Welt könnte ihm diesen Ehrentitel streitig machen. Er war eine der bemerkenswertesten Persönlichkeiten, denen ich je begegnete: Forscher, Erfinder, erfolgreicher und scheiternder Unternehmer und stets ein Mann, den es vom technisch Erreichten weiter trieb auf dem beharrlichen, konsequenten Weg im einmal gewählten Arbeitsfeld.

Lee de Forest (*1873–†1961), der amerikanische Rundfunkpionier, hatte eigentlich Geisteswissenschaften studieren sollen. Stattdessen wählte er die naturwissenschaftliche Fakultät der traditionsreichen Yale Universität in New Haven in Connecticut. Eine Vorlesung über die erst kurz zuvor von dem deutschen Physiker Heinrich Hertz entdeckten Hertzschen Wellen, eine der Grundlagen der drahtlosen Funktechnik, gab dem Studenten den Anstoß, sich auf Elektronik zu spezialisieren. Die erste Anstellung nach der Promotion führte in das Chicagoer Telefon-Entwicklungslabor der Western Electric Company. Bald wurde er mit Auftragsarbeit für eine brauchbare drahtlose Übermittlung betraut – sein Hauptinteressengebiet.

Die Nachrichtenübertragung mit einem ersten eigenen Funkgerät kollidierte bei den Versuchen mit der des italienischen Funktechnikers Guglielmo Marconi, dem schon 1898 die erste Verbindung über den Ärmelkanal gelungen war. 1902 – ein Jahr zuvor hatte Marconi die 3.600 km zwischen England und Neufundland mit seinen Funksignalen überbrückt – gründete de Forest seine erste Firma: die American De Forest Wireless Telegraph Company, Jersey City, N.J. Funkgeräte

5 *Begegnung 1926 in Steglitz mit Dr. Lee de Forest, dem Erfinder der Elektronenröhre. Diese Erfindung prägte für etwa ein halbes Jahrhundert das Gebiet der Elektronik.*

für Ozean-Dampfer, für die amerikanische Marine, zu wenig Kapital, Konkurs.

Dennoch ging die Arbeit an der wichtigsten Erfindung de Forests weiter: der Audion-Röhre, einer Verstärkerröhre zur Gleichrichtung von Hochfrequenzschwingungen. Mit ihrer Fortentwicklung ließen sich schwache Funksignale verstärken und weitergeben. Dies nutzte 1907 auch Marconi für die erste regelmäßige transatlantische Verbindung. Im selben Jahr – Unternehmer de Forest gründete seine Radio Telephone Company – hörten Funker auf mehreren Schiffen Rossinis Wilhelm-Tell-Ouvertüre, vom Grammophon direkt auf den Sender, de Forests Bravourstück, die erste Musikübertragung überhaupt.

Eine ganze Flotte der US-Navy wurde mit seinen drahtlosen Telefonen ausgestattet. 1910 Enrico Caruso live aus der Metropolitan Oper in New York, mehrere Kilometer im Umkreis zu empfangen. Und 1915 übertrug de Forest die menschliche Stimme aus Arlington am Potomac River, gegenüber von Washington, bis zum Pariser Eiffelturm. Eine Sensation wie jene andere, die seither selbstverständlich scheint: 1916 initiierte de Forest die ersten Radio-Nachrichten. 1912 hatte er die Rechte an seiner Audion-Röhre verkauft und damit den industriellen Ausbau des transkontinentalen Telefon-Verkehrs ermöglicht.

Die von Lee de Forest erfundene Hochvakuum-Elektronenröhre mit Glühkathode, Gitterelektrode und Anode (Radioröhre) und das mit ihr realisierbare Rückkopplungsprinzip ist ein sehr bedeutender Beitrag zur Veränderung des Lebens in unserem Jahrhundert gewesen. Die Röhre war als unverzichtbares Grundelement die Voraussetzung für das Entstehen folgender Gebiete (Beispiele): Drahtlose Telegraphie, Rundfunk, Tonfilm, Fernsehen, elektronische Meßtechnik, Radartechnik, Leitung und Sicherung des Flug- und Schiffsverkehrs, Astronautik, Satellitentechnik, Computertechnik, Informatik, Ultraschalltechnik (Sonographie), medizinische Elektronik. Die Erfindung der Radioröhre ist mit ihren Auswirkungen für die technischen Möglichkeiten der Menschheit vergleichbar mit den Erfindungen von Thomas Alva Edison, dem anderen großen amerikanischen Erfinder.

Seit 1920 hatte Lee de Forest – ähnlich wie die deutschen Erfinder Vogt, Engl und Massolle – an der Entwicklung der Tonfilmtechnik mitgewirkt. Ich begegnete ihm bei diesen Forschungen 1922 das erste Mal. Ich war damals noch Schüler und von seinem sprühenden Geist nachhaltig fasziniert.

Bei seinem Besuch 1926 in der Röhrenfabrik von Loewe am Wiesenweg in Berlin-Steglitz interessierte sich de Forest speziell für unsere Mehrfachröhren, die unter einem Glaskolben die Systeme von drei oder zwei Radioröhren und Widerständen als Kopplungsglieder kapazitätsarm vereinigten (Loewe-Dreifachröhre, Zweifachröhre für Breitbandverstärkung). Ich erhielt damals den Auftrag, für ihn einen Widerstandsverstärker für seine Tonfilmversuche zu bauen. Im Sommer 1927 lieferte ich das bestellte Gerät bei ihm in New York ab. Nach einem ausführlichen Fachgespräch lud er mich in eine Bar in der Nähe seines Tonfilm-Laboratoriums ein. Dort hörte ich seinen weitsichtigen Voraussagen über die Zukunft der Film- und Fernsehtechnik mit Interesse zu.

Bei der Überfahrt nach New York nahm ich übrigens ein empfindliches Radiogerät mit, für das eine kurze, unauffällige Antenne ausreichte. Ich wollte bei der Überfahrt das Schwächerwerden der Signale der Küstenfunkstelle Norddeich mit zunehmender Entfernung beobachten und gleichzeitig den Morseempfang wieder etwas trainieren. Als Nebenergebnis hatte ich den Spaß, die amourösen Telegramme des Berliner Verlegers meiner Funkbücher an seine Freundin zu entziffern.

In New York angekommen, veranstaltete ich eine Pressekonferenz, die mir das Tor zu einem Vortrag im Institute of Radio Engineers, ferner zu verschiedenen Wissenschaftlern und zu einigen Radiofirmen öffnete. Höhepunkt sollte das geplante Treffen mit Lee de Forest werden.

Die Pressekonferenz im Hotel Comodore hatte ein unerwartet tiefes Loch in meine Reisekasse gerissen, so daß ich während der drei Wochen bis zur Rückkehr als Untermieter im billigen Brooklyn in »Armut« leben mußte. Meine Ernährung bestand hauptsächlich aus preiswerten indischen Bananen. Es war dann ein großer Sprung im Lebensstandard aus der Armut in den Luxus der ersten Klasse am Kapitänstisch des Hapag-Dampfers bei der Rückkehr. Glücklicherweise war die Rückfahrkarte nach Hamburg im voraus bezahlt worden.

Wenn Lee de Forest mich seit diesen Tagen als »Freund« bezeichnete, so war das für mich eine stimulierende Anerkennung meiner Arbeiten zur Optimierung der Röhrenverstärker mit Widerstandskopplung. In einem Brief vom 20.07.1959 beklagte sich de Forest bitter darüber, daß seine Erfindung der Radioröhre weder in den USA noch in der Welt eine angemessene Würdigung gefunden habe. Bis zu seinem Tod erfuhr Lee de Forest, der neben seiner revolutionierenden Radioröhre rund 300 weitere Patente entwickelte, tatsächlich keine verdiente Auszeichnung. Er hätte weltweit öffentliche Anerkennung verdient.

1926
Das Leitbild meiner Jugend
Begegnung mit Georg Graf von Arco

Georg Graf von Arco (* 1869 – † 1940) war Leitbild meiner Jugend. Der technische Direktor der Großfirma »Telefunken« von deren Gründung 1903 bis Anfang der dreißiger Jahre gehörte selbst zu den Pionieren der drahtlosen Telegraphie und der Rundfunktechnik.

Der junge Oberschlesier aus der Nähe von Ratibor, einst auch Joseph von Eichendorffs Heimat, war erst Offizier. Dann entschloß er sich zum Studium der Physik und wurde Assistent und Mitarbeiter eines der damals bedeutendsten deutschen

Funk- und Radiotechniker: Adolf Slaby, Privatdozent und dann Professor an der Berliner Gewerbeakademie, der nachmaligen Technischen Hochschule Berlin-Charlottenburg. Nahezu alle deutschen Ingenieure der Frühzeit der drahtlosen Telegraphie gingen aus Slabys Schule hervor. Er gab der AEG den Anstoß, 1898 eine eigene Abteilung zur Fabrikation von Apparaten für die neue Übermittlungstechnik zu eröffnen, die wohl erste einschlägige industrielle Produktionsstätte des Kontinents.

Bemerkenswert genug: Kaiser Wilhelm II. war es, der ihn veranlaßt hatte, sich seit 1896 mit der drahtlosen Telegraphie zu befassen. Slaby konnte im Juli 1896 an Guglielmo Marconis Versuchen in England teilnehmen. Von eben jenem Jahr datiert Marconis erstes deutsches Patent. Seit 1897, als Marconi im Golf von La Spezia die ersten Funktelegramme über 12 Kilometer zwischen Küste und Schiff sendete, entwickelte Slaby mit Georg von Arco ein eigenes System der drahtlosen Telegraphie. Bei Potsdam entstand die erste deutsche Antennenanlage für drahtlosen Funkverkehr. Die Premiere fand im Oktober 1897 zwischen der Sakrower Heilandskirche und der Marinestation Potsdam statt, bald auch zwischen der Zehlendorfer Pfaueninsel und Potsdam.

1903 brachten Slaby und von Arco, der mittlerweile einige Jahre als Ingenieur bei der AEG gearbeitet hatte, ihre Patente in ein eigens in Berlin neu gegründetes Unternehmen ein. Es sollte bald Weltruf gewinnen: Telefunken. Von Beginn an verfügte es auch über die Patente des Physikers Karl Ferdinand Braun. 1897 hatte Braun die nach ihm benannte Kathodenstrahlröhre erfunden. Und 1898 den geschlossenen Schwingungskreis für gekoppelte Sender. Von Arco wurde Mitbegründer und übernahm die wissenschaftliche und technische Leitung der »Gesellschaft für drahtlose Telegraphie«, der »Telefunken«, wie sie bald hieß.

Gesellschafter waren die AEG und Siemens & Halske, das Unternehmen, das der geniale Erfinder und wissenschaftlich hochbefähigte Ingenieur Werner Siemens zusammen mit dem

6 *Georg Graf von Arco, Pionier der drahtlosen Telegraphie
und der Rundfunktechnik, technischer Direktor von
»Telefunken« von der Gründung bis Anfang der dreißiger
Jahre, war Leitbild meiner Jugend.*

Mechaniker und Elektrotechniker Johann Georg Halske schon 1847 als »Telegraphenbauanstalt« in Berlin gegründet und zu einem Großunternehmen auf dem Gebiet der noch jungen Elektrotechnik gemacht hatte. Um die Mitte unserer zwanziger Jahre waren für den Siemens-Konzern und seine verbundenen Firmen, Werke und Vertretungen im In- und Ausland über 100000 Arbeiter und Angestellte tätig: das größte Unternehmen der deutschen elektrotechnischen Industrie. Mit Graf Arco an der Spitze wuchs auch die AEG- und Siemens-Tochter »Telefunken« dank einer nicht abreißenden Kette technisch-wissenschaftlicher Innovationen rasch in großindustrielle Dimensionen.

Unter Arcos Leitung entstand die Großfunkstelle Nauen, die im Ersten Weltkrieg die Nachrichtenverbindung mit den deutschen Kolonien und den Vereinigten Staaten von Nordamerika ermöglichte. Auch um die Einführung der drahtlosen Technik im Schiffsverkehr hatte Arco große Verdienste. Er entwickelte mit seinen Technikern das Sendesystem mit ›tönenden Löschfunken‹ und führte 1912 den Hochfrequenzmaschinen-Sender mit ruhendem Frequenzwandler ein. Viele Entwicklungen auf dem Felde der Radar- und Nachrichtentechnik sind der Sicherheit seines Urteils und seiner Förderung zu verdanken.

Wie wichtig ein versierter und feinfühliger technischer Leiter in großen Entwicklungsbetrieben ist – wie es Telefunken damals war – , wird leicht unterschätzt. So ›genial‹ der einzelne Forscher und so geschickt die Techniker sein mögen, bei der Entwicklung komplexer Geräte kommt es auch auf die Koordination und den gelenkten, zielbewußten Erfahrungsaustausch während des Entwicklungsprozesses an. Der technische Leiter muß das gesteckte Gesamtziel im Auge behalten. Er muß gleichzeitig Sorge tragen für das menschliche Klima und die Eignung der Spezialisten für- und miteinander. Graf Arco vereinte diese Eigenschaften in seiner Person und trug somit wesentlich zum Erfolg von Telefunken bei.

Als ich Graf Arco zum ersten Mal persönlich begegnete, war

»Telefunken« längst das führende deutsche Unternehmen der Funktechnik. Durch große Handelshäuser und eigene Gründungen in 50 Ländern vertreten, besaß es um 1.000 grundlegende Patente. Der weltweit operierenden Geschäftspolitik entsprach der Patentaustausch mit großen Unternehmen des Auslands, so mit der Radio Corporation of America, Marconis Wireless Telegraph Ltd., London, mit der Société Francaise Radio Electrique, Compagnie Générale de Télégraphie sans Fils und Dubilier-Co., New York. Mit Marconi, der 1909 zusammen mit Karl Ferdinand Braun für seine Pionierleistungen auf dem Gebiet der drahtlosen Nachrichtenübermittlung den Nobelpreis für Physik erhalten hatte, war Arco eng befreundet.

Und eines Tages, es war im Herbst 1926, kam Arco, der nicht nur in der Branche internationales Ansehen genoß, mit Dr. Wilhelm Runge, einem seiner engsten Mitarbeiter, mit dem ich schon in fachlichem Austausch stand, in mein kleines Laborzimmer in der Hasenheide. Die Weltfirma »Telefunken« war interessiert an meiner Entwicklung der neuen Empfängertype mit Widerstandsverstärkern hoher Spannungsverstärkung. Damit stand ich schon bei Dr. Loewe unter Vertrag. Ich erinnere mich noch heute an jenen Tag des folgenden Jahres, als ich Arco und Dr. Runge die erste Hi-Fi-Anlage mit Tieftonlautsprecher, elektrostatischem Hochtonlautsprecher und einem 50-Watt-Endverstärker vorführte. Mit dieser neuen Entwicklung verbesserte ich bedeutend die Wiedergabequalität von Schallplatten und Rundfunkmusik. Das Tor zu einem neuen Industriebereich der Elektronik war geöffnet.

Unsere freundschaftliche Verbindung brach nie ab. Unmittelbar vor Ausbruch des Zweiten Weltkrieges hatten meine Frau und ich die Freude, mit Graf und Gräfin Arco unseren Urlaub in einem Hotel in San Remo zu verleben. Unsere Gespräche waren gekennzeichnet von zwei gegensätzlichen Stimmungen: Arco sah damals angesichts der unübersehbaren Kriegsvorbereitungen die Katastrophe voraus, in die Hitler Deutschland führen würde. Aber auch viele Erlebnisse und heitere Anekdoten aus der Zeit seiner Zusammenarbeit mit dem italienischen Erfinder Marconi bestimmten unsere vertrauten Gespräche. 1940, schon ein Jahr später, starb Graf Arco im Alter von 71 Jahren.

Zweieinhalb Jahrzehnte später, 1967, wurde ›seine‹ »Telefunken«, die diesem großen Mann Entscheidendes verdankte, in die AEG eingegliedert und in »AEG Telefunken« umfirmiert. 1985 übernahm die Daimler-Benz AG die Mehrheit des AEG-Kapitals. 1996, im 113. Geschäftsjahr, kam es endgültig zum Exitus der einst berühmten »Allgemeinen Elektricitäts-Gesellschaft«, soweit nicht ohnehin ihre Struktur durch Verkäufe, Fusionen, Ausgründungen und Stillegungen von Geschäftsbereichen tiefgreifend verändert worden war. Auch Unternehmen, lebende Organismen, haben – wie wir alle – ihre Zeit. Die zur Weltmarke gewordene Bezeichnung AEG und wichtige Produktbereiche führen u. a. die zum schwedischen Electrolux-Konzern gehörende »AEG Hausgeräte GmbH« und die »AEG Röhren GmbH« mit jetzt der französischen Mutter Thomson Tubes Electroniques fort.

1928

Ab Januar 1928, nachdem ich mein Institut in Berlin-Lichterfelde Ost, Jungfernstieg 19, in Betrieb genommen habe, sind viele der Begegnungen durch Eintragungen in meinem Gästebuch mit genauem Datum dokumentiert.

Unsere Madame Curie

Begegnung mit Lise Meitner und Otto Robert Frisch

In Österreichs Kaiserstadt, ihrer Heimat, hatte *Lise Meitner* (*1878 – †1968) Mathematik, Physik und Philosophie studiert, eine der ersten Studentinnen der Donaumonarchie, und 1906 bei dem Experimentalphysiker Franz Exner promoviert. Der bedeutende Wissenschaftler Ludwig Boltzmann gab ihrem künftigen Weg die Richtung. Als Physiker und Philosoph war Boltzmann engagierter Anhänger des Atomismus, überzeugt von der realen Existenz der Atome als kleinste, unveränderliche und unteilbare Teilchen der Materie, die mit ihren Eigenschaften und Bewegungen alles Naturgeschehen bestimmen. Große Namen zählen zur Ahnenreihe dieser auch um die Jahrhundertwende keineswegs unumstrittenen Naturphilosophie. Schon im 5. Jahrhundert vor Christus von dem griechischen Philosophen Leukipp und seinem Schüler Demokrit begründet, gewann sie in der modernen Naturwissenschaft, so in der kinetischen Gastheorie, in der Chemie und in der Elektrizitätslehre überragende Bedeutung.

1907 war Lise Meitner nach Berlin gekommen, um ihre Arbeiten über Alpha- und Betastrahlen fortzuführen, angezogen vor allem von Max Planck, dem Begründer der Quantentheorie, und seinen Vorlesungen zur theoretischen Physik. Als Frau hatte sie damals im Wissenschaftsbetrieb einen heute unvorstellbar schweren Stand. Die Befähigung zur Wissenschaft und im besonderen zu naturwissenschaftlichen Disziplinen wurde einer Frau zu Beginn des 20. Jahrhunderts von vornherein abgesprochen. Trotz vieler Benachteiligungen – Lise Meitner durfte auf Intervention des berühmten Emil Fischer, Nobelpreisträger für Chemie des Jahres 1902 und Ordinarius am chemischen Institut der Berliner Universität, zunächst nur in der

7 *Lise Meitner. Max Planck holte sie als Assistentin an
sein Institut für theoretische Physik – die erste Frau in
Preußen überhaupt auf einem solchen Universitätsposten.*

dunklen »Holzwerkstatt« im Keller experimentieren – gelangen ihr bedeutende Forschungen. Diese brachten sie 1912 an das neu gegründete Kaiser-Wilhelm-Institut für Chemie in Berlin-Dahlem. Max Planck holte sie im selben Jahr als Assistentin an das Institut für theoretische Physik der Universität – die erste Frau in Preußen überhaupt auf einem solchen Universitätsposten.

1907 hatte ihre jahrzehntelange Zusammenarbeit mit dem fast gleichaltrigen Chemiker Otto Hahn begonnen, der seit 1904 radioaktive Stoffe untersuchte und das Radioactinum und gerade jetzt das Mesothorium entdeckte.

1918 konnten Hahn und Meitner, die im Krieg in einem österreichischen Fronthospital als freiwillige Röntgenschwester wirkte, die Identifizierung des seltenen radioaktiven chemischen Elements Protactinium bekanntgeben, das 91. Element. Ihre eigenen Arbeiten über Radioaktivität, wie die Untersuchungen über die Zerfallsprodukte des Radiums, Thoriums und Aktiniums sowie über das Auftreten der Betastrahlen brachten ihr Auszeichnungen der Preußischen Akademie der Wissenschaften und der Akademie der Wissenschaften zu Wien. Seit 1917 hatte sie die Abteilung Physik des Kaiser-Wilhelm-Instituts der Universität für Chemie aufgebaut und lieferte als deren Leiterin unter und gemeinsam mit Otto Hahn, der 1926 Institutsleiter wurde, weitere wichtige Erkenntnisse zur Physik der Atomkerne. Kein Geringerer als Albert Einstein nannte sie »unsere Madame Curie«.

Ab 1922 – die Bemühungen in der Weimarer Republik um eine stärkere Gleichstellung der Frau in der Gesellschaft ermöglichten Meitner dann erst die Habilitation – war sie Privatdozentin, und ab 1926 lehrte und forschte sie als a.o. Professorin für Physik. Immer noch war die zierliche Frau eine Ausnahmeerscheinung an der Berliner Universität. Sie arbeitete in diesen Jahren nicht nur mit Otto Hahn, Max Planck, Max von Laue, dem Physik-Nobelpreisträger von 1914, und Emil Fischer zusammen. Auch an der Seite des Chemikers Otto Ernst Beckmann, seit 1912 Direktor des Kaiser-Wilhelm-Instituts für

8 *Seit 1907 arbeiteten sie zusammen: Lise Meitner und Nobelpreisträger Otto Hahn, zwei bedeutende Wissenschaftler der Atomspaltung.*

Chemie, steuerte sie wichtige Entdeckungen für die künftige Entwicklung der Atomphysik bei. 1925 war ihr nachzuweisen gelungen, daß die Gamma-Strahlung, die in der Regel bei allen Kernreaktionen entsteht, erst nach der Kernumwandlung ausgestrahlt wird.

Frau Lise Meitner und ihr Neffe *Otto Robert Frisch* (* 1904 – † 1979), der später auch ein bedeutender Atomphysiker wurde und von dessen Weg noch zu berichten sein wird, besuchten mich, um das Klavierkonzert eines Verwandten zu hören, das von dem ostpreußischen Rundfunksender ausgestrahlt wurde. Sie hatten erfahren, daß ich über besonders leistungsfähige Anlagen für den Empfang entfernter Rundfunksender verfügte.

In Berlin den Sender Königsberg zu empfangen, einen der

neun – mit Ausnahme der preußischen Zentralgesellschaft »Deutsche Welle« damals noch sämtlich privaten – Rundfunkgesellschaften im Reich, war noch keineswegs selbstverständlich. Denn in Deutschland war 1928 erst der Ortsempfang die Regel: mit dem Detektor oder kleinen Röhrenempfängern mit Lautsprecher. Zu diesem Zeitpunkt waren die seit 1924 gegründeten deutschen Rundfunkgesellschaften unter dem Dach der Reichs-Rundfunkgesellschaft in ihrer Programmvielfalt noch weitgehend autark. Ihre Sendungen mußten streng überparteilich sein, was jeweils ein amtlicher Ausschuß überwachte. Erst 1932, im letzten Jahr der Weimarer Republik, gingen die Funkanstalten völlig in den Staatsbesitz von Reich und Ländern über.

Noch gab es nicht die Reichsrundfunkkammer und das Ministerium für Volksaufklärung und Propaganda, unter Goebbels die zentrale Steuerungs- und Lenkungsinstanz, die alle geistige und politische Opposition und die Freiheit der Kultur radikal ausschaltete. Aber jener Dr. phil. Joseph Goebbels aus Rheydt, der glühende Propagandist Hitlers und des Nationalsozialismus, hatte vor zwei Jahren, Ende 1926, in Berlin mit 300 Leuten die Ortsgruppe der NSDAP gegründet, 300 von damals bald 50.000 Parteimitgliedern im Reich. Im April 1928, sechs Wochen nach Lise Meitners Besuch, hätte man in seinem Berliner NS-Blatt »Angriff« nachlesen können, was er als Trommler seines Führers wollte: »Wir gehen in den Reichstag hinein, um uns im Waffenarsenal der Demokratie mit deren eigenen Waffen zu versorgen. Wir werden Reichstagsabgeordnete, um die Weimarer Gesinnung mit ihren eigenen Waffen lahmzulegen.«

Aber Berlin war 1928 trotz aller Radikalisierung auch in der Kommunalpolitik, trotz der blutigen Auseinandersetzungen zwischen SA-Trupps, Rotkämpferbund der KPD und der Polizei im Jahr zuvor immer noch die weltstädtische Metropole mit ihrer unvergleichlichen Vielfalt an Kultur und geistigem Leben überhaupt. Obgleich viele Ereignisse in den letzten

Jahren, vollends im Blick zurück, schon das Schlimmste ankündigten und es warnende Stimmen genug gab: Sie wurden übertroffen von dem, was nach dem 30. Januar 1933 geschah.

Lise Meitner, die als mittlerweile international anerkannte Physikerin mehrfach für den Nobelpreis vorgeschlagen worden war, entzog man 1934 Titel und Lehrerlaubnis. Unter eigenem Namen durfte sie nicht mehr publizieren. Schon im April 1933 war das berüchtigte »Gesetz zur Wiederherstellung des Berufsbeamtentums« erlassen worden, das politisch oppositionelle und jüdische deutsche Beamte ausstieß: »Beamte, die nicht arischer Abstammung sind, sind in den Ruhestand zu versetzen ...«. Die österreichische Staatsbürgerin Lise Meitner arbeitete aber noch, gestützt von Max Planck, menschlich und wissenschaftlich isoliert, bis 1938 am Institut.

1934 hatte der italienische Physiker Enrico Fermi bei Neutronenbeschuß von Uran eine Reihe neuer radioaktiver Stoffe entdeckt. Er konnte sie nicht identifizieren und hielt sie für »Transurane«. Hahn und Meitner machten sich in eigener Initiative daran, Fermis Experimente zu wiederholen. Mitten in den Arbeiten mußte Lise Meitner aus Deutschland fliehen. Man schrieb das Jahr 1938. Der »Anschluß« Österreichs, Hitlers Annektion: »Als Führer und Kanzler der deutschen Nation melde ich vor der Geschichte nunmehr den Eintritt meiner Heimat in das Deutsche Reich.« Gleichzeitig beginnen Vorbereitungen für eine Volks- und Berufszählung. Man will zuverlässige Zahlen über Juden und »Rassenmischlinge«. In den ersten Tagen bereits werden alle jüdischen Richter und Staatsanwälte in Österreich entlassen. Lise Meitner kann ihr Paß nicht mehr schützen, denn sie ist jetzt »deutsche Jüdin«. Noch 1938 flieht sie angesichts der antijüdischen Ausschreitungen und der brennenden Synagogen in Deutschland. Freunde helfen ihr heimlich ohne Visum über die holländische Grenze. Jahre nach dem Krieg – ich habe in meinen »Erinnerungen« darüber berichtet – sagte mir Otto Hahn: »Als Lise Meitner bei Nacht und Nebel Deutschland verlassen mußte, da wußten meine Frau und ich endgültig, was die Glocke geschlagen hatte.«

Kurze Zeit nach ihrer Flucht – gänzlich mittellos erst zu Niels Bohr, dem berühmten Physiker-Kollegen, nach Dänemark, von dort nach Schweden – erhält sie einen Brief Hahns mit einem für die Zeitschrift »Naturwissenschaften« bestimmten Manuskript. In seinem Laboratorium hatten Hahn und sein Mitarbeiter Friedrich Straßmann, der als analytischer Chemiker seit 1935 zum Forscherteam Hahn/Meitner gehörte, die mit Meitner begonnenen Experimente wiederholt und fortgesetzt. Durch Neutronenbeschuß sei ein Gemisch aus Radium- und Actiniumisotopen entstanden. Entgegen allen bis dahin bekannten Phänomenen der Nuklearphysik waren Bariumisotope nachweisbar. Hahn und Straßmann wußten in Berlin noch keine Erklärung dafür. »Vielleicht kannst Du«, so zitiert die 1996 erschienene Meitner-Biographie von Ruth Lewin Sime aus Otto Hahns Brief vom 22. Dezember 1938, »irgendeine phantastische Erklärung dafür vorschlagen.«

Lise Meitner informierte Otto Frisch in Kopenhagen. Gemeinsam entwickelten sie und ihr Neffe bis zum Neujahrstag 1939 auf der Grundlage des Bohrschen Tropfenmodells des Atomkerns die theoretische physikalische Deutung: In Berlin, von ihr entscheidend mit eingeleitet, hatte sich die Kernspaltung ereignet, der Zerfall von Uran-Atomkernen in Bruchstücke. Niels Bohr übermittelte die erregende Erkenntnis in die USA. Dort führte die Entdeckung zur Entwicklung der Atombombe.

Bis nach Kriegsende hatte Lise Meitner ein anfangs nur ungenügend ausgestattetes Arbeitsfeld am Nobelinstitut in Stockholm inne. Sie wurde zum Mitglied der Schwedischen Akademie der Wissenschaften gewählt, arbeitete leitend an der Ingenieurwissenschaftlichen Akademie und wirkte als Ordinarius für Kernphysik an der Stockholmer Technischen Hochschule, bis sie als Emeritierte nach England übersiedelte. Der großen Wissenschaftlerin, in ihrer Bedeutung lange in der Öffentlichkeit verkannt und meist im Schatten Otto Hahns genannt, blieb das tief schmerzende Bedauern, »daß die Ergebnisse der reinen Forschung auch in den Dienst der Zerstörung gestellt werden.«

Ein Angebot aus den USA, für die Entwicklung der Atombombe zu forschen, hatte sie abgelehnt.

Heute, da auch die friedliche Nutzung der Kernenergie längst in Frage gestellt wird, vollends seit dem 6. April 1986, als sich im 4. Block des Kernkraftwerks Tschernobyl in der Ukraine der bislang folgenschwerste Reaktorunfall ereignete, stehen Wissenschaft und Gesellschaft in unbegrenzbarer Verantwortung für die ganze Menschheit. Kann es Wissenschaft, Technik und den mit ihnen umgehenden Menschen je gelingen, das »Restrisiko« beim Kernreaktorbetrieb auszuschließen? Werden neue, unbegrenzt vorhandene Energiequellen, wie etwa die Sonnenenergie, kurz- oder mittelfristig den Energiebedarf der Welt decken können? Wie dächte heute eine Lise Meitner darüber?

Der Begriff »Kernspaltung«, nuclear fission, wird teils Lise Meitner selbst, teils ihrem Neffen Otto Robert Frisch zugeschrieben. Auch er war Wiener. Nach Stationen in Berlin und Hamburg war er 1934 bis 1939 in Kopenhagen Mitarbeiter von Niels Bohr, dem dänischen Physiker, der 1922 den Nobelpreis für Physik erhalten hatte. Bohr war einer der bedeutendsten Atomwissenschaftler, bahnbrechend in der Anwendung der Quantentheorie von Max Planck und Einstein auf das planetarische Atommodell von E. Rutherford und durch sein »Sandsackmodell« der Atomkerne als Erklärung der Kernreaktionen bei Teilchenbeschuß. Frisch hatte bereits durch experimentelle und theoretische Arbeiten zur Atom- und Kernphysik und zur Quantenmechanik als Atomphysiker Anerkennung gefunden. Seit 1939 in England, ging er 1943 wie der dänische Emigrant Niels Bohr in die USA. Beide waren dort, wie zahlreiche andere Wissenschaftler aus den Vereinigten Staaten und Europa, unter strengster Geheimhaltung an der Entwicklung der Atombombe beteiligt. Fünfeinhalb Jahre nach der Spaltung des Uran-Atomkerns durch Neutronenbeschuß im Dezember 1938 in Berlin wurde am 16. Juli 1945 auf dem Versuchsgelände von Los Alamos im südlichen New Mexico eine Uranbombe gezündet, der erste Atomsprengkörper.

Noch am selben Tag erreicht den amerikanischen Präsidenten Harry S. Truman die verschlüsselte Geheimnachricht. Er ist soeben in Berlin gelandet, auf dem Weg zur Potsdamer Konferenz der Regierungschefs der USA, der Sowjetunion, Stalin, und Großbritanniens, Clement Attlee. Es geht um das weitere Schicksal des besiegten Deutschland. Wenige Kilometer von jenem Dahlemer Institut, in dem die Spaltung des Uran-Atoms gelang, erfährt er das historische Ereignis: »Operation heute morgen. Diagnose noch unvollständig, doch scheinen Ergebnisse befriedigend und übertreffen bereits Erwartungen.« Auch der Ausruf eines der Wissenschaftler in Los Alamos ist überliefert: »Mein Gott, das verdammte Ding funktioniert!« Im August wird Truman, um den Krieg endgültig zu beenden, den Befehl für den Abwurf über Hiroshima und Nagasaki geben.

13.04.1928
Erfahrungsaustausch wider Geschäftsinteresse
Begegnung mit Wilhelm Runge

Wilhelm T. Runge (*1895–†1987) hatte mich als Assistent des technischen Direktors von Telefunken, Graf Arco, schon früher einige Male in meinem ersten Labor in Berlin, Hasenheide 61, besucht, bevor er später zum Chef der Forschung von Telefunken aufstieg. Vor dem Zweiten Weltkrieg bearbeitete er in einem Geheimlabor am Wannsee für Telefunken die Radartechnik, früher Funkmeßtechnik genannt, unter Verwendung meiner Elektronenstrahlröhren und meiner Breitbandverstärker. Seine Entwicklung der verschiedenen Varianten des Radars bis hin zu Bildschirmgeräten führte zu großen Fortschritten bei der Sicherung des Flug- und Schiffsverkehrs. Erst im Zweiten Weltkrieg fanden seine Arbeitsergebnisse besondere Aufmerksamkeit, hatten sie doch unschätzbaren Wert für die Abwehr von Luftangriffen feindlicher Bombergeschwader.

Die Anfänge des Radar, radio detecting and ranging, lassen sich bis zum Beginn des Jahrhunderts zurückverfolgen. Heinrich Hertz hatte schon 1886 die Reflexion von Funkwellen entdeckt. 1904 meldete C. Hülsmeyer das erste deutsche Patent an. Mit den damaligen technischen Mitteln ließ es sich über Jahrzehnte im In- und Ausland nicht zufriedenstellend umsetzen.

Seit Anfang der dreißiger Jahre forschte man in den USA, Frankreich, Deutschland und vor allem in England intensiver, wie die Rückstrahlung elektromagnetischer Wellen zur Ortung von Schiffen und Flugzeugen genutzt werden könne. Im Inselstaat England standen Überlegungen für die Landesverteidigung im Vordergrund. Dort leitete der Hochfrequenztechniker Robert Watson-Watt, über den noch zu berichten sein wird, die physikalisch-technische Entwicklung.

Im März 1937, als seit einem Jahr auf der Iberischen Halbinsel der Spanische Bürgerkrieg quasi vor der Haustür des britischen Felsens von Gibraltar wütete, entstand die erste Radar-Bodenstation mit Elektronenstrahlröhren des von mir entwickelten Typs. Im Frühjahr 1939 war die englische Ostküste bereits mit 20 Stationen der »Home Chain« gesichert, das Radar-Frühwarnsystem, das dann auch als Leitsystem für die Luftabwehr- und Schiffsartillerie und als Radar an Bord von Flugzeugen ausgebaut wurde.

Auf deutscher Seite hatte Wilhelm Runge maßgeblichen Anteil an der Forschung zur Radartechnik. Sie verlief stockend. Am Anfang des Zweiten Weltkrieges war sie mit der englischen nahezu gleichauf, bis 1942 die Einstellung befohlen wurde. Seit 1943 versuchte man den alliierten Vorsprung aufzuholen, der dem Kriegsgegner Deutschland, etwa durch die Ortung von U-Booten und als Navigationsgerät für Bombengeschwader,

9 *Der Pionier der Nachrichtentechnik und Radartechnik,*
Professor Wilhelm Runge, förderte meine frühen
Entwicklungen zur Radiotechnik (um 1925) und später den
Einsatz von Elektronenstrahlröhren und
Breitbandverstärkern in den Anfängen der Radartechnik
(um 1930) als Forschungschef bei Telefunken.

verheerende Wunden schlug. Aus den USA, die gewaltige Summen in die Entwicklung steckten, ist die Einschätzung eines Experten überliefert, wonach die Atombombe den Krieg beendet, das Radar ihn aber entschieden habe.

Auch heute sind in der komplexen zivilen und militärischen Nutzung des Radars unter anderem auch Runges Entwickungen grundlegend. Denn ohne die Radartechnik wäre ein Flugverkehr mit den hohen Start- und Landefrequenzen nicht möglich. Auch um die Entwicklung der Ultrakurzwellentechnik hat Runge sich verdient gemacht. Die häufigen Treffen im Laufe der Jahre mit diesem bedeutenden Forscher, einem der auch nach dem Krieg anerkannten Pioniere der Rundfunk- und Radartechnik, waren für mich stets ein großer Gewinn.

Eine Episode ist mir besonders in Erinnerung geblieben: Ende der 20er Jahre herrschte ein schwerer Konkurrenzkampf zwischen den Radiofirmen. Die Firmenleitungen legten großen Wert auf die Geheimhaltung ihrer Entwicklungen. Das wiederum ärgerte die Entwickler, die an einem regen Erfahrungsaustausch interessiert waren. Ich schlug deshalb als unabhängiger privater Forscher ein monatliches Treffen der Berliner Entwickler im Restaurant des Flughafens Tempelhof vor. Bei einem dieser Treffen, die in der Regel abends stattfanden, erlebte ich die erste Nachtfluglandung der Welt. Der leitende Ingenieur der C. Lorenz AG Kramer kündigte die Landung sinngemäß mit den Worten an, daß nach dem von ihm entwickelten Leitstrahlverfahren ein Flugzeug aus Königsberg wenige Minuten nach Eintreten der Dunkelheit landen würde. So geschah es auch.

Dr. Wilhelm Runge nahm regelmäßig an diesen Treffen teil. Zu meiner Freude beriet mich damals Runge zur Frage der praktischen Realisierung einer Methode, die durch Ultrakurzwellen- und Relaisstationen einen störungsfreien Fernsehempfang mit preiswerten Geräten ermöglichte. Diese Methode wurde später unter dem Begriff »Vielfachrundfunk auf einer Ultrakurzwelle« bekannt. Als ich 1930 auf einer Tagung der Heinrich-Hertz-Gesellschaft die Grundzüge dieser Methode referierte, erlebte ich strikte Ablehnung und Widerspruch auf meine Ausführungen nicht nur durch den Rundfunkkommissar Hans Bredow und den Generaldirektor Schapira von der Firma Telefunken, sondern zu meiner Überraschung äußerte sich auch Runge in der Diskussion mit scharfen Worten gegen meine Methode. Er mußte sich gegen seine eigene Überzeugung den Weisungen seines Generaldirektors fügen. Der Ablehnung lagen ökonomische Überlegungen zugrunde. Die Leitung der Großfirma Telefunken hielt bei Verwirklichung meines Vorschlages den Absatz der teureren Rundfunkgeräte, die noch nach dem ›herkömmlichen‹ Verfahren der noch jungen Rundfunktechnik funktionierten, für gefährdet. Mich tröstete damals, daß mir die führenden Elektroniker Prof. Barkhausen und Prof. Möller sowie der Chef des Reichspostzentralamtes Ohnesorge zu dem Vorschlag gratulierten.

18.03.1929

Das Licht der Straßen
Begegnung mit Marcello von Pirani

M. von Pirani, der 1880 geborene deutsche Physiker, förderte entscheidend die Messung des Druckes in der Vakuumtechnik, die für die Entwicklung und Anwendung der heutigen Hochtechnologien zentrale Bedeutung erlangt hat.

Das gilt für die chemische Verfahrenstechnik, für die pharmazeutische und die Lebensmittelindustrie, für Metallurgie oder auch die Raumfahrtforschung. Ohne Hochvakuumtechnik wären elektrische und elektronische Geräte bis hin zum Fernseher, viele optische Systeme und Geräte bis hin zum Elektronenmikroskop undenkbar.

Von Pirani revolutionierte die Straßenbeleuchtung durch die

Konstruktion der Natriumleuchten mit ihrem hohen Nutzeffekt. Der Name von Pirani – und ebenso der seines Assistenten Robert Rompe – ist gleichermaßen unvergessen im Fachbereich der elektrischen Gasentladungen und der Plasmaphysik. Deutlich in Erinnerung ist mir noch ein Besuch beim Osram-Werk im Arbeitszimmer von Herrn von Pirani. Osram, das war damals längst nicht nur in Deutschland ein Begriff für Glühlampen. Zehn Jahre war es her, daß AEG, Siemens & Halske und eine dritte Gesellschaft ihre Entwicklung und Produktion in dem zukunftsorientierten Zweig zur gemeinsamen Firma bündelten. Als nun größtes europäisches Unternehmen, zweitgrößtes der Welt, produzierte Osram um 1930 achtzig Prozent der in Deutschland gebrauchten Glühlampen. Am europäischen Markt hatte die Osram etwa dreißig Prozent Anteil. »Osram – hell wie der lichte Tag« lautete eine der einprägsamsten Verheißungen moderner Markenwerbung. Pirani zeigte mir jetzt stolz seine erste Natriumleuchte in Funktion. Sie hatte gerade im Laboratorium ihren Dauerbetrieb überstanden. Wegen ihrer Rekordlichtausbeute und insbesondere wegen ihres hohe Sehschärfe gewährleistenden, fast monocromatischen Lichtes war ihre Eignung und Nutzung als Straßenbeleuchtung der Zukunft vorauszusehen.

Die Natriumleuchte ist dann auch sehr schnell weltweit eingesetzt worden. Schon im April des folgenden Jahres nach unserer Begegnung wurden in Berlin auf der Avus, der berühmten Autorennstrecke, Versuche mit einer Autostraßen-Beleuchtung unternommen. Auf Masten, die in 150 Meter Abstand aufgestellt wurden, waren 500-Watt-Lampen in 15 Meter Höhe installiert. Sie warfen blendfreies Licht auf die Fahrbahn. Eine Errungenschaft, die wir bei der gegenwärtigen Motorisierung und der damit verbundenen hohen Verkehrsdichte vollends zu schätzen gelernt haben. Erhöht dieses Licht doch die Verkehrssicherheit in unseren Städten und auf einigen Autobahnabschnitten entscheidend.

...so schallt es heraus
Begegnung mit Erwin Meyer

»Wie man in den Wald hineinruft, so schallt es heraus«. Wenn es so einfach gewesen wäre, seit man versuchte, Töne, Sprache, Geräusche, Musik auch über weite Entfernungen zu übertragen und im menschlichen Gehör einen möglichst »naturgetreuen« Sinneseindruck hervorzurufen. Das war in den 20iger Jahren und noch lange danach keineswegs optimal gelungen.

Als mich *Erwin Meyer* (*1899–†1972) an jenem Augusttag besuchte, war das Thema unseres angeregten Gesprächs: Stand und neueste Entwicklungen der Musikübertragung. Die Inbetriebnahme des Königs-Wusterhausener Weltrundfunk-Kurzwellensenders stand unmittelbar bevor und in wenigen Tagen auch die 6. Große Deutsche Funkausstellung in Berlin. Beides waren Ereignisse, die uns Fachleute zum Erfahrungsaustausch anregten. Erwin Meyer war der führende deutsche Elektroakustiker, der im Reichspostzentralamt zusammen mit Martin Grützmacher und Walter Reichardt die Aufgabe hatte, die Technik für eine besonders naturgetreue Wiedergabe von Musik zu fördern oder zu entwickeln. Den Weg hierzu wies der Leitsatz des englischen Physikers J. C. Maxwell: »Der wichtigste Schritt für den Fortschritt einer jeden Wissenschaft ist das Messen von Größen.«

Meyer, Elektroingenieur und studierter Physiker, Dr. phil., hatte seit 1924 als »wissenschaftlicher Hilfsarbeiter« für das Fachgebiet Akustik im Telegraphen-Technischen Reichsamt in Berlin die damals noch neuen Verstärkerröhren für die akustische Meßtechnik eingesetzt und grundlegende Meßverfahren erarbeitet. 1928, als wir einander begegneten, habilitierte er sich und wurde Leiter der Abteilung für Akustik des neu gegründeten Heinrich-Hertz-Instituts für Schwingungsforschung an der TH Berlin-Charlottenburg.

Die Gruppe im Reichspostzentralamt stellte zunächst Meß-
mikrofone, Richtmikrofone und schalltote Räume her. Sie
baute Anlagen zur Messung der Frequenzkurven und Ab-
strahlungscharakteristiken von Lautsprechern, Tongenerato-
ren und vieles mehr, was seither zum Standard der Elektroakustik gehört. In der anschließenden Phase maßen Meyers
Ingenieure die Qualität aller an der Übertragungskette beteiligten Glieder. Aus den Messungen leiteten sie dann Maßnahmen zur Qualitätsverbesserung ab, die der Industrie halfen,
ihre Produkte, wie Lautsprecher und Tonabnehmer von
Grammophonen, zu optimieren. Parallel dazu widmete sich
der vielseitige Forscher mit elektroakustischen Methoden Untersuchungen über den menschlichen Gehörsinn: Akustik,
»das menschliche Gehör betreffend«, so liest sich bekanntlich
die Bedeutung des Begriffs aus dem Griechischen. Die Forschung von Erwin Meyer und seinen Mitarbeitern hat zur
hohen Qualität der Wiedergabe von Musik in Rundfunk, Tonfilm, Fernsehen und durch Schallplatten entscheidend beigetragen.

Schallisolation und Raumakustik wurden dann seit etwa
1930 weitere Hauptarbeitsgebiete Meyers. Nach dem Zweiten
Weltkrieg erfuhr man auch von seinen Untersuchungen zur
Absorption des Wasserschalls, ein ungemein wichtiger Forschungsbereich, überlebenswichtig für Jäger und Gejagte zu
den Zeiten der U-Boot-Einsätze und ihrer Abwehr.

Auch die Verbesserung der nachhallarmen Beschallung von
Großkundgebungen begann unter Leitung dieses herausragenden Elektroakustikers. Eine bedeutsame Technologie sowohl für die Politik wie für das kulturelle Leben in unserer
Gesellschaft, denkt man nur an große Wahl-, Diskussions-
und Musikveranstaltungen, die ohne eine gute Akustiktechnik
ihre Zuhörer nicht oder nur sehr unzureichend erreichen würden.

Als Professor und Direktor des III. Physikalischen Instituts
in Göttingen seit 1947 schrieb sich Erwin Meyer ebenfalls in
die Geschichte der anwendungsorientierten Elektroakustik

ein: ein Mann von außergewöhnlicher Kompetenz auf seinem Gebiet. Mit dem von ihm vorangetriebenen Einsatz elektronischer Hilfsmittel gilt er heute zu Recht als ein Erneuerer der Akustik.

05. 12. 1929

Reflektiertes Echo: Radar
Begegnung mit Sir Watson-Watt

Der später geadelte Engländer *Robert Alexander Watson-Watt* (*1892–†1973), Chef der Radio Research Station in Slough, besuchte mich in Lichterfelde, weil er von der erfolgreichen Entwicklung meiner Elektronenstrahlröhre mit hellem, scharfem Schreibfleck gehört hatte. Der später berühmte Physiker hatte als Meteorologe im Offiziersrang beim Royal Flying Corps am Ersten Weltkrieg teilgenommen, wurde Chefmeteorologe der Royal Aircraft in Farnborough und wirkte seit 1921 im Department of Scientific and Industrial Research. Schon 1919 hatte er seine erste Funkortungs-Erfindung patentieren lassen. Er befand sich jetzt in den grundlegenden ersten Stadien seiner Arbeiten auf dem Gebiet der Radiowellenmessung mit Elektronenstrahlröhren.

Es waren unruhige Zeiten, nicht nur in Deutschland, als es zu unserer ersten Begegnung kam. Knappe sechs Wochen zuvor hatte der »Schwarze Freitag« der New Yorker Wallstreet und der anderen amerikanischen Börsen mit dem größten Kurszusammenbruch der internationalen Börsengeschichte die Welt in eine tiefe Wirtschaftskrise stürzen lassen. In den nächsten Tagen und Wochen überschlugen sich die Hiobsbotschaften. Zeitgenossen und Historiker wissen von den Jahre währenden wirtschaftlichen, sozialen und politischen Folgen zu berichten.

10 *Es waren unruhige Zeiten, nicht nur in Deutschland, als die*
    Begegnung mit Sir Watson-Watt, dem Chef der Radio
    Research Station und später berühmten Physiker stattfand.
    Er befand sich zu diesem Zeitpunkt in den grundlegenden
    Stadien seiner Arbeiten auf dem Gebiet der
    Radiowellenmessung mit Elektronenstrahlröhren.

Sie trafen Deutschland in einer eskalierenden Krise des parlamentarischen Systems und leiteten, so lehrt die historische Rückschau, den Untergang der Weimarer Republik ein.

All dies wäre für Mr. Watson-Watt und mich Anlaß genug gewesen, gemeinsam über unsere Erwartungen und Befürchtungen hinsichtlich der politischen und wirtschaftlichen Lage in Deutschland, England und Europa zu diskutieren. Unser Gespräch aber blieb sachbezogen konzentriert auf den Erfahrungsaustausch und die Verwendungsmöglichkeiten meiner Elektronenstrahlröhren.

Nach seinem Besuch, dem bis 1933 weitere folgten, richtete Watson-Watt mit meinen Röhren und Geräten dann im Norden, Südwesten und Südosten der englischen Insel Empfangsstationen ein, um mit ihnen die Einfallsrichtung der Störimpulse von irgendwo in Europa stattfindenden Blitzentladungen oder Gewittern durch Striche auf den Leuchtschirmen sichtbar zu machen. Mit den Aufzeichnungen der drei Stationen konnte er aus dem Schnittpunkt der leuchtenden Striche den Ort von Gewittern in Europa erkennen und den englischen Meteorologen weitermelden.

Angeregt von Marconis Erkenntnissen über Kurzwellen und dessen Vorschlägen, ihre Reflexion zu nutzen, kam Leo Young vom British Naval Research Laboratory dann Ende 1930 auf den Gedanken, die Impulsfolgen reflektierter elektromagnetischer Wellen einzusetzen, um Flugzeuge und andere Ziele aufzuspüren. Daraus wurde 1935 ein militärisches Projekt des britischen Air Ministry.

Was damals unter strengster Geheimhaltung geschah, läßt sich bei Sir Watson-Watt, 1942 für seine Verdienste um das Radar in den Adelsstand erhoben, auch in seinem Lexikon-Artikel zum Stichwort Radar für Collier's Encyclopedia von 1967 nachlesen: Ende Januar 1935 die erste Experten-Konferenz. Seit Mitte Mai arbeitete eine neu errichtete Forschungsstation, getarnt als Ionosphäre-Observatorium. Nach zwei Monaten gelingt der Durchbruch: Ein anfliegendes Flugzeug wird 38 Meilen entfernt geortet, eines in entgegengesetzter Flugrichtung 43 Meilen von der Bodenstation, und ein drittes bis weniger als ein halber Grad über dem Horizont.

Schon im September 1935 lautet die Empfehlung, die englische Küste von der Tyne-Mündung bis Southampton mit einer Kette von Radarstationen zu bestücken.

Mit wissenschaftlicher Selbstverständlichkeit und britischer Fairneß nennt Sir Watson-Watt Namen und Fakten der Vorgänger radarähnlicher Ortungssysteme und die beiden anderen Pioniere des frühen britischen Radar, seine Kollegen Wilkins und Bowens. Amerikanischen Marineforschern war bereits im Dezember 1934 das erste Foto vom Radar-Echo eines Flugzeugs in 2–3 Meilen Entfernung gelungen. Noch früher, im Spätsommer 1933, hatten deutsche Marineforscher auf einem von Rudolf Kunhold vorgewiesenen Weg die passive Rückstrahlung eines kleinen Schiffes über 8 Meilen empfangen können. Und Dr. Wilhelm Runge verzeichnete in den ersten Monaten des Jahres 1935 acht Meilen entfernt das Echo einer Ju 52, der legendären dreimotorigen Konstruktion von Prof. Hugo Junkers aus Dessau, die seit 1931 als wohl meistverbreitetes, jedenfalls technisch bedeutsamstes Großverkehrsflugzeug der dreißiger Jahre über allen Kontinenten flog.

Begonnen hatten die deutschen Arbeiten zur Radartechnik von Wilhelm Runge etwa gleichzeitig mit denen von Watson-Watt. Die Bedeutung der Entwicklung meiner Elektronenstrahlröhre mit hellem Schreibfleck sowie der Lieferung von vielen hundert Elektronenstrahlröhren dieser Art für Watson-Watt und seinen Arbeitskreis geht aus folgender Danksagung in einem 1932 erschienenen Buch von Sir Watson-Watt »Application of the Cathode Ray Oscillograph in Radio Research« hervor.

»Von Ardenne effected a further very important advance. He applied in the low-vacuum oscillograph the Wehnelt cylinder, surrounding the cathode, and by giving the cylinder a controllable negative potential relative to the cathode attained the double advantage of giving a very convenient and flexible focussing control while at the same time reducing very greatly the disastrous positive ion bombardment of the filament which was mainly responsible for short cathode-life. The von Ardenne oscillogaph, operating satisfactorily at any voltage from 300 to 3000, made external photography at substantial recording speeds practicable for the first time in the history of low-voltage oscillographs. Such advances as we have been able to make in recent years by applications of the cathode-ray oscillograph in radio reseach owe much to the ingenuity, resource and unfailing friendliness of Baron Manfred von Ardenne.«

1933 war Watson-Watts Bedarf an Elektronenstrahlröhren für die Versuche im Radarbereich so angestiegen, daß er in England die Röhrenfabrik von Cossor veranlaßte, unsere Röhren nachzubauen.

Die Erfahrungen, die Watson-Watt als Leiter der Funkabteilung im Nationalen Physikalischen Laboratorium bei seinen Versuchen sammelte, erlaubten ihm schon vor Beginn des Zweiten Weltkrieges, Radarmethoden zu entwickeln, die den Anflug von Flugzeugen aus vielen hundert Kilometern Entfernung erkennen ließen. Im Krieg konstruierte Watson-Watt ein Panoramaradargerät, das bei Nacht sowie durch Nebel und Wolken vom Flugzeug aus das Bild einer überflogenen Stadt abbildete. Dieses Gerät wurde dann bei den englischen Bombenangriffen auf unsere Städte leider dazu mißbraucht, um die Begrenzung des Bombenteppichs zu markieren und damit die lückenlose Zerstörung des attackierten Stadtbereiches zu gewährleisten. Dies ist ein schreckliches Beispiel für den Mißbrauch von wissenschaftlichen Erkenntnissen durch die politisch Mächtigen.

Auch im Rückblick des nüchternen Wissenschaftlers Watson-Watt nimmt sich die Auflistung nur der wichtigsten »Radar-Siege« des Zweiten Weltkrieges als dramatische Chronik des Kriegsgeschehens aus. 1940/41 die Luftschlacht um England, »the Battle of Britain«, nach dem deutschen Sieg über Frankreich. Auf See die Atlantikschlacht von 1939 bis nahe Kriegsende mit ungeheuren Verlusten für die deutsche Kriegsmarine vor allem bei U-Boot-Einsätzen; im Mai 1941 die

Jagd auf das Schlachtschiff »Bismarck«, im Dezember 1943 die Versenkung des Schlachtschiffs »Scharnhorst«; im Mittelmeer im November 1940 und November 1941 das Aufspüren italienischer Flotteneinheiten bei Tarent und bei der versuchten Überfahrt nach Nordafrika; im März 1941 die Seeschlacht bei Matapan.

Im Luftkrieg wird Radar zur entscheidenden Voraussetzung zielgenauer Angriffe auch bei Nacht: zur Zerstörung der deutschen Rüstungsindustrie und für das »Area Bombing« auf deutsche Städte unter dem Kommando des britischen Air Marshal Harris. Das erste in der Nacht vom 28. auf den 29. März 1942 auf Lübeck: Antwort auch auf die deutschen Lufteinsätze gegen England mit Bomben auf London, Birmingham, Bristol, Liverpool; Antwort auch auf Coventry.

Aus radargeleiteten Flugzeugen sprangen alliierte Agenten und Einsatzkommandos zur Unterstützung der Widerstandsbewegungen über von der deutschen Wehrmacht besetzten Gebieten ab. Radar war im Spiel, als in der Nacht zum 6. Juni 1944 Fallschirmtruppen im Hinterland des »Atlantikwalls« an der Küste der Normandie landeten, bevor ab 3 Uhr morgens die Invasion von der See her einsetzte. Ab September 1944 startete die V2, die erste Großflüssigkeitsrakete mit einer Reichweite von rund 300 km, gegen London und Ziele in Südengland: die deutsche »Vergeltungswaffe« neben dem im Juni erstmals eingesetzten unbemannten Flugzeug V1. Vom Radar schon unmittelbar nach dem Start der Rakete erfaßt, wurden die mobilen Raketenabschußrampen häufig von schnellen Kampfbombern erreicht und zerstört, ehe sie die Stellung wechseln konnten.

Etwa zur selben Zeit, als Watson-Watt in England die Entwicklung seines Panoramaradargerätes begann, hatte ich gemeinsam mit dem Kurzwellenphysiker H. E. Hollmann an Reichsluftfahrtminister Göring, seit Juli 1940 »Reichsmarschall«, den Vorschlag herangetragen, uns die Entwicklung eines ähnlichen Panoramaradargerätes mit 13 cm Magnitronröhrensender in Auftrag zu geben. Göring lehnte den Vorschlag ab, weil es, wie er mitteilte, sich um eine mehrjährige Entwicklung handele und der Krieg schon so gut wie gewonnen sei. Im Herbst 1940 eine fatale und überhebliche Einschätzung der Lage, wie der weitere Verlauf des Krieges gezeigt hat. Man denke nur an die späteren Flächenbombardements auf deutsche Städte, die besonders die Zivilbevölkerung in schreckliches Leid gestürzt haben. Die Stimmung in Deutschland und besonders bei den Machthabern war aber 1940 nach dem Überfall auf Polen, der Besetzung Dänemarks und Norwegens, der »Blitzkriege« gegen die Niederlande und Belgien und dem unerwartet schnellen Sieg über Frankreich euphorisch. Viele waren durch die schnellen Erfolge der Wehrmacht geblendet. Bei dem Vorschlag zur Entwicklung eines neuen Radargerätes ging es uns darum, die Früherkennung anfliegender Flugzeuge oder Bomberverbände zu ermöglichen. Wir wollten damit zur Rettung von Menschenleben beitragen.

Die während des Zweiten Weltkrieges an der Panoramaradartechnik durchgeführten Arbeiten halfen später bei der Entwicklung von Anlagen für die Sicherung des Flugverkehrs. Wie verheißungsvoll hätte es weitergehen können, wäre der Friede für Europa und die Welt erhalten geblieben, seit Watson-Watt mich besuchte. Knapp zwei Wochen danach, am 18. Dezember 1929, begann in Berlin die erste internationale Flugplankonferenz über die Sommer-, Herbst- und Winterflugpläne 1930: mehr als nur ein Indiz für die wachsende Bedeutung des Flugreiseverkehrs in Europa.

10.02.1930

Wegbereiter der elektronischen Musik
Begegnung mit Friedrich Trautwein

Mit Dr. Ing. *Friedrich Trautwein* (* 1888 – † 1956), dem Bahn-
brecher der elektronischen Musik, traf ich zusammen, als er
zeitweilig Mitarbeiter der Firma Loewe war. Er war durch
Klang- und Schwingungsforschungen hervorgetreten, besaß
mehrere Patente und entwickelte das nach ihm benannte Trautonium, mit dem erstmalig Töne mit gewollter Klangfarbe syn-
thetisch erzeugt werden konnten. Sein nach Art eines Klaviers
gebautes Trautonium war eines der ersten und für die Entwicklung der mit elektronischen Mitteln erzeugten Musik historisch
wichtigsten elektronischen Musikinstrumente. Das Trautonium bestand aus einem Niederfrequenz-Generator, einem
Verstärker, Lautsprechern und einer Tastatur, die es ermöglichte, die Grundfrequenz der vom Generator erzeugten
Schwingungen durch einen variablen Widerstand zu verändern. Damals nannte Trautwein, der in diesem Jahr Lektor und
später Professor für musikalische Akustik an der Staatlichen
Musikhochschule Berlin wurde, die neue Klangerzeugung
noch »elektrische Musik«.

Im Juni 1930, also wenige Monate nach unserer Begegnung,
fand das 10. Deutsche Kammermusikfest »Neue Musik Berlin
1930« statt. Neue Werke von Paul Hindemith, Ernst Toch,
Paul Dessau, Hermann Reutter, Hugo Herrmann und Kurt
Weill standen auf dem Programm. Beim Abend elektrischer
Musik präsentierte Friedrich Trautwein erstmals sein Trautonium: Hindemith, sein Schüler Harald Genzmer und andere
komponierten bald für das Trautonium. Auch von Werner Egk
und Richard Strauss wurde es eingesetzt, ebenso in Komposi-
tionen für Rundfunk und Film.

Dem Trautonium folgte mit kurzem Zeitabstand die Entwicklung der elektronischen Orgel von Dr. Oskar Vierling und

anschließend eine lange Kette weiterer Erfindungen und Entwicklungen.

Heute ist die elektronische Musik für viele junge Leute Mittel zum Ausdruck ihrer Individualität geworden. Durch die bequeme Steuerbarkeit und die Vielfalt der möglichen Variationen erfährt die elektronische Musik in der Gegenwart Anwendung in fast allen Lebensbereichen. Sie hat vor allem in der jungen Generation das Leben – verglichen mit früheren Zeiten – stark verändert. Zur Erzeugung dieser Musik gehören Verstärker, bei denen durch Betätigung der Lautstärkeregler auf einfache Weise sehr große Lautstärken herbeigeführt werden können. Es läßt sich darüber streiten, ob die Betriebsweise in Diskotheken einen Zuwachs an Lebensqualität bedeutet. Aber dies ist sicherlich auch eine altersbedingte Frage. Unstrittig ist, daß bei chronischen Belastungen des Gehörs durch zu hohe Lautstärke häufig Gehörschäden entstehen. Deshalb ist Vorsicht bei zu lauter elektronischer Musik geboten.

Die fast unendliche Vielfalt der Töne, Klangfarben, Rhythmen und Kombinationen hat auch meinen jüngsten Sohn *Hubertus von Ardenne* (* 1956) so fasziniert, daß er sich ein Tonstudio einrichtete und etwa die Hälfte seiner beruflichen Interessen diesem Bereich widmet. Die andere Hälfte blieb für die Bearbeitung anderer Aufgaben unserer Gesellschaften reserviert. Allerdings bleibt ihm, nachdem er in den Hafen der Ehe eingelaufen und stolzer Vater geworden ist, immer weniger Zeit, seiner musikalischen Beschäftigung nachzugehen. Wir wurden nach vier Enkelinnen endlich mit zwei Enkeln (Johannes von Ardenne, * 1984, und Benjamin von Ardenne, * 1988) beschenkt, welche den Fortbestand des Namens unserer Familie in Aussicht stellen.

Als die Bilder sprechen lernten
Begegnung mit Hans Vogt

Hans Vogt (* 1890 – † 1979) hatte zur Zeit unseres ersten Lichterfelder Treffens – in seinem Berliner Laboratorium entwickelte er elektrostatische Lautsprecher und kombinierte Qualitäts-Radioapparate – schon bewegte Erfinderjahre hinter sich: mit allen Höhen, Tiefen, Triumphen und Enttäuschungen. Der Sohn eines Dorfschmieds im oberfränkischen Wurlitz, gelernter Maschinenschlosser, dann Eisendreher, hatte sich im Selbststudium breite Bildung und naturwissenschaftliche Kenntnisse erarbeitet. Mit 19 erhielt er sein erstes Patent auf ein Vibrationswettspiel. Bei der kaiserlichen Marine wurde man auf den begabten jungen Bordfunker aufmerksam, in Kiel war er im technischen Institut für drahtlose Telegraphie tätig. In Berlin entwickelte er in einem physikalischen Institut einen Kapazitätsmesser für Kondensatoren und Hochfrequenzspulen. Während des Krieges 1914–18 baute Matrose Vogt als Techniker Systeme für die Steuerung und Ortung von Zeppelinen sowie einen Erdtelegraphen als Sonde für das Aufspüren von Verschütteten im Grabenkrieg an der Westfront.

»Als ich dann einmal in Kiel ein Kino besuchte und den Stummfilm ›Der Student von Prag‹ sah«, 1913 mit dem berühmten Charakterdarsteller Paul Wegner, »überlegte ich mir erstmals, welche technischen Möglichkeiten es geben könnte, daß die Bilder nicht nur laufen« (also optisch wirken), »sondern auch sprechen.« Die Idee ließ ihn nach dem Krieg nicht mehr los. Sie beschäftigte ihn und seine beiden Freunde, den ehemaligen Marineunteroffizier Joseph Massolle und den Radiotelegraphisten Dr. J. B. Engl aus München so sehr, daß ihr Berliner Arbeitgeber sie feuerte. Das weitere geschah in einem angemieteten Blumenladen und Kohlenkeller in der Babelsberger Straße 49 in Berlin-Wilmersdorf.

11 Er war einer seiner Erfinder und entscheidender Wegbereiter des Tonfilms: Hans Vogt, der bewegte Ent-
deckerjahre mit allen Höhen, Tiefen, Triumphen und
Enttäuschungen durchlebte.

Spätestens seit der Patentanmeldung des Apparates der Brüder Lumière, des Cinematographen zur Aufnahme, zum Kopieren und zur Wiedergabe beweglicher Bilder, lag sie in der Luft: die Idee des Tonfilms, die Vereinigung von bewegtem Bild und Ton. In Europa und den Vereinigten Staaten baute man jetzt auf früheren Versuchen mit »Lichttelephonie« auf. Die drei in Wilmersdorf mußten mit ihren ganzen Ersparnissen und mit Hilfe von Geldgebern beinahe alle technischen Voraussetzungen selbst entwickeln: brauchbare Mikrophone, Photozellen, Verstärkerröhren, Lautsprecher. 180 Erfindungen meldeten sie zum Patent an, ehe es soweit war: den Ton mit dem Filmstreifen zu koppeln und über Verstärker synchron zu den Bildern wiederzugeben. Nach einigen selbstgedrehten Experimentierfilmen dann im September 1922 der Triumph: Die Erfindung der drei, das Triergon-Tonfilm-Verfahren, erlebte mit einer zweistündigen Matinee in Berlins größtem Filmpalast »Alhambra« am Kurfürstendamm vor etwa tausend Begeisterten die Welturaufführung – die Geburtsstunde des Tonfilms. »Ein Ruhmesblatt deutscher Technik«, schrieb tags darauf die »Deutsche Allgemeine Zeitung«.

Aber die deutsche Filmindustrie und mit ihr die Fachpresse spielten nicht mit. Gegen die epochemachende Erfindung standen wohl kurzsichtige Erwägungen: neue Ateliers für die Tonfilmproduktion, neue technische Ausstattung aller Filmtheater, Entwertung aller Filmarchive und -Rechte, das Ende der Kino-Begleitmusik der Stummfilme, die tausenden von Musikern Brot gab? »Der Film wollte stumm bleiben«, so formulierte es ein Journalist Jahrzehnte später anläßlich des 80. Geburtstags von Hans Vogt. Die Verhandlungen zogen sich hin, die Kreditgeber drängten. Es kam zum »Notverkauf« in die Schweiz. Eine Million Schweizer Franken gingen zum größten Teil an die Gläubiger. Die Schweizer Erwerber schließlich verkauften rasch weiter: für ganze 200000 Dollar in die USA, an William Fox in Hollywood. Der wußte besser mit der Revolution des Films umzugehen. Nicht von Berlin, von Amerika aus trat der Tonfilm seinen weltweiten Siegeszug an.

1927 kam aus den USA der erste Welterfolg eines Tonfilms. Als teure Lizenz gelangte das Triergon-Verfahren nach Deutschland zurück. 1929 wurde der erste abendfüllende deutsche Tonfilm in Berlin uraufgeführt. Es war das Jahr der letzten Höhepunkte des Stummfilmschaffens. Deutsche Stummfilme hatten nach dem Krieg künstlerische Weltgeltung erlangt. Für 1930 verzeichnete alsbald die Statistik unter den 146 im Deutschen Reich produzierten Spielfilmen bereits 95 Tonfilme. Hans Vogt hatte jeden Anlaß, wie er mir erzählte, sehr betroffen darüber zu sein, daß er für die Erfindung, die für den Tonfilm und bald das Fernsehen große Bedeutung erlangte, nur unwesentlich finanziell entschädigt wurde. Der Tonfilm: für viele ein großer Erfolg, nur nicht für Hans Vogt, einen seiner Erfinder und entscheidenden Wegbereiter.

Hans Vogt war trotz aller Enttäuschungen und des finanziellen Fiaskos – »ich hatte mehr Schulden als Haare auf dem Kopf« – nicht der Mann aufzugeben. Einige Jahre arbeitete er bei Siemens und der AEG in Berlin. 1932/33 sollte ihm eine weitere sensationelle Erfindung gelingen, die maßgeblich zum Fortschritt der Radiotechnik beitrug: eine spezielle Hochfrequenzspule mit Magnetkern im Kleinstformat anstelle der bis dahin üblichen Hochfrequenzspule. Vogt erfand die Karbonyleisen-Kerne, die durch die kolloidale Mikrostruktur des Eisenanteils auch im Bereich der Rundfunkfrequenzen für den Bau von Übertragern und Antennen genutzt werden konnten, und gründete 1933 eine eigene Firma, die Vogt-Werke.

Wie Hans Vogt den Schwierigkeiten des Erfinderlebens begegnete, ist ungewöhnlich und lehrreich. Am Anfang war die Zielsetzung der Tonfilm. Es folgte eine Phase mit vielen ideenreichen Erfindungen, die schließlich zu den Triergon-Patenten führten. Menschen und Institutionen brachten Hans Vogt und seine Mitarbeiter Engl und Massolle um ihren Erfolg. Die Reaktion von Hans Vogt auf diese Ungerechtigkeit des Schicksals war die Erfindung der Karbonyleisen-Kerne. Er stellte seine Hochfrequenzeisen nach dem Krieg im eigenen Werk in Erlau im Kreis Passau her. Auf diese Weise kam er dann, wenn auch verspätet, zu Besitz und Wohlstand. Ich traf meinen Freund Hans Vogt ein letztes Mal am 26.09.1976 in Erlau. Jetzt endlich war ihm gerechte Anerkennung widerfahren. Eine Fülle von Auszeichnungen und Ehrungen gaben dem Dr. rer. nat. h.c. der Universität Bonn post festum die äußere Bestätigung einer herausragenden Erfinder- und Lebensleistung.

13.05.1930

Raketengetrieben
Begegnung mit Fritz von Opel

Der Industrielle *Fritz von Opel* (*1899 – †1971) war Enkel des Firmengründers und bis 1928 Teilhaber des Familienunternehmens Adam Opel KG in Rüsselsheim. Mit einer Werkstatt für Nähmaschinenproduktion hatte sein Großvater 1862 begonnen, die erste deutsche industrielle Fabrikation von Fahrrädern war hinzugekommen und seit 1898 der Bau von Kraftfahrzeugen. Die Erfolgsgeschichte über Generationen führte die Firma Opel vor allem mit preisgünstigen Autos, die seit 1924 nach dem Vorbild der amerikanischen Konkurrenz in Serienproduktion am Fließband gefertigt wurden, mit den Verkaufszahlen an die erste Position der deutschen Automobilunternehmen. 12.000 Mitarbeiter hatten die Opelwerke 1929, als die Aktienmehrheit des 1928 in eine Aktiengesellschaft umgewandelten Unternehmens, an dessen Spitze Fritz von Opel als Generaldirektor stand, in den Besitz der amerikanischen General Motors Corporation überging. Bald darauf übernahm der vor Ford führende Konzern der amerikanischen Automobilindustrie auch das restliche Aktienpaket.

Als im März 1929 die deutsche Presse vom Abschluß eines Kooperationsvertrages zwischen General Motors und Opel

12 Fritz von Opel: Industrieller, Konstrukteur und Anreger mit
außergewöhnlichen Ideen. Schon 1928 erzielte er mit einem
von ihm konstruierten raketengetriebenen Rennwagen auf
der Berliner Avus eine Bestzeit von 230 km/h.

und von Investitionen der Detroiter in Höhe von 30 Millionen
Dollar im Rüsselsheimer Werk berichtete, war das Echo zwie-
spältig. Vom »Eindruck der Überfremdung« Opels durch General Motors war die Rede. Mit rund 4,4 Millionen im Jahr
zuvor gebauten Kraftfahrzeugen, rund 3,8 Millionen davon
PKW, hatten die USA ihre mit gewaltigem Abstand führende
Position in der Welt erneut unter Beweis gestellt. Mit knapp
150000 hergestellten Kraftwagen, darunter 108000 PKW, lag
Deutschland nach England und Frankreich aber immerhin in
Europa an dritter Stelle. Wer vergleichen will: 1993 z. B. hatte
die Bundesrepublik Deutschland mit 4 Millionen Kraftfahrzeugen nach Japan und den USA den dritten Rang in der Weltpro-
duktion. 1995 brachte es die Automobilindustrie, maßgeblicher

Motor und Indikator der deutschen Wirtschaft und Konjunktur, auf rund 4,7 Millionen Personen- und Nutzfahrzeuge. Rund 2,5 Millionen Autos deutscher Marken wurden jenseits der schwarzrotgoldenen Grenzen gebaut.

Verglichen mit heute nehmen sich auch die Zahlen des Weltbestandes an Kraftfahrzeugen Anfang der dreißiger Jahre noch recht bescheiden aus, aber – die Zukunft hatte längst begonnen. In den USA verzeichnete man nahezu 27 Millionen Kraftfahrzeuge, in Europa rund 7,7 Millionen, in England fast 2,3 Millionen, in Frankreich 2 Millionen und im Deutschen Reich etwa 1,4 Millionen, hier wie überall Lastkraftwagen, Omnibusse und Motorräder inbegriffen.

Über Deutschlands Straßen, anders als anderswo, fuhren damals mehr Motorräder als Personenkraftwagen. Neben den großen PKW-Marken ausländischer Automobile, die wie Ford, Chevrolet und Citroen hier auch große Montagewerke für die Endfertigung von Importen eingerichtet hatten, suchten sich die DKW, BMW, Opel, Wanderer, Brennabor, Adler, Stoewer, Maybach, Hannomag, Horch, Audi, NSU und Mercedes-Benz – 1926 hatten sich die Daimler-Motorengesellschaft und die gleichfalls traditionsreiche Benz & Cie zur Daimler-Benz AG zusammengeschlossen – erfolgreich zu behaupten.

Trotz der neuen Konstellation für die Opel-Werke als nunmehr Tochter eines Weltkonzerns blieb Fritz von Opel an technischen Entwicklungen stark interessiert. Er arbeitete, als er mich 1930 besuchte, an der Verbesserung des Wirkungsgrades seiner Automotoren. Zur Lösung dieser Aufgabe mit unter anderem neuen Werkstoffen benötigte er die Messung des Druck-Zeit-Diagramms in den Motorzylindern. Gemeinsam führten wir eine Versuchsreihe durch. Wir entwickelten eine Druckmeßmethode, die mit der Zündkerze kombiniert wurde: mit einem Meßverstärker und der Kurvenaufzeichnung durch meine Elektronenstrahl-Oszillographenröhren. Solche Aufzeichnungen wurden bald darauf zu einer Routinemethode der Automobiltechnik.

Fritz von Opel war in den 20er Jahren ein bekannter Autorennfahrer. Auf dem Eröffnungsrennen der 1921 fertiggestellten Berliner Avus, damals die wohl schnellste Rennstrecke der Welt, siegte er überlegen. Auch war er passionierter und erfolgreicher Motorbootsportler mit Siegen in Paris und Berlin.

Als ich Fritz von Opel 1930 begegnete, hatte er sich auch als Raketenpionier in die Geschichte der Technik eingeschrieben. Angeregt von der Vision des Ingenieurs Max Valier von einem raketengetriebenen Rennwagen, begannen 1927 auf Initiative Fritz von Opels bei der Firma Cordes-Sander in Wesermünde Raketen-Experimente für ein Versuchsfahrzeug, das von Opel und sein Ingenieur Kurt Volkhart als Versuchsfahrzeug »Rak 1« in Rüsselsheim konstruierten. Der Opel-Sander-Rakwagen 2 mit Pulverraketenantrieb erreichte bei seiner spektakulären Premiere am 23. Mai 1928 auf der Berliner Avus mit Fritz von Opel im Cockpit vor tausenden begeisterter Zuschauer Tempo 230. Wenig später dann brachte es die unbemannte »Rak 3« auf Eisenbahngleisen bei Burgwedel auf 254 km/h: ein neuer Schienenweltrekord. Auch das ging durch die Weltpresse.

Und wenige Monate bevor wir uns zur Zusammenarbeit trafen, am 30. September 1929, war Fritz von Opel vom Frankfurter Flughafen am Rebstockgelände mit einem raketengetriebenen Gleitflugzeug gestartet. Beim dritten Versuch hob »Rak 1 Friedrich« ab – für 80 Sekunden reichte der Schub, rund 3 Kilometer weit, 30 Meter Höhe mit einer Geschwindigkeit von 150 km/h, Bruchlandung. Dieses sensationelle Ereignis gilt als der erste Raketenflug in der Geschichte der Luftfahrt. Jeder Respekt gebührt dem Mann, der schon damals fest davon überzeugt war, daß dem Rückstoßmotor die Zukunft des Flugwesens gehöre und künftig Überschallgeschwindigkeiten erreichbar seien.

Eines Tages verblüffte Opel in der Berliner Yorkstraße Straßenpassanten und mich durch einen fahrerlosen, unbesetzten Opel-Wagen, der sich durch den dichten Verkehr schlängelte. Wenige Meter hinter diesem Auto fuhr Fritz von Opel in einem Wagen, von dem aus er drahtlos die Lenkung, die Beschleunigung und die Bremsung des vor ihm fahrenden Autos steuerte.

Auch dies, die »automatische« Lenkung von Autos durch elektronische Leitsysteme, gehört zu den konkreten Forschungsvorhaben und Erprobungen von heute.

Nach Ausbruch des Dritten Reiches in die USA ausgewandert, 1939 Staatsbürger von Liechtenstein, wurde von Opel 1942 bis Kriegsende in Florida interniert und kehrte dann nach Europa zurück. Er fungierte als Aufsichtsratsvorsitzender von Industrieunternehmen, bis zu seinem Tod mit vielen Initiativen der Sache der Technik verbunden.

Er war Industrieller, Erfinder, Konstrukteur und Anreger mit außergewöhnlichen Ideen und Taten. In einem Nachruf las man: »Mit Fritz von Opel ging einer der großen Pioniere aus der ersten Hälfte dieses Jahrhunderts in das Pantheon der Erfinder und Techniker ein.« Und weiter heißt es in der Zeitung über den »Weltmann«: »Fritz von Opel repräsentierte als einer der letzten die aussterbende Kaste der feuerköpfigen Erfinder, deren auf den ersten Blick absurde Einfälle der Umwälzung als Treibriemen dienten; die aus der Addition von Besessenheit, Wissen und Ideen die Summe Fortschritt machten.«

11.07.1930
Hartmetalle und transparente Faser
Begegnung mit Franz Skaupy

Einer der Pioniere der Sintermetallurgie, Prof. Dr. *Franz Skaupy* (*1882), damals nach langjähriger Industrietätigkeit bei Osram seit 1928 Dozent für technische Physik an der Universität Berlin, besuchte mich, um die Möglichkeiten der Feinmessung von Oberflächenrauhigkeiten mit Abtastsonde-Verstärker und meinen Elektronenstrahlröhren zu erkunden. Die Sintermetallurgie ermöglichte die Herstellung von Hartmetallen. Das Verfahren fand breite Anwendung in der metallbearbeitenden Industrie, als Krupp in Essen in ihrer WIDIA-Fabrik die Fertigung dieser Hartmetalle einleitete. Das Interesse von Krupp an Hartmetallen und an weiterer metallurgischer Neulandforschung führte zu einem Kooperationsvertrag mit Krupp. Von 1939 bis zum Ende des Zweiten Weltkrieges wurde die gesamte elektronenmikroskopische Forschung von Krupp unserem Lichterfelder Kreis übertragen. Das brachte es mit sich, daß alle Mitarbeiter des Lichterfelder Institutes während des Zweiten Weltkrieges wegen kriegswichtiger Arbeiten vom Wehrdienst befreit wurden. Außerdem gab mir die enge Zusammenarbeit mit Krupp die Möglichkeit, gewisse Arbeiten mit rein militärischer Zielsetzung abzulehnen.

Der Physikochemiker Skaupy, der in seiner Zeit bei Osram u. a. Wichtiges für die Entwicklung der Glühlampentechnik bewirkt hat, war ein sehr vielseitiger Forscher. So erzählte er mir scherzend von einem sehr ungewöhnlichen, aber gut gelungenen Experiment zur Prüfung einer von ihm entwickelten Faser, die für Infrarotlicht hochgradig transparent war. Mit dieser Faser ließ er Damenoberwäsche und Damenunterwäsche in einigen Exemplaren herstellen. Dann lud er Freunde mit ihren Frauen zu einer Party mit der Bedingung ein, daß die Damen die geschenkten modischen Kleidungsstücke tragen sollten. Während des Festes fertigte Skaupy mit infrarotempfindlichen Platten ein »Erinnerungsfoto« an und überreichte kurz darauf das gelungene Bild seinen Gästen. Das Foto zeigte die Damen in unbekleidetem Zustand. Die gute Infrarottransparenz von Skaupys Faser war unter Beweis gestellt.

24.12.1930
Ein Auftrag zum richtigen Zeitpunkt
Begegnung mit A. Kruckow

Der Staatssekretär im Postministerium Dr. *A. Kruckow* war als erster von mir eingeladen worden, um die mit Elektronenstrahlröhren gelungene Übertragung von Fernsehbildern kennenzulernen. Er hatte von meinem Existenzkampf gehört, seit es darum ging, den durch die Umstände erzwungenen Kauf meines Institutsgebäudes in Lichterfelde-Ost, Jungfernstieg 19, wirtschaftlich durchzustehen. Als 22jähriger hatte ich 1929 dafür über 150000 Reichsmark aufnehmen müssen – zu jener Zeit der großen allgemeinen Wirtschaftskrise ein gewaltiges Risiko. Diese Einladung für den Heiligen Abend geschah aus Dankbarkeit. Denn Kruckow hatte, wie er mir später erzählte, einen bedeutenden Auftrag der Reichspost auf eine Serie von Feldstärkemeßgeräten erteilt, um mir zu helfen.

Dr. Kruckow hatte große Verdienste um die weitere zügige Verbreitung des automatischen Selbstwählbetriebes (mit Drehscheibe) und somit für das beschleunigte und vereinfachte Telefonieren in Deutschland. Was heute selbstverständlich ist, jeden Ort im Inland und weltweit große Städte von Adelaide in Australien bis Agia Napa auf Zypern vom eigenen Apparat aus anwählen zu können, war um 1930 noch keineswegs möglich. Für das eigene Ortsfernsprechnetz hatten in Deutschland etwa 40% aller rund 3,21 Millionen »Sprechstellen« bereits automatische Selbstwähl-Geräte, im übrigen Europa etwa 25%. Alles sonst lief über die Fernsprechvermittlungsstellen, das »Fräulein vom Amt«.

Seit der hessische Physiker Johann Philipp Reis 1861 den ersten, noch unvollkommenen Fernsprechapparat mit einem Geber und Empfänger vorführte, den er Telephon nannte, seit der schottische Physiologe Alexander Graham Bell, unabhängig von Reis, 1876 das elektromagnetische Telephon erfand und

Thomas Alva Edison und der englische Erfinder David Edward Hughes in den beiden Jahren darauf das Kohlemikrophon, war die weitere Entwicklung der noch batteriebetriebenen Vermittlungstechnik maßgeblich für den Fortschritt. Die USA gingen voran. Schon 1881 gab es dort nur noch eine Stadt über 15.000 Einwohner ohne ein städtisches Fernsprechnetz. Im selben Jahr arbeiteten in Deutschland erst neun Vermittlungsstellen für Ortsverkehr: In Berlin und dann Mühlhausen im Elsaß wurden 1881 die ersten Netze eingerichtet, nach London und Paris 1878 und 1879. Der Siegeszug des Telefons war unaufhaltsam. Von Berlin aus konnte man 1903 bereits nach Köln, Memel, München, Stuttgart, Wien, Basel, Budapest, Kopenhagen, Paris und sogar schon nach Marseille (über Paris) telefonieren, über 2.056 Kilometer Leitungslänge.

Die automatische Wähltechnik direkt von Teilnehmer zu Teilnehmer mit der Drehscheibe, 1889 von A. B. Strowger erfunden und rasch in den USA verbreitet, fand in Europa erst schrittweise Eingang. In Deutschland wurde das erste große öffentliche »Selbstanschlußamt« 1909 in München-Schwabing in Betrieb genommen. Im selben Jahr, so läßt sich nachlesen, gab es im Deutschen Reich 1024 Hauptanschlüsse für Selbstwählbetrieb, 1920 um 53 000 und Ende März 1930 über 973 000. Deutschland war, und das konnte man besonders auch Dr. Kruckow zuschreiben, mit der Verbreitung des »automatischen« Wählbetriebs innerhalb der Ortsnetze der europäischen Entwicklung wesentlich voraus, in der Zahl aller Telefon-Anschlüsse je 100 Einwohner nur übertroffen von den skandinavischen Ländern. Die Erfindung der Elektronenröhre ermöglichte nach dem Ersten Weltkrieg, auch im Fernverkehr immer größere Entfernungen zu überbrücken. Ganz Europa war in den Zwanziger Jahren mit einem Netz von Fernlinien überzogen worden.

All das erforderte enorme Investitionen auch in einer Zeit bald bestürzenden wirtschaftlichen Niedergangs und gefährlicher politischer Unsicherheiten und Radikalisierungen. Von der weltweiten Wirtschaftskrise war Deutschland besonders hart betroffen: der verlorene Krieg und gigantische Reparationen an Geld- und Sachleistungen, die eine Verständigung mit den Siegermächten ideell und materiell lange blockierten. Erst mit dem vom amerikanischen Präsidenten Hoover vorgeschlagenen Moratorium vom Juni 1931, so erinnert die Chronik der Zeitgeschichte, und durch die Konferenz von Lausanne im Sommer 1932 wurde der Schlußstrich gezogen. Im März jenes Jahres hatte die sprunghaft angestiegene Statistik der Not und der Entmutigung ihren absoluten Höhepunkt erreicht: Über 6 Millionen Menschen, 6 129 000, waren in Deutschland ohne Arbeit.

Erstaunlich genug, daß Technik und Kultur selbst in jenen Jahren immer wieder herausragende Ereignisse und Erfolge hervorbrachten und nicht nur viele junge Menschen zu Tatkraft und Optimismus herausforderten.

Kruckow, dieser verdiente und angesehene Mann, wurde 1933 von Hitler aus seiner hohen Stellung im Reichspostministerium entlassen, weil er sich weigerte, finanzielle Forderungen aus dem Postetat zu bestreiten, die daraus nach den geltenden Gesetzen nicht bezahlt werden durften.

1930

Ereignisse im wahren Leben von Fontanes »Effi Briest«
Begegnung mit Else von Ardenne

Obwohl ich damit abschweife, möchte ich hier auch über ein Bergerlebnis berichten, das mich sehr bewegt hat. Vielleicht habe ich meine Freude an den Bergen von meiner Großmutter *Else von Ardenne geb. von Plotho* (* 1853 – † 1952) geerbt, nach deren Lebensschicksal Theodor Fontane seinen Roman »Effi Briest« gestaltet hat. Sie hatte am Ende des letzten Jahrhunderts als erste Frau die 2970 m hohe Szesaplana bei Liechtenstein bestiegen, aber nie das Matterhorn im Wallis gesehen. Deshalb lud ich meine Großmutter 1930 nach Zermatt zu einer Fahrt auf den Gornergrat ein. Es war ein regnerischer Tag mit geschlossener Wolkendecke. Auf der Fahrt, kurz vor dem Ziel, durchbrach unsere Bahn die dichte Wolkenschicht. Innerhalb weniger Sekunden lagen unter blauem, wolkenlosem Himmel das Matterhorn, der Monte Rosa und die umgebenden schneebedeckten Berge vor uns. Es war für meine damals 77jährige Großmutter und mich ein tiefes Erlebnis, daß dort die Schönheit der Natur und beglückende Gefühle den Menschen zu Tränen rühren können.

Unvergessen sind die Stunden, in denen meine Großmutter mir, ihrem Lieblingsenkel, aus ihrem Leben erzählte: Ihre unbeschwerte Jugend, die sie zusammen mit ihren drei Schwestern Gertrude (später von Witzleben), Luise (später von Gersdorf) und Marga von Plotho auf Gut und Schloß der Familie von Plotho erlebte. Ihre Erinnerung, daß die Plothos seit 946 in Zerben und Parey lebten. Ihre Vorstellung als junges Mädchen vor Kaiser Wilhelm I. bei einem Hoffest im Berliner Schloß. Wie sie Armand von Ardenne, meinen Großvater, kennenlernte. Ihre glückliche Zeit in Düsseldorf, wohin Armand 1877 als Rittmeister der Ziethen-Husaren versetzt wurde, mit ihrer Wohnung im Schloß Benrath des Großherzogs von Baden. Die Freundschaften mit Malern aus der berühmten Düsseldorfer Malerschule. Ihre Begegnung mit dem Amtsrichter Emil Hartwich. Die Zeit nach dem Duell meines Großvaters mit Hartwich (27.11.1886) bei Pfarrer Blumhardt in Bad Böll an der Weinstraße. Das Wiedersehen in Hamburg mit ihren inzwischen erwachsenen Kindern Margot und Egmont um 1910 nach zwei Jahrzehnten erzwungener Trennung. Die Mitwirkung des Vaters meiner Mutter, Dr. Mutzenbecher, bei dieser Zusammenführung. Ihre Begegnung mit Cosima Wagner, der Tochter von Franz Liszt und Frau von Richard Wagner. Ihr Treffen mit

13 Meine Großmutter Else Baronin von Ardenne geb. Edle
und Freiin von Plotho (26. 10. 1853–04. 02. 1952).

Henri Dunant, dem Gründer des »Roten Kreuz«, beim Schweizer Industriellen Sonderegger. Ihre Freundschaft mit dem großen Schweizer Physiker Paul Scherrer (Debye-Scherrer-Diagramm).

Dann ihre letzten Jahrzehnte in Hochbuch bei Lindau und

ihre Freundschaft mit Frau von Weizsäcker, der Großmutter des späteren Bundespräsidenten Richard von Weizsäcker. Else von Ardenne starb als älteste Bürgerin von Lindau am 04.02.1952 im Alter von 99 Jahren. Die erwähnten Geschehnisse aus dem Leben meiner Großmutter zeigen die Abweichungen des »Wahren Lebens der Effi Briest« von der Darstellung in Fontanes Dichtung.

Wenn ich auch die Begegnung mit meiner Großmutter Else von Ardenne in dieses Buch aufgenommen habe, so geschah das in dem Glauben, daß ihr Leben über Fontanes Dichtung »Effi Briest« in unserem Jahrhundert dazu beigetragen hat, allzu enge gesellschaftliche Zwänge zu lockern.

18.04.1931
Elektronische Grundlagenforschung in Dresden
Begegnung mit Heinrich Barkhausen

Weil die Elektronik das Leben in unserem Jahrhundert tiefgreifend verändert hat, möchte ich meine Begegnungen mit der Persönlichkeit erwähnen, die den Hauptbeitrag für wissenschaftliche Grundlagen der Elektronik in der Zeit vor Erfindung des Transistors leistete. Es war Prof. *Heinrich Barkhausen* (* 1881 – † 1956), Direktor des Institutes für Schwachstromtechnik der Technischen Hochschule Dresden. In der Wissenschaft ist Barkhausens Name unlösbar verbunden mit der Entdeckung der Barkhausen-Kurz-Schwingungen (1920), mit dem Magnetischen Barkhausen-Effekt (1919) und einem Schallmesser.

Die Heinrich Hertz-Gesellschaft zur Förderung des Funkwe-

The New York Times.

NEW YORK. SUNDAY. AUGUST 16. 1931

Cathode radio television station on which Baron von Ardenne of Germany has been experimenting since 1928. The transmitter and receiver (inset) will be exhibited in a forthcoming Berlin Radio Exposition. The images are seen on the end of the tube in the square aperture of the receiver.

The Flying Spot Scanner

*14 Bericht über meine Vorführung von Fernseh-
Filmübertragungen auf der Berliner Funkausstellung 1931
und über meine Erfindung des Leuchtfleckabtasters.*

sens verlieh im November 1928 Barkhausen die goldene Medaille. Weitere Ehrungen in den USA und Japan folgten. Als Lehrer der Elektronik hat Barkhausen hohen Anteil an der späteren stürmischen Entwicklung der elektronischen Technik auch in Japan. 1949 erhielt er den Nationalpreis der Deutschen Demokratischen Republik.

97

Barkhausen verfaßte die Standardlehrbücher über die Theorie der Elektronenröhren. Nach seiner Formel für die Spannungsverstärkung einer Elektronenröhrenstufe hatte ich 1925 den Röhrenverstärker mit Kopplung der Röhrenstufen durch Widerstände so optimiert, daß diese Verstärker gegenüber den teureren Verstärkern mit Transformatorenkopplung in der Rundfunktechnik sich weitgehend durchsetzten. Ich empfand es als große Anerkennung, als Barkhausen 1925 in einem seiner Bücher über die Theorie der Elektronenröhren die Ergebnisse meiner Bemühungen, die zu einer speziellen Elektronenröhre mit sogenanntem kleinen Durchgriff (hohem Spannungsverstärkungsfaktor und erhöhtem inneren Widerstand) führten, referierte.

Am 18.04.1931 hatte ich ihn nach Lichterfelde zur Vorführung der Fernsehübertragungsanlage eingeladen, die mit Leuchtfleckabtaster, Elementen eines Filmprojektors, trägheitsarmer Fotozelle, Breitbandverstärker und einer Elektronenstrahlröhre mit zum Abtaster synchronisiertem Zeilenraster arbeitete. Diese Anlage wurde von mir auch auf der 8. Berliner Funkausstellung im August desselben Jahres gezeigt. Die Bilder konnten wegen ihrer großen Helligkeit im beleuchteten Zimmer auf 100 Zeilen pro Raster in eindrucksvoller Schärfe gezeigt werden. Hatten wir zunächst noch Schwierigkeiten, mit elektronischen Mitteln die gleiche Qualität der mechanischen Bildabtaster zu erreichen, so konnten wir auf dem Stand der Loewe-AG auf der Funkausstellung im selben Jahr noch beweisen, daß wir in absehbarer Zeit in der Lage waren, das Fernsehen flügge werden zu lassen. Die Resonanz in der Presse war enorm, und auch von Regierungsseite interessierte man sich nun immer mehr für das neue Medium. Der preußische Innenminister Carl Severing gratulierte mir zu der gelungenen Vorführung. Er war insbesondere von der hohen Qualität der Bilder angetan.

Als wir 1955 nach zehnjähriger Internierung in der Sowjetunion nach Dresden zurückkamen, hatte zur Wahl Dresdens als zukünftigem Ort meines Institutes beigetragen, daß Barkhausen immer noch hier lebte und wissenschaftlich tätig war. Barkhausen war seit 1925 ein großes Vorbild, dem nachzueifern ich mich bemühte.

21.01.1932

Der Fernsehpionier und die Elektronenstrahlröhre
Begegnung mit John L. Baird

Der Engländer *John Logie Baird* (*1888–†1946) aus dem schottischen Helensburgh hatte 1926 durch eine Fernsehvorführung den englischen König davon überzeugt, daß ein elektrisches Fernsehen im Prinzip möglich ist. Bei seiner Vorführung arbeitete er mit rotierender Nipkow-Scheibe als mechanischem Bildzerleger, mit einer Flächenglimmlampe sowie einer Zeilenzahl des Bildes von nur 30. Die Helligkeit seiner Bilder war so gering, daß es notwendig war, den Vorführraum zu verdunkeln, um die 2 Zoll – ca. 5 cm – großen Bilder zu erkennen. Vor ihm hatte 1923/24 auch der deutsche Physiker August Karolus, neben einer Methode der Bildtelegraphie, eine des Fernsehens entwickelt und praktisch vorgeführt. 1927 gründete Baird die »Baird Television Development Company«, um seine Erfindung bis zur Serienreife weiterzuentwickeln, und übertrug »lebende Bilder« von London nach Glasgow. In den USA erprobte im selben Jahr H. F. Ives 50zeilige Fernsehbilder, drahtlos über 40 km und per Leitung über 300 km.

Ich hatte mit Baird 1928 meine erste Begegnung. Es war das Jahr, in dem Baird der Empfang von einem 1500 Meilen entfernten Schiff und die erste transatlantische Fernsehübertragung zwischen London und New York gelangen. Von damals

*15 1931 sieht der englische Fernsehpionier John Baird zum
ersten Mal ein helles und relativ scharfes Fernsehbild auf
dem Schirm einer Elektronenstrahlröhre in Lichterfelde.*

datieren auch Bairds Versuche, die ersten überhaupt, mit farbi-
gen und stereographischen Fernsehbildern. Um diese Zeit
wollte ich ihn als Kunden für meine Elektronenstrahlröhren
gewinnen und versuchte damals, ihn von der voraussehbaren
großen Überlegenheit der Wiedergabe von Fernsehbildern mit
unseren Elektronenstrahlröhren zu überzeugen. Aber Baird,
der auf Einladung von Staatssekretär Hans Bredow im Januar
1929 auch im Vox-Haus in Berlin sein System vorführte und in
Fernseh-Engagements auch der deutschen Industrie einbezo-
gen war, ließ sich nicht überzeugen. Die Experimente wurden
bald aufgegeben. Für mich war es ein großes Glück, daß Baird
damals keinen Auftrag erteilte. Das führte nämlich dazu, daß
ich selbst 1930 als erster die Fernsehtechnik mit Elektronenstrahlröhren realisieren konnte.

100

Im August 1931 hörte Baird von meinen Filmbildübertragungen mit Elektronenstrahlröhren auf der Berliner Funkausstellung. Das veranlaßte ihn zu einem Besuch in Lichterfelde, wo er am 21.01.1932 zum ersten Mal Fernsehbilder auf dem Leuchtschirm von Elektronenstrahlröhren sah. Obwohl mit 100 Zeilen im Bildraster die Auflösung meiner Fernsehbilder damals etwa zehnmal höher war als beim Fernsehen mit Bildzerlegung durch die Nipkow-Scheibe und obwohl die Helligkeit der vorgeführten Bilder etwa einhundertmal größer war als bei seinen Versuchen, führte auch die Vorführung in meinem Lichterfelder Institut nicht dazu, daß dieser Pionier von der Technik des Fernsehens mit mechanischen Mitteln zu der überlegenen Technik des Fernsehens mit Elektronenstrahlröhren überging. Die BBC, British Broadcasting Corporation, und die Industrie, die Bairds Bemühungen unterstützt hatten – seit 1934 wurden in England reguläre Sendungen auf dieser Basis ausgestrahlt –, gaben bald dem mechanischen Verfahren keine Chance mehr. In abgeschirmten Laboratorien arbeitete man am elektronischen Verfahren. Am 6. Februar 1937 stellte die BBC auf das neue System um. Für Baird bedeutete dies die Katastrophe, das jähe Ende aller hochgesteckten Erwartungen. Kurz darauf gingen der englischen Baird-Gesellschaft die finanziellen Mittel aus und sie mußte Konkurs anmelden.

Baird, krank und verbittert, suchte im Krieg mit einem mit Infrarotstrahlen arbeitenden Nachtsehgerät, »Noctovisor«, einem Vorläufer des Radar, erneut den großen Wurf. Man ging in England nicht darauf ein. Vollends geschlagen, als der Notabwurf eines deutschen Bombers sein Laboratorium zerstörte, überlebte er das Kriegsende nur um ein Jahr.

Die ablehnende Haltung von Baird gegenüber der überlegenen Fernsehtechnik mit Elektronenstrahlröhren ist ein Beispiel für falsche Verhaltensweise bei der Forschung. Wenn man erkennt, daß eine Technik in eine Sackgasse geraten ist, kommt es darauf an, so schnell wie möglich die Sackgasse zu verlassen und die Forschung auf die überlegene Methode umzustellen.

18.08.1933

Begegnung mit Adolf Hitler

Meine einzige Begegnung mit *Adolf Hitler* (* 1889 – † 1945), der so viel Unglück über die Welt brachte, war von kurzer Dauer. Der frühere Leiter des Reichspostzentralamts Wilhelm Ohnesorge, seit März 1933 Staatssekretär im Reichspostministerium, stellte mich ihm vor, als ich auf der Berliner Funkausstellung 1933 das Fernsehsystem mit der sogenannten Liniensteuerungsmethode vorführte. Bei dieser Methode wird die Helligkeit des Schreibflecks nicht wie bei meiner Vorführung auf der Berliner Funkausstellung 1933 und beim heutigen Fernsehen durch Veränderung der Stromstärke des Elektronenstrahls, sondern durch Veränderung der Ablenkgeschwindigkeit des Elektronenstrahls gesteuert.

Ich hatte den Eindruck, daß Hitler, der später unermeßliche Schuld auf sich geladen hat, mich offenbar durch suggestive Blicke, wie sie seine faszinierten Gefolgsleute, aber auch seine überzeugten Gegner vielfach beschrieben, als Anhänger gewinnen wollte. Glücklicherweise ist es bei dieser einzigen Begegnung wenige Monate nach der »Machtergreifung« geblieben.

Ich versage mir, die Entwicklung nachzuzeichnen, die zum verhängnisvollen 30. Januar 1933 geführt hatte. Was bis dahin und vollends was künftig geschah, bestärkte meine Antihaltung gegen den Mann, der seit jenem Tag Reichskanzler war. Damals konnte man im sozialdemokratischen »Vorwärts« lesen: »Der Reichspräsident«, Paul von Hindenburg, »hat mit der Ernennung dieser Regierung die furchtbarste Verantwortung übernommen, die jemals ein Staatsoberhaupt übernommen hat.« Und von Ludendorff weiß man heute sogar, daß er am 31. Januar 1933 hellsichtig an seinen Kriegskameraden Hindenburg schrieb: »Ich prophezeie Ihnen feierlich, daß dieser unselige Mann unser Reich in den Abgrund stürzen und unsere

Nation in unfaßbares Elend stürzen wird. Kommende Geschlechter werden Sie wegen dieser Handlung in Ihrem Grabe verfluchen.«

Hätten wir alle doch diese Hellsicht gehabt – und den Mut, sie zu bekennen.

01. 05. 1935

Einblicke in Hitlers Handeln
Begegnung mit Richard Wienstein

Dem Tennissport, den ich von 1921 bis 1985 ohne wesentliche Unterbrechungen betrieb, verdanke ich sehr viel. Er war ein wichtiger Beitrag zur Erhaltung meiner Gesundheit. Es war ein echter Sport ohne finanzielle Vorteile nach Turniersiegen. In den beiden führenden Berliner Tennisclubs ROT-WEISS und BLAU-WEISS war ich Mitglied. Beim Tennis lernte ich meine Frau kennen. Hier begegnete ich dem unvergessenen Spitzenspieler Gottfried von Cramm. Hier konnte man den König von Schweden beim privaten Tennismatch und als Zuschauer bei Turnieren den Kronprinzen sehen.

Ein Mitglied meiner Mannschaft war der spätere Generalfeldmarschall Walter von Reichenau. Der Generalstabsoffizier des Ersten Weltkriegs hatte in der Reichswehr Karriere gemacht, den Streitkräften der Weimarer Republik mit ihrem vom Versailler Friedensvertrag auf 100 000 Mann festgelegten Berufsheer und den 15 000 Mann Marine. 1933 war er Chef des Ministeramts unter Reichswehrminister Werner von Blomberg geworden, der zielstrebig den Aufbau der Wehrmacht vorantrieb und Hitler treu ergeben war. Als Hitler – er selbst war tatkräftig dabei – im Juni 1934 den Stabschef der SA Ernst Röhm und andere SA-Führer unter dem Vorwurf eines geplanten Putsches in Bad Wiessee verhaften und dann ermorden ließ, war Reichenau maßgeblich für das Stillhalten der Reichswehr verantwortlich. Sie, und nicht die SA, sollte »einziger Waffenträger der Nation« sein, erfüllt von nationalsozialistischem Geist. Von Reichenau war übrigens Chef des späteren Feldmarschalls Paulus, Oberbefehlshaber der 6. Armee, deren Schicksal 1942/43 im Kampf um Stalingrad immerwährende Mahnung vor Kriegen bleiben wird. Unvergessen ist der Augenblick, als Reichenau uns auf dem Tennisplatz mit strahlendem Gesicht erzählte: »Heute haben wir dem Führer die Panzer vorgeführt. Der Führer war begeistert.«

Eine sehr folgenreiche Begegnung war für mich jene mit dem Tenniskameraden *Richard Wienstein*. Als Ministerialrat und zuletzt Staatssekretär in der Reichskanzlei hatte der Staatsrechtler tiefen Einblick in das Handeln Hitlers. Wienstein wurde mein enger Freund, mit dem mich vieles verband und dessen jäher und früher Tod mich sehr betrübte. Er vertraute mir beispielsweise an, mit welcher Arroganz Hitler am 25. März 1935 beim Besuch der englischen Minister John Simon und Anthony Eden anläßlich rüstungspolitischer Fragen ein stark entgegenkommendes Angebot Englands ausschlug. Wienstein war der festen Überzeugung, daß Hitler Deutschland in eine Katastrophe führen würde.

Am 1. Mai 1935 erklärte jener Hitler anläßlich der Feierlichkeiten zum »Tag der Arbeit«, wie ich am folgenden Tag in der Presse lesen konnte: »Was wir wollen, liegt klar vor uns: nicht den Krieg, nicht Unfrieden. So, wie wir den Frieden im eigenen Volke hergestellt haben, wollen wir nichts anderes als den Frieden mit der Welt, denn wir alle wissen, daß die Arbeit nur gelingen kann in einer Zeit des Friedens.«

Die Auffassung meines Freundes Wienstein bestärkte maßgeblich meine, schon durch Gespräche mit meinem Vater angelegte innere Antihaltung gegen Hitler. Meine exponierte berufliche Arbeit brachte es im Laufe der Jahre immer wieder mit sich, daß ich mit leitenden nationalsozialistischen Persönlichkeiten zusammentraf. Die Einschätzungen, die Richard Wien-

104

stein mir durch sein Internwissen vermittelte, waren für mich von unschätzbarem Wert im Umgang mit diesen Herren. Eine Folge war auch mein absolutes Schweigen gegenüber jedermann, als ich 1940/41 zwei konkrete Wege zur schnellen Entwicklung einer Atombombe sah. Dabei wäre die Mitwirkung der die Uranmetallurgie beherrschenden Auer-Gesellschaft sowie der Firmen Siemens und Krupp notwendig gewesen, die mir ebenfalls nahestanden.

10.01.1936

Ein Leben für Siemens
Begegnung mit Hermann von Siemens

Dr. *Hermann von Siemens* (* 1885 – † 1986) war nach seinem Studium der Chemie und der physikalischen Chemie, unter anderem bei Prof. Dr. Nernst, ab 1918 in den Berliner Laboratorien der Siemens & Halske AG tätig. Der Enkel des Firmengründers Werner von Siemens – sein anderer Großvater war der berühmte Physiologe und Physiker Hermann von Helmholtz – wurde 1928 in den Vorstand berufen und übernahm ein Jahr darauf die Leitung des Zentrallaboratoriums für Fernmeldetechnik. Damals entwickelten Siemens & Halske unter vielen anderen technischen Neuerungen auch die Grundlagen der modernen Siemens-Fernschreibtechnik. Mechanische Vorläufer dafür gab es bereits vor dem Ersten Weltkrieg. Nach 1945 sollte daraus das weltweite Telex-Netz mit der international herausragenden Siemens-Marktposition in dieser Sparte der Kommunikationstechnik entstehen.

Mit dem größten Einwellen-Turbosatz der Welt für den Kraftwerksbau, mit Pionierleistungen beim Bau von Elektro-Lokomotiven und der Übertragung von hochgespanntem

Gleichstrom hatte Siemens die seit Jahrzehnten bestehende Weltgeltung des Unternehmens in den frühen 30iger Jahren erneut unter Beweis gestellt. Die Siemens-Gesellschaften, zu denen auch Werke in Wien und zahlreiche Beteiligungen im In- und Ausland gehörten, beschäftigten 1928–30 über 130000, im Gefolge der Weltwirtschaftskrise 1933 etwa 70000 und dann wieder über 100000 Personen. 1935 war Hermann von Siemens Vorstandsmitglied der Siemens-Schuckert-Werke AG geworden. Seit 1933 hatte er dort als Chef der Zentralabteilung, Gruppe Technik, eine richtungsweisende Position inne.

Die Siemens, eine faszinierende Familie von Ingenieuren, Erfindern, Forschern und Industriellen. In großen Persönlichkeiten verbanden sich ungewöhnliches technisches Ingenium, unternehmerische Tatkraft und begnadeter Spürsinn für Chancen von Innovationen zur rechten Zeit. Die grundlegenden Erfindungen und praktischen Umsetzungen des 1816, nach dem Ende von Napoleons Herrschaft, geborenen Ernst Werner Siemens auf dem Gebiet der Elektrotechnik und das erfolgreiche Wirken seiner Brüder Wilhelm, Friedrich und Carl auf den verschiedensten technischen und geschäftlichen Gebieten im In- und Ausland füllten schon in den ersten Jahren nach der Gründung des deutschen Kaiserreichs von 1871 ganze Lexikonspalten. Als sich Werner von Siemens, 1888 von Kaiser Friedrich III. erblich geadelt, 1890 von der Geschäftsleitung der Firma Siemens & Halske zurückzog, zählte er längst zu den großen Persönlichkeiten in der Geschichte nicht nur der deutschen Industrie.

In gemeinsamer Leitung des Unternehmens waren ihm sein Bruder Carl und seine Söhne Arnold und Wilhelm gefolgt. Wilhelm Siemens, ausgewiesen durch bedeutende wissenschaftlich-technische und unternehmerische Leistungen, gab der weiteren Entwicklung des Elektro-Imperiums entscheidende Impulse: so für die Glühlampenproduktion, Schnelltelegraphen, den elektrischen Bahnantrieb und die elektrische Fernsteuerung.

Seit Wilhelms Tod 1919 stand Carl Friedrich von Siemens,

16 Hermann von Siemens veranlaßte die Verträge mit mir, die von 1934 bis 1945 zur Zusammenarbeit mit der Firma Siemens führten. Bei Kriegsende entschied er, die Siemens-Geschäftsleitung von Berlin-Siemensstadt nach München zu verlegen.

Werner Siemens' 1872 geborener dritter Sohn, als Nachfolger seines Bruders an der Spitze des Siemens-Konzerns. Der Vorsitzende der Aufsichtsräte des Siemens-Konzerns wirkte als herausragender Unternehmer, in den Weimarer Jahren bis 1934 als Präsident zentraler Dachorganisationen der Wirtschaft. Zeitweilig war er Reichstagsabgeordneter der linksliberalen Deutschen Demokratischen Partei (DDP) gewesen und hatte 1927 die deutsche Delegation bei der Weltwirtschaftskonferenz in Genf geleitet. In seiner Ära erfolgte die Verlegung der Werke nach »Siemensstadt«, in das neue Großindustrieviertel zwischen Spandau und dem Berlin-Spandauer Schifffahrtskanal, und die Bildung der Siemens-Schuckert-Werke.

Hermann von Siemens aus der dritten Generation der Industriellen-Familie war Neffe von Carl Friedrich von Siemens. Anlaß für seinen Besuch bei mir war mein 1934 angemeldetes Bildwandler-Patent (Röntgenbildwandler, Nachtsichtgeräte). Er kam damals zusammen mit seinem Sekretär Dr. Paul Reche, dem späteren Organisator des Siemens Computerwerkes in München, in mein Laboratorium in Lichterfelde. An diesem Tage begann ein für meine Forschung förderliches Vertragsverhältnis mit Siemens, das erst mit Ende des Zweiten Weltkrieges 1945 auslief, aber dann 1996 fortgesetzt wurde. Hermann von Siemens ließ sich durch erfahrene Gutachter aus seinem Hause (z. B. Dr. Reche, Prof. Küpfmüller, Prof. Hertz) beraten und traf dann schnell die Entscheidungen. Seine kluge Leitung des Siemens-Konzerns in den schweren Jahren vor, während und längere Zeit nach dem Zweiten Weltkrieg hat viel dazu beigetragen, das Leben in unserem Jahrhundert durch wichtige technologische Fortschritte zu verändern.

Mitten im Krieg, 1941, übernahm Hermann von Siemens nach dem Tod seines Onkels Carl Friedrich den Vorsitz in den Aufsichtsräten der beiden Siemens-Obergesellschaften. Hermann von Siemens ist es auch gewesen, der die Entscheidung über die Verlegung des Siemens-Schwerpunktes von Berlin nach München traf. Siemens hatte aus zuverlässigen Quellen von der im Februar 1945 bei der Krim-Konferenz zwischen

Roosevelt, Stalin und Churchill in Jalta vereinbarten Aufteilung des Reichs in alliierte Besatzungszonen gehört.

Als Konzernchef automatisch auf der Kriegsverbrecherliste der Alliierten, nach kurzer Haft aber ohne Anklage entlassen, trieb Hermann von Siemens mit unvergleichlicher Energie und souveränem Weitblick den Wiederaufbau des Konzerns voran. Die Betriebe in Berlin und München waren zum größten Teil zerstört, fast vier Fünftel der Unternehmenssubstanz verloren, die ost- und mitteldeutschen und alle Auslandsgesellschaften enteignet. 1945 arbeiteten noch 37 000 Mitarbeiter bei Siemens, 1956, als Werner von Siemens in das Ehrenpräsidium des Aufsichtsrates überwechselte, waren es wieder 166 000. Auch ein großer Teil der Auslandsgesellschaften konnte zurück erworben werden. Heute arbeiten in den in- und ausländischen Siemens-Gesellschaften über 380 000 Mitarbeiter, über 210 000 davon in Deutschland. Die Sparten Kommunikation und Bauelemente stehen beim Wachstum an der Spitze.

Meine vertragliche Zusammenarbeit mit Siemens erweiterte sich im Laufe des Jahres 1936 durch meine Erfindung des Rasterelektronenmikroskopes in das vielversprechende Feld der Elektronenmikroskopie. Nicht uninteressant ist, daß sich damals der Siemens-Mitarbeiter und spätere Physik-Nobelpreisträger Dr. Ernst Ruska in seinem Gutachten, dessen Inhalt mir durch Zufall bekannt wurde, scharf gegen das Rasterelektronenmikroskop aussprach. Von Prof. Dr. Küpfmüller beraten, entschied Hermann von Siemens gegen die Meinung von Ruska. Die spätere Entwicklung hat die Richtigkeit seiner Entscheidung gegen Ruska bestätigt, denn das auch von Siemens gefertigte Rasterelektronenmikroskop erlangte ähnliche Bedeutung in der Forschung wie das von Ruska und von Bodo von Borries entwickelte Durchstrahlungs-Elektronenmikroskop mit magnetischen Linsen. Ruska hatte veranlaßt, daß mir jede Entwicklungsarbeit an dem Durchstrahlungs-Elektronenmikroskop verboten wurde. Da ich dieses Verbot als grobe Benachteiligung empfand, führte ich 1939 die Entwicklung des Universalelektronenmikroskopes für Hellfeld, Dunkelfeld und

Stereobildbetrachtung zur Überraschung der Siemens-Elektronenmikroskopiker heimlich durch. Infolge eines anderen Konstruktionsprinzips war mein Mikroskop dem Siemens-Mikroskop erheblich überlegen.

Bei meiner Konstruktion war die bisherige Erschütterungsempfindlichkeit und dadurch das Mikroskop-Auflösungsvermögen um den Faktor 4 größer. Diese Überlegenheit wurde noch dadurch verstärkt, daß ich als Objekt magnetische Polschuhlinsen besonders kurzer Brennweite entwickelte und gleichzeitig durch Blenden den Betrieb mit sehr kleinen Elektronenstrahlaperturen einführte. Die Kleinheit der Objektivaperturen kam besonders meiner gleichzeitig entwickelten Stereobildtechnik zugute. Bei unserer Konstruktion waren die Objektivsysteme seitlich auswechselbar. Eines dieser Systeme ermöglichte die Untersuchung von bis auf über 3000 Grad erhitzbaren Objekten. Schließlich hatten wir eine Vakuumfilmkamera für das Elektronenmikroskop entwickelt, um die Vorgänge bei der Objekterhitzung durch Bildfolgen zu dokumentieren. Diese Maßnahmen kamen gemäß dem bestehenden Vertragsverhältnis auch der Konstruktion des Siemens-Mikroskopes nach Ruska und von Borries zugute. Deshalb war es für mich und viele meiner Freunde befremdend, daß Ernst Ruska bei seinem Nobelpreis-Vortrag 1986 mit keinem Wort meine Konstruktionen und Mitarbeit am Siemens-Elektronenmikroskop erwähnte.

Auf vielen Gebieten der Naturforschung hat die Methode der Elektronenmikroskopie zu grundlegenden neuen Erkenntnissen geführt, die auch die künftige Arbeit unseres Unternehmens beeinflußten. Genannt seien hier die Erforschung der lebenden Zelle und ihrer Organellen sowie der Einsatz dieser Abbildungsmethode in der Virusforschung, Bakteriologie, der Gerichtsmedizin und in verschiedenen Sparten der Chemie.

Meine letzte Begegnung mit Dr. Hermann von Siemens war kurz vor Kriegsende in unserem großen Lichterfelder Luftschutzbunker, in dem damals die wichtigsten Einrichtungen meines Institutes vor Luftangriffen geschützt untergebracht waren.

Mit dem Tode von Hermann von Siemens 1986 und dem Generationenwechsel in der Geschäftsleitung der Siemens AG endete vorerst mein Kontakt mit Siemens, der erst im August 1996 durch bedeutende Aufträge an die »Von Ardenne Anlagentechnik GmbH« auf Anlagen zur Beschichtung von Turbinenschaufeln mit keramischen Thermobarriereschichten erneuert wurde. Hermann von Siemens' große Verdienste für Forschung und Entwicklung, weit über die Siemens-Unternehmensinteressen hinaus, haben ihm zahlreiche Ehrungen eingetragen. Und Teilnehmer der Siemens-Hauptversammlungen wußten noch von dem 99-Jährigen zu berichten, wie er konzentriert in den Reihen des Aufsichtsrates dem Geschehen folgte. Siemens, das Weltunternehmen, war der Lebensinhalt des Werner von Siemens.

21. 02. 1936

Elektronik und Medizin
Begegnung mit V. K. Zworykin

Bei unserer ersten Begegnung im Lichterfelder Institut interessierte sich *Vladimir Kosma Zworykin* (*1889 – †1982) für meine Bildwandlererfindung, weil auch er damals ähnliche Entwicklungen plante. Wir trafen uns eine Woche vor Beginn der Leipziger Frühjahrsmesse, bei deren Eröffnung das erste öffentliche Fernsehgespräch – zwischen Berlin und Leipzig – geführt wurde. Wir waren gespannt, welche Resonanz es erfahren würde und welche weiteren Neuerungen uns erwarteten. Zworykin kam als Direktor der elektronischen Forschungs-Laboratorien der Radio Corporation of Amerika (RCA) und sondierte die europäischen und insbesondere die deutschen Markt- und Entwicklungstendenzen.

Weniger gespannt als bedrückt mußte man wegen der politischen Großwetterlage sein. Der Friedensheuchler Hitler beteuerte – entgegen seinen Ankündigungen in seinem Buch »Mein Kampf« – noch an diesem 21. Februar in der französischen Zeitung »Paris Midi«, Friedenspolitik betreiben zu wollen. 14 Tage später, am 7. März 1936, marschierte die deutsche Wehrmacht unter Bruch des Versailler und des Locarno-Vertrags in das entmilitarisierte Rheinland ein.

Doch zurück zu meinem Freund Vladimir K. Zworykin, dem amerikanischen Physiker und Elektroingenieur russischer Herkunft: Durch viele bedeutende Erfindungen (z. B. Ikonoskop- und Superikonoskop-Kameraröhre zur Aufnahme von Live-Fernsehsendungen, Fotoelektronenvervielfacher u.v.m.) haben er und seine Mitarbeiter, das lehrt vollends die Rückschau aus heutiger Sicht, Maßgebliches zum Fortschritt der Elektronik und des Fernsehens beigetragen. Der ehemalige Funkoffizier beim zaristischen Nachrichtenkorps – vorausgegangen waren sein Studium am Petersburger Technikum und Mitarbeit an Röntgenstrahlen-Experimenten des französischen Physikers Paul Langevin in Paris – lebte als weißrussischer Emigrant in den USA. Bei Westinghouse Electric hatte er sich mit der Entwicklung von Radioröhren und photoelektrischen Zellen befaßt und gleichzeitig an der Universität Pittsburgh (Pensylvania) promoviert.

Westinghouse Electric & Manufacturing Company – das war eine industrielle Großmacht. George Westinghouse hatte sie 1872 begründet, der amerikanische Ingenieur und Erfinder, den ein Zugzusammenstoß auf die Idee der Luftdruckbremse brachte; der sich in der Starkstromtechnik, besonders für hochgespannten Wechselstrom, engagierte und damit den Maschinenbau maßgeblich voranbrachte; dessen Unternehmen die Stadt Buffalo, N.Y., als erste in den Vereinigten Staaten mit Wechselstrom beleuchtete und dann das Wechselstromsystem in den USA einführte; der die Chicagoer Weltausstellung 1893

17 *Mit V. K. Zworykin, dem amerikanischen Fernsehpionier und Freund, auf der 10. Internationalen Konferenz für medizinische und biologische Technik in Dresden (1973).*

mit Hilfe von zwölf riesigen Dynamos mit Strom versorgte, Turbinen entwickelte, die Generatoren für das Kraftwerk an den Niagara-Fällen lieferte und insgesamt 400 Patente für sich versammelte. Westinghouse Electric: Das war auch die erste amerikanische Fabrik für Rundfunktechnik, das waren eigene Rundfunkstationen, darunter die wohl älteste der Welt in Pittsburgh. Dazu kamen, auch für die Glühlampenproduktion und sonstige elektrotechnische Gesellschaften des Konzerns, breite Auslandsinteressen. Ein ideales Arbeitsfeld für einen Ingenieur und Erfinder wie Zworykin.

1923 meldete er sein Ikonoskop zum Patent an, die erste mit photoelektrischer Speicherung arbeitende Bildabtast-Fernsehröhre, im Jahr darauf das Kinoskop, eine Kathodenstrahlröhre, die das empfangene Bild auf den ebenen Bildschirm warf. 1929 ließ er sein Farbfernsehsystem patentieren. RCA erkannte die Bedeutung des Mannes und heuerte ihn an. Jetzt arbeitete er für das führende Unternehmen der Funkwirtschaft nicht nur Amerikas, gegründet 1919 u. a. von General Electric Co., dem größten Elektrokonzern der Welt, mit dem gesamten Besitz und den Patentrechten der Marconi Wireless Co. of America. RCA-Töchter verfügten über das Netz, das den gesamten drahtlosen telegraphischen Verkehr in den USA und mit den anderen Kontinenten abwickelte. Seit 1926 gab es die National Broadcasting Co. zum Betrieb von Rundfunksendern. Schwerpunkt der RCA-Geschäfte größten Ausmaßes waren jedoch der Handel mit Radioapparaten, Beteiligungen an der Tonfilm-Industrie und an der von »Sprechmaschinen«.

»Sprechmaschinen« – so bezeichnete man etwas altertümlich noch bis in die dreißiger Jahre »alle Vorrichtungen, die menschliche Töne und Laute jeder Art aufzeichnen und wieder zu Gehör bringen.« Die Ahnenreihe der Aufnahme- und Wiedergabe-Geräte reicht bekanntlich von Edisons mechanischem »Phonographen« von 1877 über das »Grammophon« des Deutschamerikaners Emil Berliner bis zu unseren ersten elektrischen Aufnahme- und Wiedergabeverfahren. Sie erlaubten schon seit 1925 nahezu originalgetreue Hörerlebnisse von Musik und Sprache. Ich erinnere mich gern daran, daß 1930 meine Schrift »Die elektrische Schallplattenwiedergabe« und E. Nespers »Die Schallplatte« zu kleinen technischen Bestseller-Ehren gelangt waren. Immerhin waren im Jahr zuvor, 1929, hierzulande etwa 30 Millionen Schallplatten gepreßt worden. Zworykin und ich hatten einander viel zu sagen, interessierten uns doch jetzt insbesondere die künftigen Perspektiven für das Fernsehen.

Die Liste seiner Erfindungen und Pläne bis zu unserer Begegnung und danach ließe sich noch erheblich erweitern. Seit seinem Besuch in Lichterfelde haben wir uns immer wieder getroffen – in Berlin, Princeton, in Prag und in Dresden.

Wir hatten wiederholt ähnliche Gedanken zur gleichen Zeit. So wandte er sich nach dem Zweiten Weltkrieg, er wurde Vizepräsident bei RCA, in seinen späteren Jahren ebenso wie ich der Medizin zu. Er gründete die Internationale Gesellschaft für Medizinische Elektronik, deren Mitglied ich kurz nach ihrem Entstehen wurde. Als sich in der Weltpolitik Tendenzen in Richtung Abrüstung zeigten, erhielt Zworykin vom späteren Vizepräsidenten der Vereinigten Staaten, Hubert H. Humphrey, den Auftrag, eine Studie über die Möglichkeiten der Umprofilierung der Rüstungsindustrie von militärischen Produktionen auf Produktionen mit friedlichen Zielen abzufassen. Die UdSSR und die USA verhandelten nach Jahren der Hochrüstung zum ersten Mal über die Möglichkeiten einer gegenseitig abgestimmten Abrüstung bzw. die Möglichkeit des Einfrierens der atomaren Rüstungsprogramme. Zworykin veranlaßte damals auch einen Brief über den Eisernen Vorhang hinweg von Hubert H. Humphrey an mich zur gleichen Problematik.

Zu dieser Zeit beschäftigte ich mich in meinem Dresdner Institut vorrangig mit der Entwicklung elektronischer Geräte zur Patientenüberwachung (Mehrkanalmessung der Patientenparameter auf Fernsehschirmen) und mit der Ultraschallimpuls-Echomethode (Sonografie) z. B. zur Sichtbarmachung der Entwicklung des Kindes im Mutterleib ohne Strahlenbelastung. Inzwischen hat die Sonografie in der Medizin große Verbreitung gefunden und die Diagnostik revolutioniert. Meine Aktivitäten in diesem Bereich führten dazu, daß Zworykin mir die Leitung der X. International Conference on Medical and Biological Engineering, Dresden 1973, übertrug.

1977 schlug ich Zworykin vor, die Zeilenzahl beim Fernsehen zu verdoppeln, um die Qualität der Fernsehbilder etwa der Qualität von Kinofilmen anzugleichen. In der Folgezeit entstand die Technik des hochauflösenden Fernsehens (HDTV). Bilder der höheren Auflösung wurden auf mehreren Funkausstellungen, vor allem von der japanischen Industrie, gezeigt.

1982 hatten wir den Tod unseres Freundes V. K. Zworykin zu betrauern. Wir sahen uns zuletzt 1975 in Princeton, als ich im Zuge einer Vortragsreise durch die USA unterwegs war. Es war im Nachhinein betrachtet eine Wiedersehens- und Abschiedsreise von guten alten Freunden. In New York traf ich ein letztes Mal Werner von Braun, in Princeton verbrachte ich einen wunderschönen Abend mit Vladimir K. Zworykin und seiner Frau, im Plaza-Hotel nahe dem Central-Park feierte ich ein Wiedersehen mit Christian de Duve, dem Nobelpreisträger.

Durch seine führende Rolle für die Elektronikentwicklung in den USA, durch seine Erfindungen und sein Verhältnis zur medizinischen Forschung ist Zworykin für die junge amerikanische Generation von Elektronikern ein Vorbild gewesen. Er gehört in die Reihe der großen amerikanischen Erfinder, die das Leben in unserem Jahrhundert veränderten.

18.06.1936

Der Reichspostminister und die Atombombe

Begegnung mit Wilhelm Ohnesorge

Dr. *Wilhelm Ohnesorge* (* 1872 – † 1962) hatte schon im Ersten Weltkrieg für die Heerespostverwaltung gearbeitet. Er übernahm 1915 die Leitung der Telegraphen-Direktion des Kaiserlichen Großen Hauptquartiers. Ihm gelang in dieser Zeit erstmals die Herstellung einer transkontinentalen Verbindung von Frankreich nach Konstantinopel. Grundlage dafür – Ohnesorges frühes Verdienst in der Geschichte des Telefons – war die Erfindung der »Vierdraht-Schaltung«. Mit ihr waren die Voraussetzungen für Ferngespräche mit Hilfe von Verstärkern über große Distanzen geschaffen.

Dr. Wilhelm Ohnesorge, der Mathematik und Physik studiert hatte, stand Zeit seines Berufslebens im Dienst der Reichspost. Er leitete das Referat für Fernmeldewesen der Oberpostdirektion Dortmund bis 1924, kam dann an die Oberpostdirektion Berlin und wurde 1929 Leiter des Reichspostzentralamts. Ohnesorge war fachlich besonders qualifiziert. Dies erklärt seine Karriere schon in der Weimarer Republik, obgleich er 1920 die erste Ortsgruppe der NSDAP außerhalb Bayerns gründete. Eigentlich hätten ihn seine Vorgesetzten wegen seines aktiven Eintretens für diese radikale politische Partei von der Karriereleiter fernhalten müssen. Kurz nach der »Machtergreifung« wurde der frühe Gefolgsmann Hitlers Staatssekretär im Reichspostministerium und 1937 zum Reichspostminister berufen. Diesen Posten hielt er bis zur Kapitulation 1945 inne.

Ohnesorge war somit lange Jahre höchster Dienstherr einer der größten staatlichen Institutionen und Verwaltungen mit im Jahre 1933 ca. 235 000 Beamten. In den Hoheits- und Aufgabenbereich der Deutschen Reichspost fielen zu einer Zeit schneller technischer Entwicklungen und Neuerungen z. B. der Ausbau des Fernmeldewesens, der Rundfunktechnik, des Fernschreibnetzes und der Bildtelegraphie, Versuche des Sendebetriebs mit Ultrakurzwelle, die Einführung der Breitbandkabel. Dazu gehörte auch der regelmäßige Versuchsbetrieb für ein öffentliches Fernsehen, das seit April 1934 in 15 »öffentlichen Fernsehstellen« der Reichspost in Berlin und Potsdam gesehen werden konnte und im Juli/August 1936 Übertragungen von den Olympischen Spielen in Berlin ausstrahlte.

Für das Reichspostministerium war Ohnesorge Auftraggeber und verantwortlich für zahlreiche Forschungsvorhaben auf den verschiedensten Gebieten des Nachrichtenwesens. Wie bereits in der Weimarer Zeit gesetzlich festgelegt, war die Reichspost zur eigenen Deckung der Ausgaben durch Einnahmen verpflichtet und blieb auch künftig relativ autark, Forschungsvorhaben großen Ausmaßes zu finanzieren. Mir ließ Ohnesorge z. B. Anfang 1934 im Tempelhofer Reichspostzentralamt ein streng geheimes Labor für Dezimeterwellen einrichten. Dort konnte bald meine Erfindung des elektronischen Bildwandlers in der Praxis erprobt werden.

Gewisse Geschehnisse, die Ohnesorge tolerierte oder finanzierte, hatten Folgen, die kurz erwähnt seien: Sein Besuch in Lichterfelde führte zu einem Förderungsvertrag mit der Reichspost, der kurz vor Kriegsende im März 1945 endete. Anfangs ging es um Fernsehforschungen zur Liniensteuerungsmethode und zum Großbildproblem (elektronisch gesteuertes Diapositiv). 1933 mußte ich Ohnesorge zu Hermann Göring begleiten, um einen Schwindler namens Kassner zu entlarven, der Göring zur Gründung einer Gesellschaft mit 1 Million Reichsmark Kapital für die Herstellung von Todesstrahlen gewinnen wollte. Ich hatte selbst 1933 erlebt, daß Kassner Forschungsergebnisse fälschte. So hätte er auch beinahe den Laien Göring, Reichsminister der Luftfahrt und preußischer Ministerpräsident, um eine Million seines Etats erleichtert.

1939 konnte ich Ohnesorge für die Förderung der Entwicklung von Atomumwandlungsanlagen zur Erzeugung von künstlichen Radioisotopen gewinnen. Es bestand die Aussicht, mit diesen Isotopen komplizierte Stoffwechselvorgänge des lebenden Organismus nach der von G. von Hevesy 1925 angegebenen Markierungsmethode aufzuklären. Es entstanden das 60 Tonnen-Zyklotron und die 1 Million Volt-Anlage zur Herstellung radioaktiver Isotope. Das 1944 erschienene Buch »Die physikalischen Grundlagen der Anwendung radioaktiver oder stabiler Isotope als Indikatoren« dokumentiert mein starkes Interesse an dieser friedlichen Nutzung der Kernphysik. Als Strahlenschutz schlug ich vor, für das Zyklotron einen großen unterirdischen Bunker neben meinem Institut zu bauen. Ohnesorge war einverstanden. Die Bunkeranlage wurde so ausgeführt, daß sie gleichzeitig einen Luftschutzbunker gegen die von mir erwarteten anglo-amerikanischen Luftangriffe bildete. Vor den späteren Bombenangriffen auf Lichterfelde hatten wir alle wichtigen Anlagen und Geräte des Institutes im Hauptbunker betriebsbereit untergebracht. Unsere Forschung war daher bei Kriegsende ungestört und in voller Funktion.

Das aber hatte die Folge, daß meine Mitarbeiter und ich für zehn Jahre zur Ableistung von Reparationen für Deutschland in die Sowjetunion gebracht wurden. Wie wir dann nach Hiroshima zur Beschleunigung des friedenerhaltenden atomaren West-Ost-Patt beitrugen, habe ich in meinen Erinnerungen beschrieben. Nach der Entdeckung der Urankernspaltung durch Hahn – Straßmann hatte Ohnesorge zugestimmt, daß der mir durch Max von Laue zugeführte, politisch sehr belastete Kernphysiker Fritz Houtermans als Mitarbeiter in mein Institut eintreten durfte. So entstand 1941 die Houtermans-Arbeit »Zur Frage der Auslösung von Kern-Kettenreaktionen«, in der die Entdeckung des Plutoniums (Kernsprengstoff) enthalten war. Das war ein gefährliches Ergebnis. Auf die ungeheure Bedeutung der Hahn-Straßmannschen Entdeckung der Kernspaltung für die Gewinnung von Elektro- und Wärmeenergie hatte ich Ohnesorge Ende 1939 erfolglos aufmerksam gemacht. Durch verschleierte Darstellung der Befunde unterdrückten Houtermans und ich diese wegweisende Entdeckung sogar vor dem Minister. Zwar erhielten alle maßgebenden deutschen Kernphysiker den Geheimbericht. Aber in den Besitz von Atombomben durfte Hitler niemals gelangen.

Ohnesorge hat ungefähr im Sommer 1942 Hitler von seiner Einschätzung der Entwicklungsmöglichkeiten einer Atombombe informiert. Hitler hat Ohnesorge nicht ernst genommen und ihn sogar vor seinen Militärs ironisch vorgeführt.»Sehen Sie, meine Herren«, soll Hitler gesagt haben,»ausgerechnet mein Postminister offeriert mir heute die Wunderwaffe, die wir brauchen.« Dies veranlaßte Ohnesorge, sich von Ressorts übergreifenden Forschungen zurückzuziehen.

Ich vermute, Ohnesorges Informationen über Entwicklungsmöglichkeiten einer Atombombe stammten aus schwedischen Pressenotizen über den Beginn von Atombomben-Versuchen in den USA. Eventuell kamen seine Kenntnisse auch aus den Forschungslabors in Miersdorf bei Zeuthen, wo Ohnesorge einen großen kernphysikalischen Forschungsbereich hatte aufbauen lassen. Ich hatte zu diesem Bereich weder Zugang noch erhielt ich von dort Informationen.

Im August 1944 – keine anderthalb Jahre nach seiner Aufpeitsch-Rede im Berliner Sportpalast »Wollt Ihr den totalen Krieg?« – gab Goebbels als »Generalbevollmächtigter für den totalen Kriegseinsatz« nach dem Attentat des 20. Juli 1944 bekannt: Reichspostminister Ohnesorge habe als »Sofortmaßnahme« Einschränkungen und Umstellungen von Postleistungen angeordnet.

Im November verlieh Hitler ihm und dem Präsidenten der Forschungsanstalt der Deutschen Reichspost das »Ritterkreuz des Kriegsverdienstkreuzes mit Schwertern«. In jenen Tagen des Jahres 1944 erklärte Goebbels, die Kräftereserven des deutschen Volkes seien »keineswegs ausgeschöpft«. Hunderttausende von Arbeitskräften seien für den Einsatz in der Rüstung mobilisiert worden. Einen großen Anteil daran hatten »die Frauenjahrgänge von 45 bis 60 Jahren«. Die Endzeit des Dritten Reiches, die letzten Monate des Krieges waren angebrochen. Die Post funktionierte – manchmal war es wie ein Wunder – bei allen Einschränkungen, Unterbrechungen und Störungen vielerorts bis zum letzten Tag.

Wilhelm Ohnesorge wurde 1945 verhaftet, aber es konnten ihm keine Straftaten nachgewiesen werden. 1948 stufte ihn die Spruchkammer in die Gruppe der Belasteten und 1949 in die der Hauptschuldigen ein, und neben der Einziehung seines Vermögens wurde er zu drei Jahren Arbeitslager verurteilt. Wegen seines hohen Alters wurde er 1953 begnadigt.

08. 06. 1937

Elektronen gegen Atome
Begegnung mit Gustav Hertz

Ihre gemeinsamen Experimente mit dem »Elektronenstoß« haben die beiden Physiker bekannt, wenn nicht gar berühmt gemacht. Die »Franck-Hertzschen Versuche« der Anregung und Ionisation von Atomen durch bewegte Elektronen brachten ihnen 1926 den Nobelpreis der Physik des Jahres 1925: für ihre Entdeckung der Gesetze, die beim Zusammenstoß eines Elektrons mit einem Atom herrschen. Ihre Ergebnisse boten eine quantitative Bestätigung der Grundlagen moderner Atomtheorie, der Planckschen Quantenthese und der von Niels Bohr 1913 neu aufgestellten Theorie der Spektrallinien.

Die beiden Hamburger hatten seit 1911 im Physikalischen Institut der Universität am Berliner Reichstagsufer an ihren Untersuchungen gearbeitet: der Physiker James Franck und Gustav Hertz, Assistent seines Lehrers Heinrich Rubens, einer der experimentellen Wegbereiter der Quantentheorie. *Gustav Hertz* (* 1887 – † 1975) trug einen großen Namen. Er war Neffe des Physikers Heinrich Hertz, der die elektromagnetischen

Wellen entdeckt hatte, die »Hertzschen Wellen« – eine der Grundlagen der Funk- und Radiotechnik –, deren vielfache Nutzung das Leben in unserem Jahrhundert grundlegend verändert hat. Der junge Physiker zog vom Laboratorium in den Krieg, kehrte 1915 schwer verwundet zurück und habilitierte sich 1917 in Berlin als Privatdozent für Physik. Der fünf Jahre ältere James Franck, seit 1915 Extraordinarius, 1918 Mitglied des Kaiser-Wilhelm-Instituts für physikalische Chemie in Berlin-Dahlem, ging 1920 als ordentlicher Professor der Physik nach Göttingen, Hertz im selben Jahr nach Eindhoven zu den Philips-Gloeillampenfabrieken. Aber ihre Zusammenarbeit konnten sie fortsetzen. Hertz arbeitete bis 1925 im physikalischen Zentrallaboratorium des Philips-Konzerns, nach der deutschen Osram-Gesellschaft das größte Unternehmen der europäischen Glühlampenproduktion mit weitgespannten Interessen. Zusammen mit James Franck gelang dann 1923 mit der Elektronenstoß-Methode der experimentelle Nachweis des quantenhaften Energieaustausches zwischen Atomen und Elektronen. Diese Methode zur Untersuchung der Ionisierung von Atomen sollte in der Physik der Gasentladungen große Bedeutung gewinnen.

1925 kam für Hertz die Berufung als ordentlicher Professor und Direktor des Physikalischen Instituts der Martin-Luther-Universität Halle-Wittenberg. 1928 übernahm er als Direktor das gleichfalls unter seiner Leitung errichtete Physikalische Institut an der Technischen Hochschule in Berlin-Charlottenburg. Hier entwickelte er 1932 sein Verfahren zur Isotopentrennung von Gasgemischen mit einer Diffusionskaskade, geeignet zur Gewinnung von Uran 235.

Im verhängnisvollen Jahr 1933 setzte in Deutschland die nationalsozialistische Judenverfolgung ein, zunächst illegale Aktionen und gewalttätige Übergriffe, dann die systematische Entrechtung und Verdrängung aus dem bürgerlichen, wirtschaftlichen und kulturellen Leben. Ende März ruft Hitler alle Parteiorganisationen der NSDAP zum allgemeinen Boykott »gegen das Judentum in Deutschland« auf. Die Partei organisiert am 1. April in Berlin und anderen Städten den ersten »Judenboykott« gegen »jüdische Geschäfte, jüdische Waren, jüdische Ärzte und jüdische Rechtsanwälte«. Wer, der es miterlebte, erinnert sich nicht an diesen schlimmen Tag mit SA-Trupps vor Geschäften, mit antisemitischen Parolen und Plakaten auch auf den Praxisschildern jüdischer Ärzte und Anwälte. Die berüchtigten pseudogesetzlichen Unrechtsmaßnahmen folgten Schlag auf Schlag, so am 7. April 1933 das »Gesetz zur Wiederherstellung des Berufsbeamtentums«: »Beamte, die nicht arischer Abstammung sind, sind in den Ruhestand zu versetzen...«. Am 10. Mai 1933 folgt die »Bücherverbrennung« durch Studenten und SA-Männer auf dem Platz neben der Berliner Staatsoper gegenüber der Universität und in anderen Städten. »Undeutsche Bücher«, zum großen Teil Werke international angesehener Autoren, werden unter pathetischen hetzerischen Feuersprüchen in die Flammen geworfen. Darunter sind Bücher von Heinrich Heine, Heinrich Mann, Erich Maria Remarque, Kurt Tucholsky, Arnold und Stefan Zweig, aber auch von Marx und dem Philosophen Ernst Bloch und Wissenschaftlern wie Einstein, Freud und Magnus Hirschfeld.

James Franck emigriert, wie zahlreiche namhafte Persönlichkeiten des Geisteslebens und der Politik, noch 1933. Nach damaligen Angaben der »Jüdischen Rundschau« verließen Deutschland zwischen Februar 1933 und April 1936 93.000 Juden und mußten im Ausland neue Bleibe und Existenz suchen: der erzwungene oder realistisch hellsichtige Exitus aus der angestammten deutschen Heimat. Hertz, Sohn eines jüdischen Rechtsanwalts, bleibt. Im August 1934 ordnet die Reichsregierung die unverzügliche Vereidigung aller Beamten auf Hitler an: »Ich schwöre es: Ich werde dem Führer des Deutschen Reiches und Volkes, Adolf Hitler, treu und gehorsam sein...«. Hertz verweigert eine Loyalitätserklärung als Hochschullehrer. Eine absurde verleumderische Behauptung will den Gelehrten sogar zum Mitwisser der Reichstagsbrandlegung im Februar 1933 machen. Er wird aus dem Lehramt »entfernt«, kann aber, Weltkriegsteilnehmer und »nur« »Halbjude« nach der

NS-Terminologie, zeitweilig noch als Honorarprofessor wirken. Um ihn zu schützen, stellt ihn Siemens 1935 als Leiter des Forschungslaboratoriums II der Siemens-Werke ein. Bei meinem Gespräch mit Gustav Hertz im Juni 1937 ging es um physikalische Fragen meiner Bildwandlererfindung.

In der Zeit unserer elektronenmikroskopischen Arbeiten für Siemens begegnete ich dann Gustav Hertz wiederholt. Bei Ende des Zweiten Weltkrieges wurden Hertz und ich für 10 Jahre in die Sowjetunion gebracht, um Reparationen für Deutschland abzuleisten. Wir beide erhielten von der Regierung der Sowjetunion den Auftrag, ein physikalisches Institut aufzubauen. Eine lange, intensive und vertrauensvolle Zusammenarbeit folgte. Als Experten der Atomphysik erfuhren wir eine bevorzugte Behandlung, da die Sowjetunion im Wettlauf mit den USA in besonderem Maße an unserem Knowhow interessiert war. Als Forscher konnten wir unsere Arbeiten unter sehr guten Bedingungen relativ selbstbestimmt fortführen. Wir hatten die Möglichkeit, wenn auch in bescheidenem Umfang, das Elend mancher deutscher Kriegsgefangener zu mildern, indem wir sie für die Mitarbeit in den Instituten von den sowjetischen Behörden abstellen ließen. Wenige Tage nach dem Abwurf der amerikanischen Atombombe auf Hiroshima wurde uns mitgeteilt, daß sich die Thematik unserer Institute auf Beiträge zur Entwicklung einer sowjetischen Atombombe konzentrieren müsse. Für mich war dieser Befehl das Ende meiner Arbeit an der Elektronenmikroskopie.

In der entscheidenden Sitzung mit Marschall Beria, dem berüchtigten Geheimdienstchef der UdSSR und zweiten Mann nach Stalin, konnte ich durchsetzen, daß wir nicht, wie ursprünglich von Beria beabsichtigt, mit dem Bau der Atombombe beauftragt wurden, sondern mit der Entwicklung von industriellen Verfahren zur Isotopentrennung (Uran 235). Weiter konnte ich erreichen, daß die geplanten beiden Institute in der schönen kaukasischen Riviera nahe Suchumi und in einem Abstand von wenigen Kilometern errichtet wurden (Institut Hertz in Agudseri und Institut von Ardenne in Sinop).

Obwohl Hertz die Methode der Isotopentrennung durch Diffusionskaskaden erfunden hatte, kamen nur die in meinem Institut entwickelten Verfahren der Isotopentrennung durch Diffusionskaskaden, durch die selbstkaskadierende Gasultrazentrifuge und der magnetischen Isotopentrennung zur praktischen Anwendung. Im amerikanischen Atomprojekt des Zweiten Weltkriegs dagegen wurde das Hertzsche Verfahren im großtechnischen Maßstab angewandt. Das von meinen Mitarbeitern Max Steenbeck und Gernold Zippe erfundene Trennverfahren mit selbstkaskadierender Ultrazentrifuge mit Uranhexafluorid zeichnete sich durch Einfachheit und geringen Raumbedarf aus. Dieses Verfahren wurde nach dem Zweiten Weltkrieg im Westen zum Standardverfahren für die Abtrennung des Kernsprengstoffes Uran 235.

Gustav Hertz sei 1950 verstorben, mußte sein Freund Max von Laue nach spärlichen Nachrichten über Stockholm vermuten. Erst 1951 klärte sich dies durch eine Mitteilung der Gattin des Forschers. Auch ich wurde übrigens totgesagt, so dicht war der Geheimhaltungs-Kordon um unsere Tätigkeit.

Als Dank für die erfolgreiche und schnelle Durchführung des mir erteilten Auftrages wurde mir erlaubt, die Einrichtung meines Lichterfelder Institutes und meiner Wohnung, die bei Kriegsende als Siegesbeute nach Moskau gebracht wurden, wieder mit nach Deutschland zu nehmen. Bedingung war, daß ich das geplante neue private Institut in der DDR errichte. So kam es zur Gründung meines Forschungsinstitutes in Dresden bei der Rückkehr 1955. Im selben Jahr übernahm der 1954 zurückgekehrte Gustav Hertz als Institutsleiter einen Lehrstuhl für Experimentalphysik an der Universität Leipzig, wurde Leiter des Physikalischen Instituts und Leiter des in Pankow gegründeten »Amtes für Kerntechnik und Kernforschung«. Der »Wissenschaftliche Rat für friedliche Anwendung der Atomenergie in der DDR« wählte ihn zum Vorsitzenden. Hertz genoß weit über die politischen Grenzen hinweg in Wissenschaftlerkreisen hohes Ansehen. Er konnte schon 1955 am Physikertag in Wiesbaden teilnehmen und auch zu den Nobelpreistagungen in Lindau am Bodensee reisen. Uns verband in den gemeinsamen Jahren in der DDR weiterhin ein reger Erfahrungsaustausch.

James Franck lehrte seit 1935 als Universitätsprofessor für Physik in den USA und arbeitete insbesondere an der Erforschung der photochemischen Zusammenhänge in der lebenden Pflanzenzelle. Im Krieg wirkte er an Projekten für die technische Verwertung der Kernenergie mit. 1945 warnte sein »Franck-Report« vor den Folgen des Einsatzes von Atombomben. 1982 starb er während einer Deutschland-Reise in Göttingen, seiner jahrelangen Wirkungsstätte vor den Ereignissen der »Machtergreifung«. Auch Gustav Hertz, der Humanist, hatte sich nach dem Krieg gegen die Fortführung der atomaren Versuche gewandt. Beider Warnungen haben noch heute Gültigkeit.

10.08.1937

Leichter als Luft
Begegnung mit August von Parseval

»Luftballon oder (griech.) Aerostat heißt die interessante Maschine, mit welcher der Mensch die Luft durchreisen kann, indem er in Wahrheit auf den Flügeln des Windes getragen wird, und welche, um in Gebrauch zu kommen und jedes andere Fahrzeug zu Land und zu Wasser überflüssig zu machen, nur an dem einzigen, aber entschiedenen Übelstande leidet, daß man noch nicht vermocht hat, ihnen eine beliebige Richtung in seiner Bewegung zu geben.«

Diesen schönen, nach den Erfahrungen und Erkenntnissen der Zeit vor bald 160 Jahren durchaus optimistischen Aufblick zum uralten Menschheitstraum, fliegen zu können wie ein Vogel, wollte ich meinen Leserinnen und Lesern nicht vorenthalten. Ich fand das Stichwort »Luftballon« im »Bilder-Conversations-Lexikon für das deutsche Volk«, erschienen 1838 im schon damals renommierten Leipziger Verlag F. A. Brockhaus. Die Passage kam mir in den Sinn, als ich überlegte, diesem Buch ein Kapitel über die kurze, aber beeindruckende Berliner Begegnung mit *August von Parseval* (*1861 – †1942) einzufügen. Der 76jährige »Fachkollege« des Grafen Zeppelin war mit mir an einem Rundfunkinterview beteiligt.

Die Welt stand damals unter dem Eindruck des Infernos von Lakehurst. Am 6. Mai 1937 war das deutsche Luftschiff LZ 129 bei der Landung auf dem US-Lufthafen in Flammen aufgegangen. 35 Menschen hatten den Tod gefunden, darunter der Kapitän und 32 der 97 Passagiere des Luftschiffriesen. Über eine Million Fahrkilometer hatte die »Hindenburg« im fahrplanmäßigen Transatlantik-Dienst hinter sich gebracht, den Dr. Hugo Eckener 1936 einführte. 41.000 Fluggäste und 98.000 Kilo Post und Fracht hatte LZ 129 befördert. Das verheerende Unglück war das Ende der großen Ära der lenkbaren deutschen Starr-Luftschiffe, das Ende der »Zeppeline«. Nur noch Zeitgeschichte Hugo Eckeners erste Atlantik-Überquerung nach Nordamerika 1924, die triumphalen Amerika- und Weltfahrten 1928/1929 und die berühmte Nordpolfahrt 1931. LZ 130, noch im September 1938 fertiggestellt, sollte über Werksfahrten nicht hinauskommen. Beide Luftschiffe, auch die noch im Bau befindliche LZ 131, wurden im Mai 1940 auf Befehl der Reichskanzlei abgewrackt – 40 Jahre nach der bejubelten und bestaunten Fahrt des ersten Zeppelin-Luftschiffes über dem Bodensee.

Sie hatten vieles gemein, die beiden Erfinder und Konstrukteure Graf Zeppelin und von Parseval, sogar ihre berufliche Herkunft. Beide hatten ihre Laufbahn als Offiziere begonnen. Graf Zeppelin aus Konstanz nahm als verdienter Generalmajor seinen Abschied, um sich ganz der Sache zu widmen, der er sich seit 1874 verschrieben hatte: ein leicht lenkbares Luftschiff zu bauen, angetrieben von Propeller-Motortriebwerken und in

Form gehalten durch ein Gerüst unter der äußeren Hülle, das Starr-Luftschiff mit großzügig bemessenem Raum für Traggaszellen, Besatzung, Passagiere und Nutzlast. Als General à la suite und dann General der Kavallerie blieb er dem König von Württemberg als seinem Förderer verbunden. Der Pfälzer von Parseval, über 30 Jahre jünger, verließ 1906 als Major und Bataillonskommandeur seines Königs von Bayern den aktiven Dienst, um sich ganz seinem Interesse für Technik und besonders für die Aeronautik zu widmen. Zusammen mit seinem Altersgenossen, dem Hauptmann Bartsch von Sigsfeld, der schon durch Erfahrungen mit wissenschaftlichen Ballonfahrten ausgewiesen war, hatte er 1897 den »Drachenballon«, einen Fesselballon, konstruiert. Er bewährte sich im Dienst des Heeres und für meteorologische Beobachtungen besser als frühere Kugelballon-Konstruktionen anderer. Denn durch die Verbindung von Ballon und Drachen und einer ingeniösen Nutzung des Winddrucks gelang es dem zylinderförmigen Ballonkörper, sich mit seinem Steuersack und einem Satellitenballon stabil und schlingerfrei auch bei widrigen Winden in der Luft zu halten.

Das Engagement von Militärs und Wissenschaftlern für bemannte Ballons hatte Tradition. Seit der Heißluftballon der Brüder Montgolfier am 15. Juni 1783 und fast zeitgleich der mit Wasserstoffgas gefüllte Ballon des Physikers Charles, die Montgolfière und die Charlière, erst ohne Nutzlast, dann bemannt aufgestiegen waren, brauchte es nur zehn Jahre, bis die französische Regierung Ballon-Abteilungen mit Fesselballons aufstellte, die Aerostiers. Die Kriegsgeschichte seither nennt bekanntlich viele Einsätze zur Beobachtung der Operationen. Nicht nur Historiker kennen die Ereignisse im deutsch-französischen Krieg 1870/71, als Paris seit September 1870 von deutschen Truppen eingeschlossen war und alle Ausbruchsversuche scheiterten. Der Freiballon bot die einzige Möglichkeit, Menschen, Depeschen und Briefe über den Belagerungsring zu bringen. Seither führten die meisten Armeen und Marinen den Fesselballon als Erkundungsmittel ein. Freiballons und Fessel-

128

ballons dienten zahlreichen wissenschaftlichen Forschungen, seit Jacques Charles beim ersten Aufstieg mit seiner Charlière Thermometer-Abmessungen vornahm. Berühmte Namen sind unter denen, die als Forscher und Entdecker zu wissenschaftlichen Luft-Expeditionen aufbrachen. Etliche verloren dabei ihr Leben.

Aber bekanntlich scheiterten lange Zeit alle Versuche, Ballons mit ihren Heißluft- oder Gasfüllungen lenkbar und unabhängig von Windströmungen zu machen. Die Dampfmaschine erwies sich als zu schwer und zu gefährlich. Erst ein Elektromotor erlaubte 1884 dem französischen Handelsschiffskapitän Renard zusammen mit dem Hauptmann Krebs, eine Acht zu fahren und wieder am Startplatz zu landen. Mit Gottlieb Daimlers 1883 erfundenem Benzinmotor kam endlich die Chance für den Durchbruch der Luftfahrt. Graf Zeppelin nutzte sie für die Entwicklung seines Starrluftschiffs. Mit konstruiert vom Ingenieur Th. Kober, absolvierte sein 128 m langes LZ 1 unter dem Beifall von König Wilhelm II. von Württemberg und Tausenden von Schaulustigen am 2. Juli 1900 den 18-Minuten-Jungfernflug über den Bodensee. 1910 begann die »Luftschiffbau Zeppelin GmbH«, Friedrichshafen a.B., mit planmäßigem Passagier-Luftverkehr.

Von Parseval arbeitete seit 1901 an einem anderen Prinzip: dem lenkbaren unstarren Luftschiff, wie es schon anderwärts versucht worden war, ein »Prall-Luftschiff«, dessen Form durch den inneren Überdruck der Traggasfüllung aufrecht erhalten wurde. 1906 unternahm er die ersten praktischen Versuche. Das »Parseval-Luftschiff« wurde vom preußischen Kriegsministerium übernommen. 1911 wurde der Luftschiffer als Professor für Luftschiffbau an die Technische Hochschule Berlin berufen, wo er bis 1936 wirkte.

Seine und des Grafen Zeppelin Erfindungen und Leistungen überlebten die Zeiten nicht. Aber sie überdauerten als große Taten der Ingenieurkunst. Parsevals Luftschiff diente in erster Linie der militärischen Geländeerkundung aus großer Höhe. Der Einsatz seiner Luftschiffe im Ersten Weltkrieg war nicht offensiv und daher relativ risikofrei. Den weit größeren Zeppelin-Luftschiffen gelangen im Ersten Weltkrieg fahrtechnische Glanzleistungen. 1917 eine Dauerfahrt von 101 Stunden, ein anderer »Zeppelin« erreichte 7300 m Höhe, und die L 59 fuhr im November 1917 6757 km: von Jamboli in Bulgarien nach Khartum in Afrika und zurück. Luftschiffe wurden dilettantisch auch für Luftangriffe gegen London eingesetzt. Von Januar 1915 bis August wurden 37 Großangriffe auf England gefahren. Als Träger des Bombenkriegs hatten die Zeppeline sich bald als ungeeignet erwiesen. Die Wasserstoffgasfüllung der Zeppelin-Luftschiffe konnte durch Artillerie-Beschuß oder sogar durch einen Gewehrschuß entzündet und das Luftschiff zum Absturz gebracht werden. Auch das Unglück in Lakehurst des in den 30er Jahren gebauten Luftschiffes »Hindenburg« – 245 m lang, 46 m Durchmesser, 4 Dieselmotoren für eine Geschwindigkeit von 110 km/h, 60 t Nutzlast – zeigte die leichte Verwundbarkeit der Zeppelin-Luftschiffe mit Wasserstoffgasfüllung. Ihren militärischen Wert hatten sie längst verloren. Unstarre Luftschiffe wurden von den USA noch im Zweiten Weltkrieg für Beobachtungen zum Küstenschutz eingesetzt. Der Fesselballon, daran können sich die Älteren erinnern, diente in den Jahren des Bombenkrieges bei besonders gefährdeten Objekten als Sperrmittel zu Lande und auf See gegen tieffliegende Flugzeuge.

Graf Zeppelin, der 1917 starb, hat noch erleben müssen, wie viele seiner »fliegenden Zigarren« im militärischen Einsatz scheiterten statt dem friedlichen Luftverkehr zu dienen. Dieses Schicksal teilte er mit vielen Konstrukteuren der Flugzeuge, die seine Schöpfungen und die des August von Parseval auf immer überholten und ins Museums-Arsenal der Luftfahrtgeschichte brachten. Geblieben aber ist die Faszination, die einst die Luftschiffpioniere antrieb. Sportballons und kleine Luftschiffe, eingesetzt für die Werbung, sieht man gelegentlich noch heute. Und es gab sogar in den letzten Jahren ernsthafte Versuche, kleine Luftschiffe für die Passagier-Luftfahrt einzuführen. Bislang vergeblich.

Ein Auftrag vom Produzenten der berühmten Leica

Begegnung mit Ernst Leitz

Für Leitz, das traditionsreiche Wetzlarer Unternehmen der optischen Industrie, konstruierte ich 1938 ein Vakuum-Ultraviolettmikroskop (kurzwellige UV-Strahlung) mit hoher Auflösung und UV-Bildwandler. Dieses Mikroskop war für die Untersuchung von Lebensvorgängen in Zellen, Zellorganellen und bei Viren gedacht. Das heißt für Erforschungen, die mit dem Elektronenmikroskop wegen der hohen Strahlenbelastung des Objektes nur selten möglich sind. Eine Ausnahme stellt in diesem Zusammenhang die Untersuchung der Auskeimung von Sporen dar. Leider ist dieses Mikroskop infolge der Kriegs- und Nachkriegswirren nicht zur Serienfertigung bei Leitz entwickelt worden.

Erfahrungen wie diese erinnern daran, wie sehr es seit je auch in ganz speziellen Bereichen von Technik und Wissenschaft Zeitgeist und Zeitumstände sind, die Erfindergeist, Forschung, Entwicklung und Innovationen mitbestimmen – und umgekehrt. Im Guten und im Bösen spielen dabei Politik und politische Systeme eine tragende Rolle. Und so bedeutet es mir mehr als eine historische Randnotiz, wenn ich mir wieder vergegenwärtige: In jenem März 1938, als Dr. Leitz unser Lichterfelder Institut aufsuchte, lagen kaum mehr als zwei Wochen seit dem Einmarsch deutscher Truppen in Österreich zurück. Ebenfalls 1938 die Übernahme der sudetendeutschen Gebiete, noch sanktioniert vom »Münchener Abkommen«, im März 1939 die Besetzung der ganzen Tschechoslowakei und die Einverleibung als deutsches »Protektorat«. Dann sollte jener verhängnisvolle 1. September 1939 anbrechen.

Der Industrielle *Ernst Leitz* (*1871–†1956) stand seit 1906

18 *Ernst Leitz erhielt aufgrund seiner Verdienste um die Mikroskopie und Photographie die Ehrendoktorwürden der Universitäten Marburg und Gießen. Mein 1938 für das Wetzlarer Unternehmen konstruiertes Vakuum-Ultraviolettmikroskop (kurzwellige UV-Strahlung) kam infolge der Kriegs- und Nachkriegswirren nicht zur Serienfertigung bei Leitz.*

als Teilhaber und seit 1920 als Alleininhaber an der Spitze des Unternehmens. Sein Vater Ernst Leitz I, wie er respektvoll unterscheidend bezeichnet wurde, hatte seine optische Werkstatt in der alten Reichsstadt an der Lahn mit preislich erschwinglichen Mikroskopen für Naturwissenschaftler und Ärzte – Serienfertigung in höchster optischer und feinmechanischer Qualität – zu Weltruf in der Wissenschaft geführt. Ernst Leitz II wurde mitten in den Aufbruch der Gründerjahre des Wilhelminischen Kaiserreichs nach dem französisch-deutschen Krieg 1870/71 hineingeboren. Als er 10 Jahre war, begann sich die Wetzlarer Produktion, bislang etwa 2.500 Mikroskope, zu vervielfachen: Robert Kochs Forschungen und Entdeckungen, die jetzt erkannte Bedeutung der Bakteriologie für die medizinische Wissenschaft und der große Aufschwung der naturwissenschaftlichen und technischen Disziplinen im 19. Jahrhundert überhaupt hatten maßgeblichen Anteil an der explosionsartig steigenden Nachfrage nach den Präzisions-Instrumenten. 1887 das 10000, 1899 das 50000 Leitz-Mikroskop aus Wetzlar. Zweiggeschäfte in Berlin, 1895 in New York, 1898 in St. Petersburg und 1900 in Tokio.

Ernst Leitz I, der ehemalige Mechanikergehilfe, der zum bedeutenden Erfinder, Konstrukteur und modernen, von sozialem Gewissen begleiteten Unternehmer wurde, war seit je um persönliche Nähe zur Wissenschaft und den Wissenschaftlern bemüht. Auf Kongressen von Ärzten und Naturwissenschaftlern hatte er selbst seine Mikroskope und ihre ständige technische Weiterentwicklung und Spezialisierung vorgestellt. Er hatte Trends und Bedarf aufgespürt und war bei den Professoren der berühmten Gießener Universität eine hochangesehene Persönlichkeit, die sich auch für politische Parteien des fortschrittlich liberalen Bürgertums in der Kaiserzeit und den ersten Jahren der Weimarer Republik engagierte. Auf ihn geht der bizentrische Spiegelkondensor zurück und wesentlich auch die breite Durchsetzung der binokularen Mikroskope für beidäugiges Sehen.

Noch zu seinen Lebzeiten – er starb 1920, bis zuletzt aktiv im

Geschäft – wurde in Wetzlar jenes Gerät entwickelt, das als »Leica« bald ein neues Kapitel in der Geschichte der Photographie eröffnen sollte.

Um die Zeit, als Ernst Leitz II Teilhaber geworden war, baute und verkaufte die immer noch mittelständische Firma Leitz neben Mikroskopen mikrophotographische Apparate, Projektionsgeräte und photographische Objektive. Ernst Leitz der Jüngere nahm die Herstellung von Prismenfernrohren auf, errichtete neue Fabrikationsstätten – 1917 arbeiteten dort rund 3000 Mitarbeiter – und entwickelte neue Mikroskope und Stative. 1933 z. B. konstruierte er ein Universal-Kameramikroskop. Drei Jahre zuvor war das 300000. Mikroskop mit dem Gütesiegel Leitz gefertigt worden.

Schon 1913/14 hatte der Feinmechaniker Otto Barnack den bis dahin ausschließlich wissenschaftlich orientierten Leitz-Werken die Chance für eine revolutionäre Neuorientierung erschlossen: Er hatte die erste deutsche Kleinbildkamera für das Format des Kinofilms entwickelt, die bald legendäre »Ur-Leica«. 1925 startete Ernst Leitz die laufende Produktion. Die gut durchkonstruierte und handliche Leica setzte sich mit ihrer mechanischen Präzision und optischen Qualität seit ihrer ersten offiziellen Vorstellung erst zögernd, dann schneller und schneller bei den Photoamateuren und Berufsphotographen durch und hielt lange den ersten Platz vor der bald nachsetzenden Kleinbildkamera-Konkurrenz. Unterstützt wurde dieser Durchbruch von der Filmindustrie durch die Entwicklung von Filmen mit stark erhöhter Auflösung und Lichtempfindlichkeit. Im Duell um die beste Kleinbildkamera-Konstruktion trat die Dresdener Zeiss-Ikon AG auf der Leipziger Frühjahrsmesse 1932 mit der ersten »Contax« auf den Plan und setzte an, den Vorsprung der Leica einzuholen. Goebbels persönlich, dafür wollen sich Photohistoriker verbürgen, habe 1939 entschieden, beide Kamerasysteme seien ebenbürtig und den Kriegsberichterstat-tern zu gleichen Teilen in die Hand zu geben.

1946 wurde die 400000 Leica hergestellt. Leitz wurde nach dem Krieg wieder ein führendes Unternehmen der optischen

Industrie mit tausenden von Artikeln wie Lupen, Objektive, Mikroskope, Projektoren und Kleinbildkameras. Ernst Leitz, aufgrund seiner Verdienste um die Mikroskopie und Photographie Ehrendoktor der Universitäten Marburg und Gießen, stand bis zu seinem Tod 1956 als Seniorchef neben seinen drei Söhnen an der Spitze der »E. Leitz G.m.b.H., optische Werke Wetzlar«, die damals 6000 Arbeiter und Angestellte beschäftigten. Etwa 50 % der Produktion wurden exportiert, ein Symbol des deutschen »Wirtschaftswunders«. Wie sein Vater hatte er sich liberalem Gedankengut verschrieben. Mit Theodor Heuss war er befreundet. Wie seinem Vater trug ihm auch das soziale Engagement für seine Mitarbeiter hohe Achtung ein. Nie hat er vergessen, daß er im väterlichen Unternehmen als Mechaniker an der Drehbank begann. Heute führt die Leica Camera AG in Solms bei Wetzlar, gestützt auf den Mythos der großen Marke, diese Traditionslinie des Hauses Leitz, als Teil des Schweizer Technologie-Konzerns Leica, fort.

20. 12. 1939

Für die Relativitätstheorie wider den Zeitgeist

Begegnung mit Max von Laue

Mit dem Fahrrad war er gekommen, sportlich und mit Rucksack, und nicht »standesgemäß« per Auto. Über die Hintertreppe war er erschienen und nicht am Haupteingang, wo wir zum gebührenden Empfang bereit standen. Für mich war es eine große Ehre, ihm an diesem Tag als erstem mein Elektronenmikroskop vorführen zu können. Er machte nie viel Aufhebens um seine Person: *Max von Laue* (*1879 – †1960), der weltberühmte Nobelpreisträger und Ordinarius für theoretische Physik an der Universität Berlin. Als junger Privatdozent hatte er die Beugung von Röntgenstrahlen an Kristallen entdeckt. Er trug wesentlich zur Erforschung des Baus der Atome bei und war eine der großen Persönlichkeiten der deutschen Wissenschaft von internationalem Ansehen gerade auch in den Zeiten, in denen wir jetzt leben mußten.

Der von Hitler gewollte Krieg, der mit dem Überfall auf Polen begann und sich zum Weltkrieg, dem zweiten in meiner Generation, ausweitete, hatte in den vier Monaten seither für uns alle einschneidende Veränderungen gebracht. Täglich wuchs die Gefährdung für die, die als politisch unzuverlässig galten. Max von Laue, der von der relativen Berechenbarkeit und Toleranz des Reichspostministers Ohnesorge wußte, vermittelte die besonders gefährdeten Kernphysiker Rausch von Traubenberg und, 1940, F. G. Houtermans an mein Lichterfelder Institut. Hierdurch war es möglich, meinen späteren kernphysikalischen Arbeiten eine solide Grundlage zu geben, als wir uns nach der Hahn-Straßmannschen Entdeckung der Markierungsmethode mit künstlich radioaktiven Isotopen zuwandten.

Max von Laue hatte sich schon als Göttinger Student der theoretischen Physik angeschlossen. In Berlin hörte er bei Max Planck eine Vorlesung über theoretische Optik. Er fiel bei den Übungen auf und promovierte 1903 bei dem Gelehrten, der kurz zuvor mit dem später nach ihm benannten »Wirkungsquantum« und dann der Planckschen Strahlungsformel seine Quantentheorie begründet hatte. Zwei Jahre später holte ihn Planck als Assistent an sein Institut für Theoretische Physik. Max von Laue wurde zu seinem Meisterschüler und bald lebenslangen Freund, habilitierte sich und kam durch einen Vortrag Plancks im Physikalischen Kolloqium in Berührung mit Einsteins eben begründeter spezieller Relativitätstheorie. Von Laue, zunächst wie die meisten Physiker skeptisch gegenüber der sofort umstrittenen Theorie, brachte 1907 ein experimentell im Bereich der Optik gewonnenes beweiskräftiges Argument dafür ein. 1910/11 legte er nach mehreren Aufsätzen die

136

19 Er machte nie viel Aufhebens um seine Person: der weltberühmte Nobelpreisträger und Ordinarius für theoretische
Physik an der Universität Berlin Max von Laue. Für mich
war es eine große Ehre, ihm als erstem mein Elektronenmikroskop vorführen zu können.

erste Monographie über die spezielle Relativitätstheorie vor, später, 1919/21, über Einsteins allgemeine Relativitätstheorie.

1912 geschah, was dem jungen Privatdozenten 1914 den Nobelpreis für Chemie einbringen sollte. Er arbeitete jetzt seit drei Jahren in München an dem von Arnold Sommerfeld geleiteten Institut für Theoretische Physik. Die Münchener Experimentalphysik vertrat seit der Jahrhundertwende Wilhelm Conrad Röntgen, der 1885 bei Experimenten mit Kathodenstrahlen die von ihm so benannten »X-Strahlen« entdeckt hatte und dafür 1901 mit dem erstmals vergebenen Nobelpreis für Physik ausgezeichnet worden war. Sommerfeld suchte schon seit längerem, der bis dahin ungeklärten physikalischen Natur der Röntgenstrahlen auf die Spur zu kommen.

Sein Kollege Röntgen widmete sich wie schon früher auch weiteren Gebieten, insbesondere der Physik der Kristalle. In der fruchtbaren Münchener Atmosphäre des Austausches zwischen Professoren, Assistenten und Studenten auch jenseits von Katheder, Hörsaal und Labor am Biertisch und bei gemeinsamen Ausflügen in die Berge kam Laue die entscheidende Idee: Röntgenstrahlen durch Kristalle zu senden und von der hindurchgegangenen Strahlung Fotoaufnahmen zu machen. Beim Durchgang müßten – unterstellte von Laue, gestützt auf die bekannte Wellentheorie des Lichts und die keineswegs bewiesene, jedoch weit verbreitete Annahme einer regelmäßigen inneren Anordnung der kleinsten Teilchen, Atome oder Ione, von Kristallen – Interferenzerscheinungen auftreten, wie sie für gewöhnliches Licht längst geläufig waren. Sommerfeld und Röntgen waren zunächst skeptisch. Ein Assistent Sommerfelds und ein Doktorand, Walther Friedrich und Paul Knipping, unternahmen in einem Keller-Labor des Sommerfeldschen Instituts in der Amalienstraße die durch von Laue vorgegebenen Versuche. Er schrieb sofort die theoretische Begründung.

Der doppelte Beweis war erbracht: Bei der Röntgenstrahlung handelte es sich um sehr kurze elektromagnetische Wellen, zehntausendmal kleiner als die des sichtbaren Lichts, und auf der Fotoplatte zeigte die regelmäßige Anordnung von Punkten das Phänomen der symmetrischen Kristallstruktur: ihre Raumgitterstruktur. »Ihr Experiment gehört zum Schönsten, was die Physik erlebt hat«, gratulierte Einstein. Jetzt gewannen die Röntgenstrahlen für Naturwissenschaft und Technik ungemeine Bedeutung. Jetzt ließen sich Wellennatur und Wellenlänge des Röntgenlichts messen und Struktur und Aufbau der durchstrahlten Materie erforschen. Die »Röntgenstrukturanalyse« wurde bald zum neuen Fach der Wissenschaft mit breitester Bedeutung auch für technische Materialuntersuchungen. »Darf man den Dienst, den eine Entdeckung der Menschheit geleistet hat, nach den Früchten beurteilen, die sie getragen«, hieß es 1914 in der Preis-Begründung des Nobelkomitees, »so dürften wenige Entdeckungen sich der von Laues an die Seite stellen können...«.

Dem Ruhm folgte der Ruf als Professor der Theoretischen Physik erst nach Zürich, dann Frankfurt am Main, 1919 an die Universität Berlin, nach eigenem Bekenntnis seine »eigentliche geistige Heimat«. Seine weiteren Arbeiten und Erfolge auf verschiedenen Gebieten der Physik – z. B. der Thermodynamik und der Supraleitung – als Mitglied der Preußischen Akademie der Wissenschaften und stellvertretender Direktor des Kaiser-Wilhelm-Instituts für Physik, dem damals Einstein vorstand, machten ihn ebenso wie die Ausstrahlung seiner noblen Persönlichkeit zu einem der großen Exponenten der deutschen Physiker-Zunft. In den Notzeiten der Weimarer Republik war er Vorsitzender des Fachausschusses Physik in der »Notgemeinschaft der deutschen Wissenschaft«, der späteren »Deutschen Forschungsgemeinschaft«, und wirkte klug bei der Vergabe der schmalen Geldmittel für die wichtigsten Forschungsvorhaben. Zu Recht wird von Laue nachgesagt, nicht zuletzt ihm sei die Fortdauer des »goldenen Zeitalters der Physik« in jenen schweren Jahren zu verdanken.

Mit seinem Eintreten für jüdische Kollegen, für Fritz Haber, für Einstein und die Relativitätstheorie vor allem auch in der Hitler-Zeit hat von Laue sich durch großen Mut ausgezeichnet.

Einstein, Max Born, Erwin Schrödinger und viele andere mußten emigrieren. Als Vorsitzender der Deutschen Physikalischen Gesellschaft protestierte von Laue, von nur zwei Kollegen unterstützt, gegen Einsteins Entlassung. Er kämpfte, durchaus auch mit Erfolgen, gegen die Versuche einer »braunen« Ideologisierung der »Deutschen Physik«, wie sie die Nobelpreisträger Philipp Lenard und Johannes Stark mit allen Mitteln auch antisemitischen Vokabulars durchzusetzen suchten. 1937 fand er sich im SS-Blatt »Das Schwarze Korps« als einer der »Statthalter des Judentums«, einer der »weißen Juden« wie die Physiker-Kollegen Max Planck, Arnold Sommerfeld und Werner Heisenberg. Von Laue wurde für das In- und Ausland zu einem Symbol aufrechter Gesinnung und unbeugsamer Haltung für die Geistesfreiheit. Berühmt ist seine Eröffnungsrede auf der großen Physikertagung 1933 in Würzburg. Er gedachte der 300 Jahre zurückliegenden Verurteilung Galilleis durch die Inquisition. Jeder wußte, daß in Wahrheit von Einstein die Rede war, von der Relativitätstheorie und nicht vom kopernikanischem Weltbild, als er endete: »Bei aller Bedrückung konnten sich die Gelehrten aufrichten an der siegreichen Gewißheit, die sich ausspricht in dem schlichten Satze: «Und sie bewegt sich doch!« Albert Einstein dankte ihm im März 1934 mit einem Brief aus der Emigration: »Ich hab' immer gefühlt und gewußt, daß Du nicht nur ein Kopf, sondern auch ein Kerl bist.«

Von Laue büßte unter dem neuen Präsidenten Stark sein Berateramt bei der Physikalisch-Technischen Reichsanstalt und seinen Einfluß in der Deutschen Forschungsgemeinschaft ein. Aber er blieb Professor an der Berliner Universität und stellvertretender Direktor des Kaiser-Wilhelm-Instituts für Physik. Einen Mann dieses Ranges konnte man nicht entfernen. Vorzeitig auf eigenen Wunsch emeritiert, ging er in den Zeiten des Bombenkrieges mit dem von Werner Heisenberg geleiteten Institut 1943 nach Hechingen, nicht beteiligt am Uran-Projekt zur Gewinnung von Kernenergie. Nach Kriegsende wurde er zusammen mit anderen deutschen Kernphysikern in England interniert. Für acht Monate teilte er dieses Schicksal mit vielen anderen Wissenschaftlern, die von den Alliierten in die USA oder die UdSSR verbracht wurden, für längere oder sehr viel längere Zeit. Schon von England aus und nach seiner Rückkehr setzte sich der Senior der deutschen Physiker – Max Planck starb 1947 – für den Neubeginn freiheitlicher Kultur und Wissenschaft in Deutschland ein. Die erste Station war Göttingen, Studienort der jungen Jahre, jetzt Aufenthalt auch von Max Planck. Berlin war dem Kaiser-Wilhelm-Institut und von Laue von den Alliierten nicht genehmigt worden. Aber seit 1951 war er wieder dort, bis 1959 als Direktor des Max-Planck-Instituts für Physikalische Chemie, dem Fritz-Haber-Institut. 1957 gehörte er zu den 18 deutschen Kernphysikern, die vor den Gefahren der Atomwaffen warnten und sich öffentlich gegen eine Aufrüstung der Bundeswehr mit Atomwaffen wandten.

Wie in seinem Forschen und Lehren stets den Blick aufs Ganze, auf Prinzipien gewandt, der Erkenntnistheorie und Ethik eines Kant verpflichtet, hat von Laue einmal formuliert: »Die Physik scheint ihre eigentliche Würde nur daher zu beziehen, daß sie ein wesentliches Hilfsmittel der Philosophie abgibt.«

12.01.1940

Den Sexualhormonen auf der Spur
Begegnung mit Adolf Butenandt

Adolf Butenandt (*1903–†1995), der Direktor des Kaiser-Wilhelm-Institutes für Biochemie in Berlin-Dahlem, hatte von der Entwicklung meines Universal-Elektronenmikroskopes hoher Auflösung für Hellfeld-, Dunkelfeld- und Stereobilder erfahren. Bei seinem Besuch zusammen mit seinen Mitarbeitern Friedrich-Freksa, Melchers, Schramm, Augustin und Trunit verabredete er eine Zusammenarbeit mit Einsatz meines Mikroskops auf dem Gebiet der Virusforschung, der bakteriologischen Forschung und der Zellforschung. Mehrere gemeinsame Veröffentlichungen dokumentieren die Ergebnisse dieser Zusammenarbeit. Das erfolgreiche Leben und Wirken von Adolf Butenandt hat den Rang eines Leitbildes für unsere Jugend.

Es gibt eine vergnügliche Parallele in unser beider Biographie. Wie bei mir die Berliner Funkversuche, waren es bei dem Unterprimaner Butenandt in Lehe/Bremerhaven die chemischen Experimente in seinem kleinen Laboratorium in der elterlichen Wohnung, die die Polizei auf den Plan riefen. Für seine Versuche hatte er einen Giftschein für ein Gramm Zyankali beantragt. Prompt erschien die Obrigkeit. Schon der Student der Chemie in Marburg unterschied aber für sich, daß die Verbindung mit der Biologie seinen weiteren Weg bestimmen sollte. Sein Professor warnte: »Achten Sie darauf, daß Sie nicht zwischen zwei Stühlen zu sitzen kommen und die Chemiker Sie für einen Biologen, die Biologen aber für einen Chemiker halten.« Butenandt wechselte nach Göttingen und wurde Schüler von Adolf Windaus, dem Mitbegründer der modernen Vitaminforschung. Kurz nachdem Butenandt bei ihm 1927 promoviert hatte und sein Assistent am Allgemeinen Chemischen Universitätslaboratorium wurde, erhielt sein Lehrer 1928 den Nobelpreis für Chemie.

Windaus war es, der seinem Assistenten den Rat gab, sich mit der Erforschung der Keimdrüsenhormone zu befassen. 1929 gelang es Butenandt, bei seinen Untersuchungen über die Sexualhormone das Östron, das erste weibliche Sexualhormon, erstmals in reiner Form darzustellen, 1931 das erste männliche Sexualhormon, das Androsteron, und so die Grundlagen dafür zu schaffen, deren chemische Konstitution zu ermitteln. Um einige Milligramm des erst später so benannten Östron zu isolieren, waren in Universitätskliniken viele Hektoliter Harn schwangerer Frauen gesammelt worden. Butenandt

20 Die Auszeichnungen, die Butenandt in seinem Leben
erhielt, hätten einer ganzen Generation von Wissenschaftlern zur Ehre gereicht. Mit zu meinen schönsten Erinnerungen gehört die Zusammenarbeit mit ihm und seinen
Mitarbeitern am Elektronenmikroskop.

habilitierte sich und leitete bis 1933 als Privatdozent die organische und biochemische Abteilung des Chemischen Instituts in Göttingen.

1933 kommt der Ruf als Ordinarius für Organische Chemie an die TH Danzig. Seit 1904 hat die alte Ostseestadt, aufgrund des Versailler Vertrags von 1919 mit ihrer Umgebung vom Reich getrennter Freistaat unter dem Schutz des Völkerbundes, ihre Technische Hochschule mit drei Fakultäten und etwa 2000 meist reichsdeutschen Studenten. Als der stets jung aussehende 30jährige Butenandt im Vorzimmer des Dekans für Allgemeine Naturwissenschaften erscheint, soll, so wird überliefert, die Dekanatssekretärin ihm zunächst beschieden haben: »Bedaure sehr, der Herr Professor hat heute keine Sprechstunde für Studenten.« In Danzig kann Butenandt seine aufwendigen Forschungen mit Unterstützung der international tätigen Rockefeller-Foundation weiterführen, der Gründung des amerikanischen Industriellen John Rockefeller, des reichsten Mannes der Welt, dessen zahlreiche Stiftungen für wissenschaftliche, religiöse und pädagogische Zwecke auch die deutsche Wissenschaft in jenen wirtschaftlich so schwierigen Jahren wertvolle Förderung verdankte. Dem jungen Ordinarius gelingen die Reindarstellung und Konstitutionsermittlung des zweiten weiblichen Sexualhormons, des Schwangerschaftshormons Progesteron, und die erste Synthese des Sexualhormons Testosteron, dem wichtigsten männlichen Geschlechtshormon.

Fortan wurde Butenandt zum führenden Forscher auf dem Gebiet der Steroide, Östrogene und Androgene, biologische Varianten des Cholesterins. Seine damaligen und nachfolgenden Arbeiten sind auch im Zusammenhang mit der späteren Entwicklung der »Antibaby-Pille« zur Empfängnisverhütung zu sehen. Butenandt wurde zum Partner und Berater für viele andere an der Thematik interessierte Forscher. Genannt sei z. B. Prof. Walter Schoeller, Leiter des Hauptlaboratoriums der Schering-Kahlbaum AG in Berlin, eines der führenden Werke der deutschen chemisch-pharmazeutischen Industrie. Die Zusammenarbeit mit Schering blieb für Butenandt ein her-

ausragendes Beispiel für die stets betriebene und engagiert be-
fürwortete Kooperation zwischen Industrie und Wissenschaft.
Die Vorteile und die potentiellen Gefahren eines engen Zu-
sammenwirkens für die wissenschaftliche Unabhängigkeit
wußte er stets abzuwägen. Schon mit 24 Jahren war Butenandt
einem Vorschlag seines Lehrers Windaus gefolgt: ein Angebot
zur Zusammenarbeit mit der Firma Schering anzunehmen. Wie
anders hätte er das Östron isolieren können oder das Progesteron. Dafür waren große Mengen Stutenharn, beschafft von
Hunderten von Bauernhöfen, Gütern und Gestüten bis zum
Balkan, aufgearbeitet worden. Butenandts Forschungsergebnisse machten Schering zum führenden Unternehmen auf dem
Gebiet der Hormone.

Einen verlockenden Ruf an die Harvard-Universität lehnte
Butenandt 1935 ab, den als Institutsdirektor nach Berlin nahm
er 1936 an. Er kam von Max Planck mit einem handgeschriebe-
nen Brief. Gleichzeitig wurde Butenandt Honorarprofessor an
der Universität. 1937 wurde ihm in Paris die Pasteur-Medaille
zuerkannt, im November 1939 zusammen mit dem schweizeri-
schen Chemiker Leopold Ruzicka für die Erforschung der
Sexualhormone der Nobelpreis für Chemie. Die Butenandt zu-
gedachte Ehrung, mit der seit 1901 die jeweils bedeutendsten
Leistungen auf dem Gebiet der Physik, der Chemie und der
Medizin ausgezeichnet werden – die Liste der deutschen Nobelpreisträger seither nannte bekanntlich viele Namen von Weltruf
– gedieh für Butenandt zu einem höchst gefährlichen Politikum.

Erinnert sei daran, welches Schicksal der deutsche Publizist
Carl von Ossietzky erlitt. Der glühende jüdische Pazifist, bis
1933 mit Kurt Tucholsky Herausgeber der kritischen links-in-
tellektuellen Zeitschrift »Die Weltbühne«, war nach dem
Reichstagsbrand im Februar 1933 von der Gestapo verhaftet,
in das KZ Sonnenburg und danach in das berüchtigte KZ Ester-
wegen im Emsland »verbracht« worden. Der von Folter ge-
zeichnete tuberkulosekranke Häftling erhielt im November
1936 den Friedensnobelpreis des Vorjahres. Die Annahme
wurde ihm von der nationalsozialistischen Regierung verboten.

Unter dem Druck des weltweiten Aufsehens bot ihm Göring die Begnadigung und eine Pension an. Ossietzky lehnte ab. Aus dem KZ entlassen, unter Polizeiaufsicht gestellt, starb er im Mai 1938 in einer Berliner Klinik. »Um für alle Zukunft beschämenden Vorgängen vorzubeugen«, hatte Hitler am 30. Januar 1937 mit einem Erlaß die jährlich zu den Reichsparteitagen zu verleihende Stiftung eines »Deutschen Nationalpreises für Kunst und Wissenschaft« verfügt. »Die Annahme des Nobelpreises wird damit für alle Zukunft Deutschen untersagt.« Ein ungeheurer Affront nicht nur gegenüber der ganzen geistigen Welt.

Wie der Pathologe und Bakteriologe Gerhard Domagk (Nobelpreis für Medizin 1939) und der Chemiker Richard Kuhn (Nobelpreis für Chemie 1938) wurde Butenandt zur Ablehnung gezwungen. Nach drei Tagen Bedenkzeit unterzeichnete er schließlich ein vorformuliertes und von Hitler genehmigtes Ablehnungsschreiben. Kollegen hatten ihn bedrängt, weder für die Kaiser-Wilhelm-Gesellschaft noch für sich ein chancenloses Risiko einzugehen. Erst 20 Jahre später konnte er in Stockholm die Ehrung der königlich-schwedischen Akademie der Wissenschaften entgegennehmen. Der Geldpreis war inzwischen verfallen.

Butenandt arbeitete in den dreißiger und ersten vierziger Jahren in Berlin. In den ersten Kriegsjahren konnten die wissenschaftlichen Arbeiten nahezu ungestört betrieben werden. Butenandt begann sich auch der Virus-Forschung, den biochemischen Wirkungen der Erbfaktoren (Gene) und der Suche nach den Sexualhormonen der Insekten zuzuwenden. Schon 1936 hatte er mit der Untersuchung des »Verpuppungshormons« der Schmetterlinge begonnen. Es brauchte viele Jahre bis er das Ecdyson entdeckte, das Häutungs- und Metamorphosen-Hormon der Insekten. Peter Karlson aus der Butenandtschen Arbeitsgruppe gelang 1954 die Isolierung. 500 Kilogramm Puppen von Seidenspinnern waren nötig, um 25 Milligramm jenes Hormons zu isolieren. 1959 sollten die forscherischen Anstrengungen belohnt werden: Das Bombykol, der Lockstoff des

Seidenspinners, wurde charakterisiert und synthetisiert. Im Jahr 1940, als Butenandt unser Lichterfelder Institut aufsuchte, konnte er zusammen mit dem Zoologen Alfred Kühn, dem Direktor des Kaiser-Wilhelm-Instituts für Biologie, die biochemische Wirkungsweise einiger Erbfaktoren bei der Mehlmotte aufklären, beweiskräftig für die »Ein-Gen-Ein-Enzym«-Hypothese, die heutigen Biologen als gesicherte Erkenntnis gilt. Die These besagte eine für die künftige Entwicklung der Molekularbiologie ungemein wichtige Erkenntnis: Die Gene stellen bestimmte Enzyme bereit, die ihrerseits in den Stoffwechsel eingreifen.

1943 beginnt nach schweren Bomber-Nachtangriffen der Royal Air Force auf Berlin eine Evakuierungsaktion größten Stils. Allein von August bis Oktober verlassen mehr als 700 000 Menschen die Stadt. Dann setzt die systematische Flächenbombardierung ein, »battle of Berlin«, wie die Briten es nennen. Werner Heisenberg berichtet in seinem Buch »Das Teil und das Ganze« von einem nächtlichen Spaziergang mit Adolf Butenandt 1943 durch die brennende Stadt. Butenandt äußert dabei die Ansicht, daß das wissenschaftliche, rationale Denken in Deutschland wieder mehr an Gewicht gewinnen müsse. Die Gefühle, von den Nationalsozialisten bewußt propagandistisch aufgewertet und ausgenutzt, würden vom Volk übergewichtet. Albert Speer, seit 1942 Reichsminister für Bewaffnung und Munition und ab September 1943 für Rüstung und Kriegsproduktion, hatte schon im Frühjahr eine Teilverlagerung der Kaiser-Wilhelm-Institute befohlen. Im Herbst 1943 begann die Übersiedlung des Instituts nach Tübingen, Butenandt folgt im Herbst 1944 mit dem Rest des Instituts.

Butenandts weiteren Weg konnte ich aus unmittelbarem Erleben viele Jahre nicht weiterverfolgen. 1946 wurde er Tübinger Ordinarius für Physiologische Chemie. 1949 lehnte er einen Ruf an die Universität Basel ab. Mehr als eine Fußnote der Wissenschaftsgeschichte ist der Fackelzug, mit dem ihm die Tübinger Studenten dafür dankten. 1953 folgte er einem Ruf der Universität München. Dort waren die Mittel für den Neubau großzügiger Forschungsinstitute vorhanden. Seit 1956 Professor für physiologische Chemie an der Münchener Universität, übernahm Butenandt die Leitung der Institute und die des Max-Planck-Instituts für Biochemie. Auch nach der Emeritierung 1972 war dort sein Arbeitsplatz.

1960 begann die zweite Karriere des Adolf Butenandt: als souveräner Präsident der Max-Planck-Gesellschaft, ehemals Kaiser-Wilhelm-Gesellschaft zur Förderung der Wissenschaften. Der Nachfolger Otto Hahns erwies sich erneut als glänzender Organisator. Entgegen vielen anderen Stimmen und Tendenzen beharrte er auf der Forderung nach einer qualifizierten Grundlagenforschung. Er setzte seinen ganzen Einfluß daran, einer fortschreitenden Abwanderung von Professoren und jungen Wissenschaftlern entgegenzuwirken. Vor allem auch die Demokratisierung im Wissenschafts- und Forschungsbetrieb schien ihm dabei unerläßlich. Der Nobelpreisträger vertrat die Auffassung, daß nach der stürmischen Entwicklung auf allen Gebieten der Kernphysik künftig die biologische Forschung viel stärker in den Vordergrund treten würde. Er behielt Recht. 1972 übergab er das Präsidentenamt an den Physiker Reimar Lüst.

Die Auszeichnungen, die Butenandt in seinem Leben empfing, hätten einer ganzen Generation von Wissenschaftlern zur Ehre gereicht. Als er kurz vor Vollendung seines 92. Lebensjahres 1995 in München starb, würdigte die Max-Planck-Gesellschaft ihren Ehrenpräsidenten als einen der »brillantesten Chemiker unseres Jahrhunderts«. Untrennbar ist sein Name mit der Erforschung der Hormone, der Insektenwirkstoffe und von Grundprozessen des Lebens verbunden. Seine wissenschaftlichen Veröffentlichungen füllen drei Bände mit je fast tausend Seiten. Als akademischen Lehrer, um ihn versammelten sich hervorragende Schüler, charakterisiert ihn wohl am treffendsten ein begeisterter amerikanischer Student: »Den Mann kann man ja verstehen«.

Seine Forschungen über die Sexualhormone und die daraus hergeleiteten medizinisch-pharmazeutischen Entwicklungen bis zur »Pille« lösten, das lehrt der Rückblick, tiefe Änderungen im Miteinander der Menschen aus. Die physiologischen und psychologischen Grundlagen der Sexualität traten in den Hintergrund. Das Miteinander der Beziehungen zwischen Mann und Frau, die gegenseitige Anpassung verbesserte sich. Die Frau gewann größere Freiheit für ihre Stellung in Familie, Beruf und Politik.

Die Zusammenarbeit mit Adolf Butenandt und seinen Mitarbeitern am Elektronenmikroskop gehört zu meinen schönsten Erinnerungen. Bei seinem 85. Geburtstag in München erzählte er mir, daß mein erstes elektronenmikroskopisches Foto von chemischen Molekülen jahrelang auf seinem Schreibtisch stand.

02.02.1940

Der Vordenker des Atomzeitalters
Begegnung mit Max Planck

Max von Laue hatte Geheimrat *Max Planck* (*1858–†1947) von meinem hochauflösenden Elektronenmikroskop erzählt. So kam es zu seinem Besuch in meinem Lichterfelder Institut. Ich zeigte ihm auf dem Leuchtschirm des Mikroskops das Bild von verschiedenen mikroskopischen Objekten. Um ihm noch etwas besonderes zu bieten, führte ich ihm zum Abschluß ein Mikroobjekt vor, das meine jüngste elektronenmikroskopische Entdeckung sehen ließ. Es war die Aufnahme eines belichteten und entwickelten Bromsilberkornes, das den Übergang zu der bisher unbekannten Faserstruktur erkennen ließ. Mit diesem Bild wurde, wie der bekannte Physikochemiker Prof. Max Bodenstein, eine Kapazität auch auf dem Gebiet der Photochemie, es ausdrückte, der Grundprozeß der Photographie mit Bromsilberkörnern aufgeklärt.

21 Nobelpreisträger Geheimrat Max Planck, Begründer der Atomwissenschaft, beim Besuch meines Instituts in Lichterfelde. Es kam dabei zu einem für mich unvergeßlichen Gespräch über die Entwicklung in der Kernphysik und die denkbaren politischen Auswirkungen.

Auf der Rückfahrt zu Max Plancks Haus im Grunewald kam es zu einem für mich unvergeßlichen Gespräch über die Entwicklungen in der Kernphysik und die denkbaren politischen Auswirkungen. Max Planck sprach über die Konsequenzen der Entdeckung der Urankernspaltung durch Hahn und Straßmann: »Die Folgen werden unvorstellbar sein.« Er sah die Entwicklung von Atombomben und ihren verbrecherischen Einsatz gegen Großstädte voraus. In meiner Erinnerung sehe ich noch heute Planck mit ernstem, sorgenvollem Gesicht neben mir im Mercedes sitzen: »Wenn dieses Machtmittel in unrechte

Hände gerät...«. Ich wußte, wem er zutiefst mißtraute. Als die Nationalsozialisten an die Macht gekommen waren und die Verfolgung und Vertreibung jüdischer Gelehrter einsetzte, führte er, der Präsident der Kaiser-Wilhelm-Gesellschaft zur Förderung der Wissenschaften, am 16. Mai 1933 jenes denkwürdige Gespräch mit Hitler, dem neuen Reichskanzler, von dem Werner Heisenberg 1969 in seiner Autobiographie »Der Teil und das Ganze« berichtete. Heisenberg, damals Professor der theoretischen Physik in Leipzig, hatte Max Planck zu Beginn des Sommersemesters 1933 aufgesucht. »Die Zerstörung«, so Heisenberg, war in seinem Leipziger Institut »schon in vollem Gange...«. Mehrere seiner Seminarteilnehmer hatten Deutschland bereits verlassen, andere bereiteten die Flucht vor, auch Heisenbergs Assistent. Einer der jüdischen Fakultätskollegen war, obgleich hochdekorierter Weltkriegsteilnehmer, plötzlich seines Postens enthoben worden. Die Empörung unter den jüngeren Fakultätskollegen – darunter der Physiker Friedrich Hund, der niederländische Mathematiker van der Waerden und der Chemiker Karl-Friedrich Bonhoeffer, Bruder des später, noch im April 1945, als Widerstandskämpfer hingerichteten evangelischen Theologen Dietrich Bonhoeffer – war so groß, daß sie erwogen, zurückzutreten und auch möglichst viele Kollegen dazu zu veranlassen. Bis hierher und nicht weiter, sollte dieser Schritt allen öffentlich demonstrieren.

»Sie kommen, um bei mir Rat in politischen Fragen zu holen«, hatte Planck begonnen, »aber ich fürchte, ich kann Ihnen keinen Rat mehr geben. Ich habe keine Hoffnung mehr, daß sich die Katastrophe für Deutschland und damit auch für die deutschen Universitäten aufhalten läßt.« Dann vertraute sich Planck dem jüngeren Kollegen über das Gespräch mit Hitler an. Es lag erst einige Tage zurück. »Ich hatte gehofft, ihm klarmachen zu können, welchen enormen Schaden man deutschen Universitäten und insbesondere auch der physikalischen Forschung in unserem Land zufügt, wenn man die jüdischen Kollegen vertreibt; wie sinnlos und zutiefst unmoralisch eine solche Haltung wäre, da es sich ja zum größten Teil um Menschen

151

handelt, die sich völlig als Deutsche fühlen, und die im letzten Kriege so wie alle ihr Leben für Deutschland eingesetzt haben.« Und Planck fuhr fort: »Aber ich habe bei Hitler keinerlei Verständnis gefunden – oder schlimmer, es gibt einfach keine Sprache, in der man sich mit einem solchen Menschen überhaupt verständigen kann. Hitler hat, so schien mir, jeden wirklichen Kontakt mit der Außenwelt verloren.« Planck endete seinen Bericht über den vergeblichen Versuch, Schlimmeres abzuwenden und Hitler umzustimmen, mit den hellsichtigen Worten: »... denn er ist von seinen sogenannten Ideen besessen, er ist keinerlei vernünftigem Einspruch zugänglich und wird Deutschland in eine entsetzliche Katastrophe führen.«

Zurücktreten? Auswandern mit dem guten Gewissen, nie Kompromisse mit den »Zerstörern Deutschlands« geschlossen zu haben? »Wenn Sie nicht zurücktreten und hier bleiben«, so der Patriarch der deutschen Physiker zu Heisenberg, »haben Sie eine Aufgabe ganz anderer Art. Sie können die Katastrophe nicht aufhalten und müssen, um überleben zu können, sogar immer wieder irgendwelche Kompromisse schließen. Aber Sie können versuchen, mit anderen zusammen Inseln des Bestandes zu bilden. Sie können junge Menschen um sich versammeln, ihnen zeigen, wie man gute Wissenschaft macht und ihnen dadurch auch die alten richtigen Wertmaßstäbe im Bewußtsein bewahren. Natürlich weiß niemand, wieviel von solchen Inseln am Ende der Katastrophe noch übriggeblieben sein wird.« Aber Planck war sich sicher, daß selbst kleine Gruppen von begabten jungen Menschen, die man auf solche Weise »durch die Schreckenszeit hindurch bringen kann, für den Wiederaufbau nach dem Ende größte Bedeutung haben.«

Ob die einzelnen Wendungen dieses Gesprächsberichtes, 1969 in der Erinnerung Heisenbergs authentisch oder nur ihrem Sinn nach in wörtlicher Rede wiedergegeben wurden, schien später fraglich: Zitiert doch David C. Cassidy in seiner 1995 erschienen Heisenberg-Biographie einen Brief Heisenbergs aus dem Jahre 1933, in dem es heißt, Hitler habe gegenüber Planck versichert, »daß über das neue Beamtengesetz hinausgehend nichts von der Regierung unternommen werde, das unsere Wissenschaft erschweren könnte«. Aber die Ereignisse seither erwiesen, daß sich Planck mit Heisenberg in der Einschätzung der Vorgänge, Bedrohungen und der Charakterisierung der Persönlichkeit Hitlers nicht geirrt hatten.

Heisenberg blieb in Deutschland ebenso wie Max Planck. Dieser wog mit Klugheit ab, wann und wie er seiner entschiedenen Ablehnung des Nationalsozialismus und seiner Methoden Ausdruck geben konnte. Das hat ihn oft dem vorschnellen Vorwurf ausgesetzt, er sei bis aufs äußerste abwägend und vorsichtig gewesen. Es entsprach jedoch seiner Wesensart, auch in seiner ureigenen Domäne Wissenschaft erst nach gründlichem Prüfen und Infragestellen eigener Erkenntnisse diese dann jedoch umso beharrlicher überzeugt und unbeugsam zu vertreten. Er hatte den Mut, zu Hitler zu gehen. Er setzte sich für jüdische Kollegen ein, suchte Entlassungen zu sabotieren, hielt zu Albert Einstein, dessen Relativitätstheorie eine braune Politik als »jüdischen Trug« hinstellte. Er stand durch, als seine Kollegen und er als »weiße Juden«, Vertreter der »jüdischen Physik«, angeprangert wurden. Auch er selbst wurde öffentlich bedroht, der Begründer der Quantentheorie, der die moderne Physik entscheidend mitgeprägt hatte, dessen Verdienst es maßgeblich war, daß sich Einsteins spezielle Relativitätstheorie von 1905 so rasch hatte durchsetzen können. Vor der Preußischen Akademie der Wissenschaften hatte er noch zu Anfang des »Dritten Reiches« Einsteins wissenschaftliche Bedeutung verteidigt. Noch 1934 fand unter Plancks und Otto Hahns Leitung eine offiziell verbotene, große öffentliche Gedächtnisfeier für Fritz Haber statt. Professor Haber, seit 1911 Leiter des Berliner Kaiser-Wilhelm-Instituts für Physikalische Chemie und einer der bedeutendsten Vertreter der modernen Chemie, war 1933 nach England emigriert und im Januar 1934 in Basel verstorben.

1918 hatten beide in Berlin wirkenden Gelehrten den Nobelpreis erhalten: den für Chemie Fritz Haber zusammen mit C. Bosch für die Synthese des Amoniak und der ordentliche

Professor der theoretischen Physik Max Planck den Nobelpreis für Physik. Die historische Tat von Geheimrat Planck, die die Welt des Atomzeitalters einleitete und auslöste, war seine Entdeckung des Strahlungsgesetzes des »schwarzen Körpers« und im Zusammenhang damit der Quantentheorie sowie des Planckschen Wirkungsquantums, der Naturkonstanten »h«. Diese fundamentale Entdeckung leitete Planck aus den vorausgegangenen Präzisionsmessungen der Strahlung des »schwarzen Körpers« als Funktion von Temperatur und Wellenlänge ab. Diese Messungen waren zuvor von Lummer, Paschen, Rubens et al. durchgeführt worden. Diese Art des Weges zu einer Entdeckung ist das beste Beispiel für die Richtigkeit der schon früher erwähnten Erkenntnis des britischen Physikers James Maxwell, Schöpfer der modernen Elektrodynamik und der elektromagnetischen Lichttheorie: »Der wichtigste Fortschritt einer jeden Wissenschaft ist das Messen von Größen«. Max Planck setzte 1900 mit seiner Quantentheorie den Anfang einer völligen Neuentwicklung der Lehre von der Strahlung und damit einer fundamentalen Wendung im gesamten naturwissenschaftlichen Denken.

Plancks Weg bis dahin war eher ruhig verlaufen: Der aus einer Gelehrtenfamilie stammende Kieler promovierte mit 21 Jahren in München mit einer Dissertation »über den zweiten Hauptsatz der mechanischen Wärmetheorie«. Die Veröffentlichung fand keinerlei Resonanz. Dann brachte das Frühjahr 1885 die Berufung nach Kiel auf das neue Extraordinariat für theoretische Physik, 1889 die Berufung nach Berlin, zunächst als Extraordinarius, 1892 als ordentlicher Professor. Außer der Verbindung zu Walther Nernst kam es zu wenigen fruchtbaren Kontakten. Man hätte ihn in den Berliner Physikerkreisen eigentlich für ziemlich überflüssig gehalten, wußte er sich später zu erinnern.

Er widmete sich den Problemen der Thermodynamik – viel später, 1927, habe ich in seiner Vorlesung darüber gesessen – und suchte neue Argumente für die Gültigkeit der Strahlungsformel des Physikers Wilhelm Wien, dessen Arbeiten der

Theorie der Temperaturstrahlung von »schwarzen Körpern« galten. Die Messungen der Berliner Experimentatoren ergaben Abweichungen im Bereich langer Wellen, bestätigten aber die Gültigkeit der Wien-Paschenschen Strahlungsformel im kurzwelligen Bereich des Spektrums der schwarzen Strahlung. Am 19. Oktober 1900 trug Max Planck in der Berliner Physikalischen Gesellschaft eine Interpolationsformel dazu vor: die Plancksche Strahlungsformel, das zutreffende Gesetz der schwarzen Wärmestrahlung. Die physikalische Begründung, die Herleitung einer Formel aus den Prinzipien der Physik, folgte wenige Wochen darauf in der Sitzung der Deutschen Physikalischen Gesellschaft am 14. Dezember 1900. Nach Planck war auch die Strahlungsenergie als etwas Stoffliches anzusehen, die Energie Licht sei aus kleinsten, nicht weiter teilbaren Elementarteilchen beschaffen, den »Wirkungsquanten«. Seine berühmte quantentheoretische Formel war es, die fortan den Physikern ermöglichen sollte, auch mit dem Licht mathematisch umzugehen. »Dies ist«, schrieb Max Born, der Physik-Nobelpreis-Träger 1954, »der Geburtstag der Quantentheorie und damit der Beginn einer neuen Periode der Physik und der Naturforschung überhaupt.«

Seit 1912 war Planck im Ehrenamt »Sekretarius« der Preußischen Akademie der Wissenschaften. 1926 als Professor offiziell im Ruhestand, wurde er 1930 zum Präsidenten der Kaiser-Wilhelm-Gesellschaft zur Förderung der Wissenschaften gewählt. Ein schweres Amt in schwerer Zeit, vollends den Jahren der Diktatur. Er meisterte es, bis er es 1937 auf politischen Druck niederlegte, mit Umsicht, Festigkeit und Noblesse, abwägend, die politischen Umstände berücksichtigend und darauf bedacht, den Wissenschaftlern soweit irgend möglich ihren Lebensraum zu erhalten. Der Patriarch der Physik widmete sich philosophisch-religiösen und erkenntnistheoretischen Fragen und suchte aus innerster ethischer Verantwortung das physikalische und das religiöse Weltbild zu verbinden. Für ihn war Gott keine von Menschen erdachte Fiktion, sondern die allerletzte Wirklichkeit. Seine vielen öffentlichen Vorträge zu grundsätzlichen Fragen der Wissenschaft fanden wie schon in früheren Jahrzehnten großen Zulauf.

1944 rächte sich das Unrechtssystem für die stets unmißverständliche Haltung des Gelehrten. Sein Sohn Erwin Planck – der andere war im Ersten Weltkrieg bei Verdun gefallen –, bis zur »Machtergreifung« Staatssekretär in der Reichskanzlei, hatte sich dem Widerstand angeschlossen. Er unternahm Kurierdienste an die Front, auch zu Henning von Tresckow, war am Entwurf einer Verfassung für ein Deutschland nach Hitler beteiligt und wurde drei Tage nach dem Attentat vom 20. Juli 1944 verhaftet. Der Volksgerichtshof verurteilte ihn am 23. Oktober 1944 zum Tode. Der greise Vater vertraute nach dem Krieg Fabian von Schlabrendorff an, daß damals ein Vertreter Hitlers bei ihm erschienen sei. Der Bote, so Schlabrendorff, habe Planck gesagt, der »Führer« neige mit Rücksicht auf die große wissenschaftliche Bedeutung des Vaters zu einem Gnadenakt. Voraussetzung sei aber, daß Planck selbst handschriftlich eine Bitte um Gnade ausspreche. »Ich habe dem Boten Adolf Hitlers gesagt: ›Niemals.‹ Alles, was in diesem Zusammenhang in mir vorgegangen ist, habe ich mit meinem Gott ausgemacht.‹« Erwin Planck wurde 1945 in Berlin-Plötzensee hingerichtet. Pfarrer Hermann Priebe, der meine Frau und mich getraut hatte, überbrachte uns damals die Nachricht, die uns versteinern ließ.

Ausgebombt und ausgeplündert floh das Ehepaar Planck 1945 nach Göttingen. Jetzt setzte Planck die verbliebenen, von Krankheit und Alter geschwächten Kräfte für die Wiederbelebung der Kaiser-Wilhelm-Gesellschaft ein. Ihre Führung übernahm Otto Hahn von ihm. Die Alliierten wollten sie liquidieren, Namen und Tradition auf immer auslöschen. Das internationale Ansehen Max Plancks war ungebrochen. Als einziger Deutscher konnte er, in einer britischen Militärmaschine anreisend, im Juli 1946 an den durch den Krieg verspäteten Feierlichkeiten der Royal Society zum 300. Geburtstag von Newton teilnehmen. Oberst Blount, der dies organisierte, war in Deutschland zum Doktor der Chemie promoviert worden. Er suchte einen Weg, die Kaiser-Wilhelm-Gesellschaft zu retten.

156

Ein Berater der britischen Regierung riet ihm schließlich: Kaiser Wilhelm erinnere an rasselnde Säbel und Flottenexpansion. »Nennen Sie das Ganze Max-Planck-Gesellschaft und alle werden zufrieden sein«. Der Gedanke einer Neugründung schien dem Generalsekretär der Kaiser-Wilhelm-Gesellschaft und Otto Hahn, Max von Laue und Werner Heisenberg zunächst nicht sinnvoll. Aber es war die einzige verbliebene Chance. Planck stimmte der Namensgebung zu. Armin Hermann, Plancks Biograph, nannte dies später den letzten großen Dienst, den Max Planck der Gesellschaft leistete. Die Neugründung, zunächst nur für die britische Zone, fand im September 1946 im Theologischen Konvikt Bad Driburg statt.

Max Planck, der in Göttingen noch Vorträge gehalten hatte, sprach im März 1947 im überfüllten Physikalischen Hörsaal in Bonn über »Sinn und Grenzen der exakten Wissenschaft« – das Leitthema seines ganzen Lebens. Er starb am 4. Oktober 1947 in Göttingen.

Nach Ende des Zweiten Weltkrieges wurde die Bibliothek Max Plancks, soweit nicht den Bomben zum Opfer gefallen, von sowjetischen Militärs beschlagnahmt und dann zufällig in mein Sinoper Institut am Schwarzen Meer zur Aufbewahrung gebracht. Die Kisten mit dem wertvollen Gut ließ ich in mein Arbeitszimmer bringen und studierte ihren Inhalt. So las ich auch die Kolleghefte, die Planck während seines Studiums bei Gustav Kirchhoff in den 70er Jahren des vorigen Jahrhunderts abgefaßt hatte. Bemerkenswert war die mühelos lesbare, klare Schrift Plancks in diesen Heften. Als ich 1955 nach Deutschland zurückkehrte, informierte ich den Präsidenten der Preußischen Akademie der Wissenschaften, meinen Freund aus der Elektronenmikroskopiezeit, Professor Friedrich, über die Tatsache, daß die Dokumente aus dem Besitz von Max Planck sich immer noch im Institut in Sinop befanden und schlug vor, sie nach Berlin zur Akademie rückzuführen. Dies wurde daraufhin vom sowjetischen Atomminister Jemeljanow angeordnet. 1958 – Anlaß war der 100. Geburtstag von Max Planck – erfüllte sich mein Wunsch.

Die Feierlichkeiten im April 1958 zu Ehren Max Plancks fanden damals noch getrennt in beiden Teilen Berlins statt. Aber auch auf der Festsitzung der »Deutschen Akademie der Wissenschaften« sprachen Max von Laue und Otto Hahn. Die Quantentheorie sei in ihrer Auswirkung und Bedeutung auch heute noch nicht voll abzuschätzen, erklärte von Laue. Otto Hahn sprach die Hoffnung aus, »daß der von Max Planck verkörperte Geist der Ehrfurcht vor der Wahrheit und der kompromißlosen Menschlichkeit in uns allen ein Echo finden werde«.

12. 03. 1940

Professoren, junge Talente und die Ideologie einer »Deutschen Physik«
Begegnung mit Arnold Sommerfeld

Prof. Dr. *Arnold Sommerfeld* (*1868–†1951) hatte mich zu einem Vortrag über mein Raster-Elektronenmikroskop und über mein Universal-Elektronenmikroskop an der Universität München eingeladen. Zwei Wochen vorher konnte man in der Presse lesen, daß mir gelungen war, erstmals Moleküle zu photographieren. Seit über 6 Monaten war Krieg. 1939 habe das Gesicht Europas verändert, hatte Goebbels zum Jahreswechsel erklärt. Wie recht er hatte, aber ganz anders als im Sinne seines Führers, sollten auf schreckliche Weise und schließlich befreiend die kommenden Jahre lehren.

Arnold Sommerfeld, jahrzehntelang Professor der theoretischen Physik und Institutsdirektor an der Universität München, Lehrer ganzer Generationen von Physikern, war seit 1938 emeritiert. Um die Nachfolge des berühmten Gelehrten hatte es heftige, für die Betroffenen gefährliche Auseinandersetzungen gegeben. Nach den Vorstellungen von Sommerfeld, Rektor und Fakultät sollte es kein Geringerer als Sommerfelds Schüler Werner Heisenberg sein, der Nobelpreisträger für Physik des Jahres 1932. Aufbegehren, Polemik und Intrigen der wenigen prominenten Vertreter einer nationalsozialistisch-antisemitischen »deutschen Physik« gipfelten am 15. Juli 1937 in einem Artikel in der SS-Wochenzeitung »Das schwarze Korps«. Im hochauflagigen »Organ der Reichsführung-SS« wurden Sommerfeld, Max Planck, Max von Laue und Heisenberg, die nicht emigrierten Exponenten der theoretischen Physik, als »weiße Juden in der Wissenschaft«, als Vertreter des Einsteinschen Geistes gebrandmarkt. »Sie sind allesamt Statthalter des Judentums im deutschen Geistesleben, die ebenso verschwinden müssen wie die Juden selbst«. Verfasser: Professor Johannes Stark, für seine Entdeckung des Dopplereffekts bei Kanalstrahlen und der Aufspaltung von Spektrallinien im starken elektrischen Feld Physik-Nobelpreisträger 1919. Dank höchster Wertschätzung seitens der Machthaber war er von 1933 bis 1939 Präsident der traditionsreichen Physikalisch-Technischen Reichsanstalt und bis 1936 auch der »Deutschen Forschungsgemeinschaft«, die 1920 als »Notgemeinschaft der Deutschen Wissenschaft« gegründet worden war. »Unter allen Umständen« widersprach der »Reichsdozentenführer« einer Berufung Heisenbergs und berief sich dabei sogar auf Rudolf Heß, den »Stellvertreter des Führers«. Schon 1935 hatte Johannes Stark bei der Umbenennung des Physikalischen und Radiologischen Instituts der Universität Heidelberg in »Philipp-Lenard-Institut« nach Ausfällen gegen den verhaßten Einstein ausgerufen: »Noch steht sein Hauptförderer Planck an der Spitze der Kaiser-Wilhelm-Gesellschaft, noch darf sein Interpretator und Freund, Herr von Laue, in der Berliner Akademie der Wissenschaften eine physikalische Gutachterrolle spielen, und der theoretische Formalist Werner Heisenberg, Geist vom Geiste Einsteins, soll sogar durch eine Berufung ausgezeichnet werden«. Proteste aus Physikerkreisen und hinhaltende Berufungstaktik bewirkten, daß Sommerfelds Lehrstuhl erst jetzt, 1940, diesmal der NS-Wissenschaftspolitik genehm, neu besetzt wurde.

Arnold Sommerfeld, zuvor Professor der Mathematik an der Bergakademie in Clausthal und Professor der Mechanik an der Technischen Hochschule Aachen, lehrte seit 1906 an Münchens Universität. Als einer der ersten erkannte er die Bedeutung der Quantentheorie von Max Planck und legte sie seinem 1918 begonnenen Lehrbuch »Atombau und Spektrallinien« zugrunde. Es erlebte zahlreiche Auflagen und Übersetzungen und galt für Jahrzehnte als berühmtes Standardwerk der Atomphysik. Schon 1907 hatte Sommerfeld, der Verfechter mathematischen Denkens in Technik und Physik, die kurz zuvor von Albert Einstein begründete spezielle Relativitätstheorie aufgegriffen. Als früher Anhänger auch der Bohrschen Atomtheorie, die er 1915 zum Bohr-Sommerfeld-Atommodell ausbaute, wurde er einer derer, die Entscheidendes zur Verbreitung der neuen Lehre vom Atombau und der Quantentheorie beitrugen. Seine Theorie der Feinstruktur der Spektrallinien des Wasserstoffs und der Röntgenstrahlen zählt bis heute zum Bestand neuer kosmologischer Konzepte. Seine Arbeiten zur Elektronentheorie wurden zur Entwicklung neuer Halbleiter herangezogen.

Sommerfelds Ruf als faszinierender akademischer Lehrer zog viele junge Talente an, z. B. Werner Heisenberg, Peter Debye, den niederländischen Physiker und nachmaligen Nobelpreisträger für Chemie des Jahres 1936; den Schweizer Physiker Wolfgang Pauli, der 1925 die von Heisenberg entwickelte Quantenmechanik auf das Wasserstoff-Atom anwandte und 1945 für das 1924 von ihm entdeckte Pauli-Prinzip der Elementarteilchenphysik den Nobelpreis erhielt; zu nennen auch Hans Albrecht Bethe, dem man für seine Theorie der Kernprozesse in Sternen 1967 den Physik-Nobelpreis zuerkannte. In München hatte sich eine Art Sommerfeld-Schule gebildet. Einer der jungen Studenten, der Physiker Peter Paul Ewald, erinnerte sich wie viele andere voller Enthusiasmus an eine Sommerfeld-

Vorlesung, daran, »daß ich... so gefesselt wurde, daß ich von da ab wußte, daß meine Liebe... dieser wunderbaren Harmonie von anschaulichem mathematischen Denken und physikalischem Geschehen, der theoretischen Physik galt.« Die Talente studierten und diskutierten gemeinsam und gelangten dadurch schnell in die vorderste Reihe der Atomforschung. Bei der heutigen Vermassung des Studiums könnte eine ähnliche Art der Zusammenführung in Studentengruppen mit Interesse am gleichen Thema Vorteile bringen. Aus dem Kreis der Sommerfeldschule kamen die genannten Nobelpreisträger, Verfasser bedeutender Lehrbücher und Atomforscher, die zum Teil nach ihrer Emigration in die USA zur Entwicklung der amerikanischen Atombomben beitrugen. So hat auch Arnold Sommerfeld das Leben in unserem Jahrhundert beeinflußt, allerdings viel mehr noch über seine Schüler als durch seine Forschungen.

Besonders für Pädagogen lohnt es sich, das Entstehen und Leben der Sommerfeld-Schule in München gründlich zu studieren, um daraus Maßnahmen für künftiges Handeln bei der Ausbildung von Wissenschaftlern abzuleiten.

Als es 1920 zu den antisemitischen Kundgebungen gegen Einsteins Allgemeine Relativitätstheorie kam, hatte Sommerfeld »mit wahrer Wut« reagiert, war demonstrativ für ihn eingetreten und sah viele deutsche Physiker an seiner Seite. Johannes Stark war vom Paulus zum Saulus geworden. Zunächst hatte er sich der Quantentheorie und der Relativitätstheorie geöffnet. Gemeinsam mit Philipp Lenard, dem Nobelpreisträger für Physik des Jahres 1905, dessen Experimente zum Photoeffekt Grundlagen der Einsteinschen Lichtquantentheorie boten, war er jetzt einer der erbittertsten Gegner. Starks antisemitisch durchsetzte Ausfälle gegen die neue theoretische Physik hatten ihn 1922 um seinen Würzburger Lehrstuhl gebracht. Als Privatgelehrter entwickelte er eine eigene Theorie über den Atombau. Er schloß sich 1930 der NSDAP an und wurde einer der aktivsten Repräsentanten rassenideologischer Forderungen auch für die Naturwissenschaften. Im November 1930 veröffentlichte er im Deutschen Volksverlag, der sich als

»Vorkämpfer für nationalsozialistisches Schrifttum« verstand, »Adolf Hitlers Ziele und Persönlichkeit«, dann »Adolf Hitlers Reden«. Der Verlag, der auch Alfred Rosenberg verlegte – dieser sah sich bekanntlich als führender Vertreter der NS-Weltanschauung – , vermeldete im Februar 1933 das 70. Tausend. 1934 erschien Starks Buch »Nationalsozialismus und Wissen«. 1941 sollte die Schrift »Jüdische und Deutsche Physik« folgen.

Starks Bestrebungen und seine Agitationen auch gegen Sommerfeld und Heisenberg sind in böser Erinnerung. Sie hatten um so größeres Gewicht, als der nunmehrige Präsident der Physikalisch-Technischen Reichsanstalt, die einst unter Mitwirkung von Werner von Siemens und dem großen Physiker Hermann von Helmholtz gegründet worden war, einer bedeutenden Institution vorstand. Zu deren Aufgaben gehörte es, wissenschaftliche Probleme der Physik und Technik zu bearbeiten, die Mittel und Möglichkeiten eines Hochschulinstituts überschritten. Auch als Präsident der Deutschen Forschungsgemeinschaft verfügte Stark über Instrumentarien, Einfluß auf die deutschen Universitäten und deren Forschungsvorhaben auszuüben. Stark stand in höchster Gunst. 1939 erhielt er die 1932 gestiftete Goethe-Medaille für Wissenschaft und Kunst, die das deutsche Reichsoberhaupt, jetzt also Hitler, verlieh.

Lenard, 1920 an der Spitze der Anti-Einstein-Kampagne, verstieg sich dazu, die Relativitätstheorie als »jüdischen Trug« zu verketzern. Seine Angriffe auf jüdische Kollegen schon in der Weimarer Zeit waren der nationalsozialistischen Wissenschaftsideologie hoch willkommen. 1936/37 brachte sein vierbändiges Werk »Deutsche Physik« das Schlagwort für jene Bestrebungen, die sich mit ihren antisemitischen Ausfällen schon im Vorwort von selbst widerlegten. Aber sie blieben gefährlich für alle Andersdenkenden und drohten, die gesamte Wissenschaft und ihre Vertreter der nationalsozialistischen Ideologie zu unterwerfen: »'Deutsche Physik' wird man fragen. Ich hätte auch arische Physik oder Physik der nordisch gearteten Menschen sagen können, ›Physik der Wirklichkeits-Ergründer... ‹.

›Die Wissenschaft ist und bleibt international!‹ wird man mir einwenden wollen... In Wirklichkeit ist die Wissenschaft wie alles, was Menschen hervorbringen, rassisch, blutmäßig bedingt«. Auch Lenard war, wie Stark, ein Wissenschaftler nach den Vorstellungen Hitlers. Dem 70jährigen ließ er 1942 ein Glückwunschtelegramm zusenden, in dem er Lenards »Verdienste als Wissenschaftler und Nationalsozialist« lobte.

Weder Stark noch Lenard jedoch war es gelungen, Sommerfelds Autorität zu erschüttern. Er erhielt interessante Angebote aus dem In- und Ausland, aber blieb München stets treu. Seit seiner Emeritierung schrieb er seine sechsbändigen »Vorlesungen über theoretische Physik«. Sie erschienen seit 1943 und sind noch heute eine empfehlenswerte Lektüre für jeden angehenden Physiker. 1951 verstarb Arnold Sommerfeld infolge eines Autounfalls.

In Kindlers »Die Großen der Weltgeschichte« brachte Armin Hermann vor einigen Jahren den großen Aufbruch der modernen Atomphysik auf die Formel: »Einstein war das Genie, Planck die Autorität und Sommerfeld der Lehrer.« Hermann zitiert Einstein, der einst an Sommerfeld schrieb: »Was ich an Ihnen besonders bewundere, das ist, daß Sie eine so große Zahl junger Talente wie aus dem Boden gestampft haben. Das ist etwas ganz Einzigartiges.«

25.04.1940
Zukunftsprodukt Glasfaser
Begegnung mit R. Endel

Bei Betrachtung der Gästebucheintragung von Prof. Dr. *R. Endel* vom April 1940 fiel mir noch einmal auf, wie sehr sich auch im damaligen Deutschland Gestern und Heute begegneten.

163

Endel hatte an der Technischen Hochschule Berlin-Charlottenburg den Lehrstuhl für keramische Werkstoffe inne. Dort trug er wesentlich zur Entwicklung des Verfahrens zur industriellen Herstellung von Glasfasern bei. Im »Großen Brockhaus«, siebenter Band, Gas-Gz, von 1930 wird man den Begriff noch vergeblich suchen, der uns heute in den Bereichen der Glasfaserverstärkten Kunststoffe und vor allem der Glasfaseroptik mit ihren vielfältigen Anwendungen vertraut ist. Diese Technik führte ab 1980 zur Einführung von Glasfaserkabeln. Mit ihnen wurde im Zusammenhang mit der inzwischen entwickelten Digitaltechnik die rationelle Übertragung breiter Frequenzbänder in Fernseh-, Rundfunk- und Fernsprechtechnik revolutioniert. Die Einrichtung vieler breitbandiger Übertragungskanäle wurde erleichtert. Unter anderem wurde das Fernsehtelefon möglich.

Die Einführung der Glasfaserkabel brachte eine wesentliche Vergrößerung des übertragbaren Frequenzbandes (Gigahertzbereich). Dadurch ergab sich ein großer Fortschritt in der Nachrichtentechnik hin zur heutigen Kommunikationsgesellschaft, deren Möglichkeiten, so auch der weltweiten Vernetzung, noch keineswegs ausgeschöpft sind.

10. 10. 1940

Der »Uran-Verein« und die Bombe
Begegnung mit Carl Friedrich von Weizsäcker

Hitlers und seiner Gefolgsleute Politik hatten bekanntlich seit 1933 besonders auch für Kultur und Geistesleben, für Universitäten und Forschung radikale Änderungen gewollt und in vielem bewirkt. Bei fast allen namhaften Physikern hatte Hitler eine gegnerische Haltung hervorgerufen. Ihm war zuzuschreiben, daß Köpfe wie Albert Einstein, Max Born und Fritz Haber, viele ihrer Kollegen und viele junge Talente in die Emigration gezwungen wurden. Das Berufsbeamtengesetz und sein »Arierparagraph« brachten schon 1933 rund 1200 deutsche Universitätslehrer um ihre Stellung. Seit April 1933 versperrte das »Gesetz gegen die Überfüllung deutscher Schulen und Hochschulen« insbesondere jüdischen Studenten den Weg zur Universität. Forschung, Lehre und Wissenschaftsbetrieb drohten unter dem Druck ideologischer Pressionen und eines nationalsozialistisch bestimmten Verwaltungsapparates, der politisch unerwünschte Dozenten auszuschalten suchte, in eine schwere Krise zu geraten. Auch Hitlers arrogantes und sehr unfreundliches Gespräch mit Geheimrat Planck im Mai 1933 bewirkte eine solidarische Verbundenheit der in Deutschland verbliebenen führenden Physiker.

Offenkundig waren Hitlers Gunstbezeugungen für Philipp Lenard und Johannes Stark. Stark, der 1936 auf der Salzbrunner Physikertagung zu einer »deutschen Physik« mit gigantischen Institutsplänen aufrief, stieß in Kreisen der Physiker auf energischen Widerspruch. »Es gab zunächst«, so beschrieb es Werner Heisenberg 1967 gegenüber dem Magazin »Der Spiegel«, »ein abgrundtiefes Mißtrauen zwischen der nationalsozialistischen Führung einerseits und den Atomphysikern andererseits, und zwar in beiden Richtungen.«

Bestürzung lösten Mitte August 1939 ein Artikel in der »Deutschen Allgemeinen Zeitung« und ein im Juni erschienener wissenschaftlicher Aufsatz aus. Dr. Siegfried Flügge, Mitarbeiter am Kaiser-Wilhelm-Institut für Physik, erörterte wenige Monate nach der Bekanntgabe der Urankernspaltung durch Hahn und Straßmann in der Zeitschrift »Die Naturwissenschaften« die Frage: »Kann die Energie der Atomkerne technisch nutzbar gemacht werden?« Dabei war auch von der Kettenreaktion und den Möglichkeiten von Explosionsstoffen größter Sprengkraft die Rede. Der ohne Wissen von Hahn erfolgte Schritt in die Öffentlichkeit brachte mit sich, daß von diesem Zeitpunkt ab das Thema Atombomben aus deutschen

*22 Die Physik der Atombombe und die Frage, wie ihre
Entwicklung in Deutschland am besten zu verhindern sei,
war Kern des Gespräches zwischen Carl Friedrich von
Weizsäcker und mir bei seinem Besuch.*

Veröffentlichungen und sogar den Gesprächen der meisten
deutschen Physiker ausgeklammert wurde. Von schicksalhaf-
ter Bedeutung war, daß damals in dem Kreis der engsten Berater Hitlers niemand die Tragweite von Flügges Darlegungen
erkannte.

Bei Atomphysikern in den USA mußten die deutschen Veröffentlichungen angesichts der spannungsgeladenen, außeror-
dentlich kritischen und hektischen Atmosphäre des politischen
Geschehens im Europa jener Sommermonate 1939 womöglich
wie eine Bestätigung sich ständig verdichtender Befürchtungen
wirken.

Am 6. Januar 1939 hatten Otto Hahn und Fritz Straßmann in
der Zeitschrift »Die Naturwissenschaften« erstmals über den

166

damaligen Stand ihrer Untersuchungen berichtet, »die wir der seltsamen Ergebnisse wegen nur zögernd veröffentlichen«. Hahn und Straßmann halten am 24. Januar 1939 zwei Artikel von Lise Meitner und ihrem Neffen Robert Frisch in der Londoner Zeitschrift »nature« in der Hand: zwei physikalische Beweise für die Berliner Entdeckung. Der Begriff »fission«, Kernspaltung kommt in die Welt.

Niels Bohr, der dänische Physiker, Kopenhagener Lehrer Werner Heisenbergs und des jungen von Weizsäcker, fuhr mit den Informationen, die er über Robert Frisch von Lise Meitner erhalten hatte, in die USA und berichtete davon – mit per Telegramm übermittelten Einzelheiten – am 25. Januar 1939 auf der Washingtoner Tagung der American Physical Society. Carl Friedrich von Weizsäcker heute rückblickend: »und alle haben die Tragweite erkannt«. Werner Heisenberg dazu: Amerikanische Forscher haben sich »sofort an ihre Apparate gesetzt, Tag und Nacht ohne Pause experimentiert und dann noch auf der Konferenz darüber berichtet: Hahn hat recht.« Die Weltpresse hatte ihr Thema. Die deutsche hielt sich bedeckt. Leo Szilard, der ungarische Physiker, seit 1938 als Emigrant in den USA, reiste im Frühjahr nach England und Frankreich: Nichts mehr darüber publizieren, damit es nicht in deutsche Hände kommt, appellierte er dort an seine Kollegen. Einsteins berühmter Brief an Präsident Roosevelt vom 2. August 1939, der den Anstoß zum amerikanischen Atombomben-Programm gab, ist bekanntlich Szilards Initiative und Formulierung. Von Weizsäcker, namentlich benannt, gilt in diesem Brief als Beleg dafür, daß Deutschland bald Atombomben besitzen könne.

Das Gespräch beim Besuch von *Carl Friedrich von Weizsäcker* (*1912) im Oktober 1940 in Lichterfelde drehte sich hauptsächlich um die Physik der Atombombe und um die Frage, wie ihre Entwicklung in Deutschland am besten zu verhindern sei.

Von Weizsäcker ist nächst Werner Heisenberg einer der Kronzeugen dessen, was damals in Deutschland im innersten

Kreis der Eingeweihten vorging. Der Schüler von Heisenberg und Niels Bohr war ein hervorragender Atomphysiker. Nach Promotion, Assistentenzeit und Habilitation 1936 in Leipzig bei Heisenberg wurde er in Berlin wissenschaftlicher Mitarbeiter am Kaiser-Wilhelm-Institut für Chemie und anschließend Assistent am Kaiser-Wilhelm-Institut für Physik. In Dahlem arbeitete er mit Otto Hahn und Lise Meitner zusammen. Seit 1937 lehrte er als Privatdozent für theoretische Physik an der Berliner Universität. Seine Arbeiten zur theoretischen Kernphysik und zur Astrophysik hatten dann dem jungen Gelehrten internationales wissenschaftliches Ansehen verschafft: 1935 die Bethe-Weizsäcker-Formel für die Bindungsenergien der Atomkerne und danach eine Theorie der Energieerzeugung in Sternen. Der Bethe-Weizsäcker-Zyklus sieht nach der gemeinsamen Theorie eine zyklische Reihe von Atomkern-Umwandlungsprozessen als die wahrscheinliche Hauptenergiequelle im Innern der Sonne und der Sterne. Durch seine Arbeiten über die Entstehung unseres Planetensystems hat von Weizsäcker entscheidend zur Bildung des neuen Wissenschaftsbereichs Kosmologie beigetragen.

Weizsäcker, der Otto Hahn häufig besuchte, hatte noch vor der ersten Veröffentlichung durch ihn per Telefon von der Uranspaltung erfahren. Noch über 50 Jahre danach, 1991, erinnerte sich Weizsäcker in einem Interview mit der Zeitung »Die Welt« an Otto Hahns damalige Worte: »Wenn die Möglichkeit besteht, daß daraus eine Bombe wird, dann müssen wir alles, was wir darüber wissen, publizieren, und zwar sofort. Damit nicht nur Hitler die Bombe bekommt.« Weizsäcker: »Ich höre ihn das noch sagen.« Werner Heisenberg und sein Schüler und Freund von Weizsäcker haben im September 1939, nach der Rückkehr Heisenbergs von einer Reise in die USA, »zuerst darüber gesprochen, daß er so wie ich mitmachen würde an der Untersuchung solcher technischer Konsequenzen.« Sehr bald aber auch über die Frage, ob man, so Weizsäcker, »nicht eine Verständigung der Physiker in der ganzen Welt erreichen müsse, damit sie die Bombe nicht bauen, oder zumindest, daß sie zögern. Unser Problem war ja, daß wir kaum wußten, was unsere Kollegen, die zum Teil unsere Freunde waren, jetzt machen. Es war inzwischen Krieg.«

Der wohl einzige Versuch zu einer insgeheimen Verständigung über die Grenzen hinweg mißlang. Ein Gespräch Werner Heisenbergs mit seinem Freund Niels Bohr im Herbst 1941 ging »vollkommen schief«. Man verstand einander nicht mehr. Von Weizsäcker und Heisenberg hatten damals eine Möglichkeit genutzt, nach Kopenhagen zu kommen. Das neutrale Dänemark war im April 1940, ebenso wie Norwegen, von deutschen Truppen besetzt worden.

Vier Wochen nach Kriegsbeginn waren die renommiertesten deutschen Kernphysiker, darunter Werner Heisenberg und von Weizsäcker, durch Gestellungsbefehle nach Berlin zum Heereswaffenamt einberufen worden. Das »Uran-Projekt« hatte im Kaiser-Wilhelm-Institut in Berlin-Dahlem seinen Anfang genommen. Von Weizsäcker hatte Werner Heisenberg aufgefordert, daran teilzunehmen. Otto Hahn verweigerte die Mitarbeit an allen technischen Fragen und arbeitete mit seinem Institut über die primären Spaltprodukte und über die sich anschließenden radioaktiven Reaktionen. »Den Hahn«, berichtete Weizsäcker 1992 in einem Interview mit der »Zeit«, »habe ich überzeugt, daß es gut sei, an den Uranarbeiten im Krieg mitzumachen – im sogenannten Uranverein unter der Ägide des Heereswaffenamtes, weil er dadurch die Mitarbeiter seines Instituts durch den Krieg retten würde.« Weizsäcker: »Und dann – das habe ich oft erzählt – fuhr es aus Hahn heraus: ›Ich werde es tun. Aber wenn durch meine Arbeit Hitler eine Atombombe bekommt, bringe ich mich um.‹ Und er hat mitgemacht.«

Und Weizsäckers eigene Haltung und Motive? »Im Februar oder März 1939 habe ich verstanden, daß Atombomben möglich sind.« Mit dem jungen Pädagogen und Religionsphilosophen Georg Picht hat er damals »in denselben vierundzwanzig Stunden« die Konsequenzen erwogen: »Wenn solche Waffen möglich sind, dann wird sie jemand bauen... dann werden sie auch eingesetzt. Und das bedeutet, daß die Grundstruktur der menschlichen Gesellschaft, der menschlichen Politik so verändert werden muß, daß die Institution des Krieges überwunden wird.« In einem Interview, das der bald achtzigjährige Gelehrte der »Frankfurter Rundschau« im Juni 1992 gab, antwortete er dann auf den Einwand, er habe zunächst aber selbst die Entwicklung einer deutschen Bombe ins Auge gefaßt und auf diese Weise politischen Einfluß sogar auf Hitler gewinnen wollen: »Ja, das wollte ich. Wenn man über die Atomenergie arbeiten kann – und ich gehörte zu den paar Leuten in Deutschland, die das konnten –, dann soll man es nicht anderen überlassen. Mein Gefühl war: Ich muß so nahe dran sein, wie ich überhaupt kann, um die denkbaren Chancen wahrzunehmen und die Folgen zu durchdenken.«

Im Sommer 1940 legte von Weizsäcker dem Heereswaffenamt einen Bericht vor. Im Reaktor, den man damals im »Uranverein« die »Uranmaschine« nannte, sei die Entstehung eines neuen Elements zu erwarten. Dieses Element würde eventuell für die Herstellung eines atomaren Sprengstoffs besonders geeignet sein. »Warum haben Sie diesen Bericht geschrieben?« fragte 1991 »Die Welt«. Weizsäcker: »Ich wollte, daß unsere Arbeit unterstützt wird. Die Mitarbeiter wären sonst zum Militär eingezogen worden oder zu anderen nun wirklich waffentechnischen Arbeiten delegiert worden.« Und dann Weizsäckers und seiner Physikerkollegen beim Atom-Projekt übereinstimmende damalige Überzeugung: »Daß eine Bombe noch während der Dauer dieses Krieges fertig werden würde, habe ich auch damals nicht erwartet, und deshalb meinte ich, ich könne so handeln.« Hatten Sachzwänge oder Personen während der ganzen Kriegsjahre den Bau der Bombe verhindert? »Es brauchte keine Personen, um es zu verhindern. Die physische Unmöglichkeit hat es verhindert. Und es war für uns tröstlich, als wir sahen, daß wir es nicht können. Irrigerweise haben wir gemeint, daß auch die Amerikaner die Bombe nicht bauen könnten.« Erst der August 1945, die Atombomben auf Hiroshima und Nagasaki, sollte die zehn in England internierten deutschen Kernphysiker die ganze furchtbare Wahrheit lehren.

Von Weizsäcker hatte eine Zeitlang erwogen, Hitler persönlich mit dem Argument der Atombomben-Entwicklung zum Einlenken und »zu einer Art Friedenspolitik« zu bewegen: »Ja, das habe ich damals gedacht, und ich war völlig im Irrtum. Ich habe Hitler falsch eingeschätzt, und es ist ein Glück für mich, daß ich nicht in die Lage gekommen bin, ein solches Gespräch mit Hitler zu führen.« Noch offener und schonungsloser gegen sich selbst bekannte er in einem »Spiegel«-Gespräch: »Ich gebe zu, ich war verrückt.« Er ist Hitler nie begegnet, sah ihn nur einmal in weitem Abstand.

Mich beeindruckt des Physikers und Philosophen heutige Rückschau auf das eigene Denken und Handeln damals. Es hat ihn zu einer der großen Persönlichkeiten der Friedensforschung und zum Mentor der Friedenspolitik, zum Kämpfer gegen die militärische Verwendung der Atomkraft werden lassen, für den radikaler Pazifismus als das »christlich einzig Mögliche« gilt. Die Erfahrung und das Eingeständnis des Mittuns, der Irrtümer, der Verstrickungen und des Taktierens, der Hoffnungen, in das Geschehen eingreifen zu können, lasten auf unserer ganzen Generation nicht nur der Physiker. Wer wäre frei von Versagen und Schuld? Niemandem der Jüngeren sollte je beschieden sein, sich Fragen, Ereignissen und Umständen zu stellen, wie wir in jenen Jahren.

Wo hätte man mit dem Forschen aufhören müssen? 1945 schrieb von Weizsäcker ein Sonett über die Schuld. Er will es nicht in erster Linie auf die Atomwaffe bezogen wissen – auf das ganze Verhalten in der Zeit des Nationalsozialismus. »Wenn ich an Hiroshima denke, dann muß sich jeder von uns mitschuldig bekennen. Das empfinde ich immer noch, auch wenn man es nicht gewollt hat.« Nach persönlichem Bekunden hat er Physik studiert aus philosophischem Interesse und Philosophie getrieben als Konsequenz des Nachdenkens über Physik. Ich vermag nachzuvollziehen, wenn er im Zusammenhang der Arbeiten des »Uranvereins« am Reaktormodell äußert: »Daran war ich zwar beteiligt, aber ich habe das nicht mit sehr großer Intensität gemacht«. Er habe sich vielmehr auch mit Arbeiten über die Entstehung des Planetensystems und über die Interpretation der Quantentheorie befaßt. Von 1942 bis 1945 lehrte von Weizsäcker als außerordentlicher Professor für theoretische Physik an der Universität Straßburg.

Im Juni 1942 hielten Heisenberg und fünf Physikerkollegen Vortrag vor Rüstungsminister Albert Speer und Generalfeldmarschall Milch, dem Generalinspekteur der Luftwaffe: Grundsätzlich sahen sie einen Weg zur Atombombe»und haben allerdings auch gleich hinzugefügt, daß eine solche Entwicklung sicherlich eine Reihe von Jahren brauchen würde.... Unsere vorsichtige Schätzung war«, erinnerte sich Heisenberg 1967: »Selbst die Amerikaner würden, wenn sie mit vollem Einsatz arbeiten, ihren Atomreaktor wohl kaum vor Ende 1942... fertig haben, und eine Atombombe wohl kaum vor Ende 1944.« Rückblickend ergänzt Heisenberg: »Wir glaubten aber eigentlich, es würde sehr viel länger dauern.« Hitler hatte – so die Auskunft Albert Speers ebenfalls 1967 gegenüber dem »Spiegel« – bereits von Atomwaffen erfahren, als Speer ihn betont knapp und zurückhaltend über das Atomprojekt informierte. Der Oberste Befehlshaber der Wehrmacht »reagierte wunschgemäß: Er tat das ab.« Hitler, das wußte Speer nur zu gut, war nur an kurzfristigen Waffenentwicklungen interessiert und trieb sie dann mit einer »Welle von Befehlen« an.

Was vor Ende des Krieges niemand auf deutscher Seite erfahren würde, ereignete sich am 2. Dezember jenes Jahres 1942. Unter der Leitung von Enrico Fermi, dem großen italienischen Physiker, emigrierter Nobelpreisträger von 1938, gelang in Chicago zum ersten Mal eine kontrollierte Uran-Kernreaktion: im von Fermi unter der Tribüne eines Chikagoer Fußballstadions aus Graphitziegeln errichteten Reaktor. 1943, als Weizsäcker seine Schrift »Zum Weltbild der Natur« erscheinen ließ, wurde das Kaiser-Wilhelm-Institut für Physik nach Hechingen in Württemberg ausgelagert. Der sogenannte »Atommeiler« in einem Felsenkeller in Haigerloch erreichte bis Kriegsende nicht die kritische Phase einer sich selbst unterhaltenden Kettenreaktion. Zum Glück für die Menschheit.

Heinrich von Weizsäcker, ein Bruder von Carl Friedrich, und mein Bruder Ekkehard von Ardenne, Kompanieführer im Potsdamer Regiment 9, waren enge Freunde. Beide erlitten fast gleichzeitig den Kriegstod schon in den ersten Tagen nach Kriegsausbruch. Dieser traurige Anlaß löste die Einladung meiner Mutter, meiner Frau und meiner Person beim Staatssekretär Ernst Freiherr von Weizsäcker aus. Anwesend waren in dieser Stunde auch die Frau des Staatssekretärs und der Sohn Carl Friedrich. Als Mitarbeiter von Reichsaußenminister Ribbentrop im Auswärtigen Amt war der Staatssekretär in einer sehr gefährdeten Stellung. Er stand in Verbindung mit dem Widerstand und hatte, wie wir später erfuhren, dem britischen Außenminister Halifax Warnungen vor dem Einmarsch in die Tschechoslowakei und dem bevorstehenden Angriff auf Polen zukommen lassen. Er war überzeugt, daß Deutschland durch Hitler in eine Katastrophe geführt würde. Wo es ging, versuchte er kritische Entscheidungen Hitlers bzw. seines Außenministers zu mildern oder in andere Bahnen zu lenken. Wir sprachen damals auch ganz offen über das Atomwaffenproblem. Als nach dem Kriege in Nürnberg auch Staatssekretär von Weizsäcker, zuletzt deutscher Botschafter beim Vatikan, als Hauptangeklagter vor dem Tribunal der Alliierten stand, hätte ich ihm gerne durch Darstellung der Gespräche bei unserem Besuch geholfen, aber dies war mir leider nicht möglich, weil wir zu dieser Zeit in der Sowjetunion interniert waren.

Nach unserer Rückkehr ist der Kontakt zwischen mir und Carl Friedrich von Weizsäcker nicht wieder belebt worden. Ich bedauerte das sehr. Bei einem Besuch Richard von Weizsäckers im September 1985 als Bundespräsident auf der Berliner Funkausstellung sprach ich kurz mit diesem über unsere gemeinsame Geschichte sowie unsere weitläufige verwandtschaftliche Beziehung. Ich traf Carl Friedrich von Weizsäcker etwa ein Jahr später wieder. In der Ständigen Vertretung der Bundesrepublik Deutschland in der DDR hielt er einen vielbeachteten Vortrag. Es war für mich ein kurzes freudiges Wiedersehen nach 45 Jahren unterschiedlicher Zeit- und Lebensläufe.

Geheimbericht über das Plutonium
Begegnung mit Friedrich Georg Houtermans

Dr. *Fritz G. Houtermans* (*1903 – †1966) war vom 1. Januar 1941 bis kurz vor Kriegsende wissenschaftlicher Mitarbeiter meines Lichterfelder Institutes. Er war ein bedeutender Kernphysiker. »Sicher eine der originellsten und einfallsreichsten Physiker-Persönlichkeiten, die in der ersten Hälfte des 20. Jahrhunderts im deutschsprachigen Raum gewirkt haben«, so charakterisiert ihn zu Recht das Standardwerk »Neue Deutsche Biographie«.

Den »belasteten« und besonders gefährdeten Forscher nahm ich auf Bitte von Max von Laue in mein Institut auf. Den Bemühungen des Nobelpreisträgers, der sich bei vielen Gelegenheiten dem Einfluß des Nationalsozialismus auf die Wissenschaften zu widersetzen wußte, war es zu verdanken, daß Houtermans aus der Haft der Geheimen Staatspolizei entlassen worden war. Aus »rassischen« und politischen Gründen hatte Houtermans 1933 Deutschland verlassen, war über England in die Sowjetunion gelangt und hatte seit 1934 in Charkow als Labor-Leiter am Ukrainischen Physikalisch-Technischen Institut gewirkt. Er fiel einer der Stalinistischen »Säuberungsaktionen« zum Opfer und saß von 1934 – 1937 im Gefängnis. Damals verwandte sich Niels Bohr für ihn und seine Frau. 1940 wurde Houtermans im Austausch gegen inhaftierte Angehörige der ehemaligen Kommunistischen Partei Deutschlands »ins Reich« abgeschoben. Das war in jener Zeit des Deutsch-Sowjetischen Nichtangriffspakts vom August 1939, der die Welt bestürzt und Hitler den Überfall auf Polen erleichtert hatte. Sechs Monate nach dem Eintritt Houtermans in unser Institut kam, wiederum ohne Kriegserklärung, mit dem Angriff auf die Sowjetunion eine neue Dimension des unheilvollen Geschehens über Europa.

23 Fritz G. Houtermans, durch Professor von Laue als
politisch gefährdete Person meinem Privatinstitut
zugeführt. Im März 1941 entdeckte er bei seiner Arbeit über
die Theorie der Kern-Ketten-Reaktionen überraschend das
Plutonium als Kernspaltstoff. Wir verschleierten diese
Entdeckung, so daß kein Wissenschaftler aus dem
Machtbereich Hitlers deren militärische Bedeutung
erkannte.

175

Wie schon früher angedeutet, interessierte ich mich damals sehr für die Anwendung der durch den ungarischen Physikochemiker Georg von Hevesy entdeckten Methode der Nutzung radioaktiver Isotope als Indikatoren. Ich sah in dieser Methode, durch die der Stoffwechsel in lebender Substanz untersucht werden konnte, eine ausgezeichnete Ergänzung zu der bei uns installierten elektronenmikroskopischen Methode, welche die Aufklärung von Strukturen herbeiführte. Für die Indikatormethode galt es, Meßplätze einzurichten und Anlagen für die Herstellung von künstlichen Radioisotopen bereitzustellen. Houtermans führte den Aufbau der Meßplätze durch, beteiligte sich an der Errichtung der 1 Million-Volt-Atomumwandlungsanlage und an der Planung der im Bunker aufgestellten 60-Tonnen-Zyklotronanlage. Meßplätze und Zyklotron waren durch Rohrpost miteinander verbunden. Leider kam es nicht mehr zum Einsatz dieser Anlagen, weil sie durch Luftangriffe vor Kriegsende zerstört oder die Inbetriebnahme des Zyklotrons verzögert wurde.

Fritz G. Houtermans brachte für diese Aufgaben hervorragende Voraussetzungen mit. Der Danziger hatte 1927 bei James Franck in Göttingen promoviert, wo die berühmten Ordinarien Franck, Max Born und Robert Pohl hochbegabte Schüler um sich scharten. Die Franckierten, Bornierten und Pohlierten nannten sie sich. Zusammen mit Georg Gamow aus Odessa nutzte Houtermans schon 1928 die noch neue Heisenberg-Bornsche Quantentheorie zur Größenbestimmung der Atomkerne. 1929 boten die beiden Assistenten Houtermans und D. E. Atkinson wichtige Grundlagen für die Theorie der thermonuklearen Prozesse, aus denen die Sonnenenergie entsteht. Seit 1931 an der TH Berlin, befaßte sich Houtermans mit den Funktionen eines Elektronenmikroskops und habilitierte sich bei keinem Geringeren als Gustav Hertz. 1933 ging Houtermans in die Emigration, aus der ihn jetzt die Willkür der politischen Ereignisse zurückgebracht hatte. In Charkow hatte er Untersuchungen zur Absorption von Neutronen im Atomkern und zu den »Kernphotoprozessen« angestellt.

Im Wissen um die Bedeutung der Kernspaltung für die Erzeugung von Wärme- und Elektroenergie hatte ich Houtermans gleich bei seiner Anstellung beauftragt, eine Arbeit über die Theorie der Kern-Kettenreaktion abzufassen. Übrigens tönte Hitler in seinem Tagesbefehl an die deutsche Wehrmacht anläßlich des Neujahrsfestes: »Das Jahr 1941 wird die Vollendung des größten Sieges unserer Geschichte bringen!« Ein Befehl, der mich als Wissenschaftler zur besonderen Vorsicht mahnte. Bei der Ausführung meines Auftrages entdeckte Houtermans überraschend im März 1941 das heute als Plutonium bezeichnete Isotop $_{94}Pu^{244,06}$ als Kernspaltstoff. In dem von uns im August herausgegebenen Geheimbericht Fritz G. Houtermans »Zur Frage der Auslösung von Kern-Kettenreaktionen« verschleierten wir diese Entdeckung so, daß kein Wissenschaftler aus dem Machtbereich Hitlers die militärische Bedeutung dieser Entdeckung erkannte. Auch der Postminister Ohnesorge, der unsere Arbeiten finanzierte, erhielt keine Kenntnis von der Entdeckung des neuen Kernsprengstoffs. Etwa zur gleichen Zeit 1940/41, wie wir nach dem Krieg erfuhren, hatte der amerikanische Chemiker Glenn Seaborg mit seinen Mitarbeitern 238 Pu als erstes Plutonium-Isotop identifiziert. Im Jahr darauf wurde es rein dargestellt. Im August 1945 setzten die Amerikaner im Krieg gegen Japan bekanntlich eine Plutoniumbombe ein und zerstörten die Stadt Nagasaki. 74000 Menschen fanden den Tod. Von den Spätfolgen dieser Bombe sind viele Überlebende noch heute gezeichnet. Fritz Houtermans' Studie aus dem Frühjahr 1941, die die Überlegenheit des Plutoniumverfahrens gegenüber der Spaltstoffherstellung und Isotopentrennung darstellte, wurde in den Nachkriegsberichten kaum erwähnt, obwohl sie in amerikanischen und sowjetischen Fachkreisen große Beachtung fand, wie ich aus vielen Gesprächen mit Kollegen zu berichten weiß. Glenn Seaborg erhielt als Mitentdecker des Plutoniums und anderer Transurane 1951 den Nobelpreis.

Houtermans ging nach dem Krieg an die Universität Göttingen, widmete sich Fragen kosmischer Strahlungen und wurde, seit 1952 ordentlicher Professor in Bern, einer der Begründer der Nukleargeologie, die zu erforschen sucht, wie lange die Materie unseres Universums in ihrer jetzigen Gestalt besteht. Fritz G. Houtermans stand mir auch deswegen besonders nahe, weil er immer wieder an bislang weitgehend unerforschte Gebiete und Probleme heranging. Denn auch mein Leben hat mich erfahren und schätzen lassen, wie entscheidend es nicht nur für die eigene Erkenntnis ist, sich immer wieder neuen Bereichen und Fragestellungen zuzuwenden. Fortschritt heißt, über das hinaus zu gehen, was erkannt und gesichert scheint. Der Aufbruch in Neuland hat mich immer gereizt. Ich habe das Glück gehabt, immer wieder Menschen, Wissenschaftlern und Erfindern, zu begegnen, die nicht anders dachten und handelten.

11.02.1941

Die Erfindung des Geigerzählers
Begegnung mit Hans Geiger

Keinen Physiker gab es, der nicht von ihm wußte. Das von ihm und seinem Schüler Walther Müller 1928 erfundene »Zählrohr« zum Nachweis und zur Zählung z. B. von Elektronen- oder auch Neutronen-Strahlungen wurde seither in allen kernphysikalischen Laboratorien der Welt verwandt. Viele Probleme der Kernphysik hätten sich ohne dieses Meßinstrument nicht so schnell lösen lassen. Noch heute ist es für alle Bereiche der Kerntechnik und für den Strahlenschutz des Menschen im Atomzeitalter unerläßlich. Die Erfindung des »Geiger-Müller-Zählrohrs«, des Geigerzählers, wäre, so meinen viele, nobelpreiswürdig gewesen. Durch diese Erfindung hat *Hans Geiger* (* 1882 – † 1945) z. B. in Verbindung mit dem Reaktor-Unfall in Tschernobyl vielen Menschen geholfen oder sogar das Leben

*24 Es gab keinen Physiker, der nicht von Hans Geiger wußte,
dem Erfinder des »Elektronenzählrohrs« dem
Geigerzähler. Hier (sitzend 2. v. l.) im Kreise der Elite von
Kernphysikern bei einer Tagung 1932 in Münster: stehend
v. l. n. r.: von Hevesy, Frau Geiger, Lise Meitner, Otto
Hahn. Sitzend v. l. n. r.: Sir Chadwick, Hans Geiger, Lord
Rutherford, Meyer und Przibram.*

gerettet. Der Geigerzähler, der heute die Abmessungen eines
Taschenrechners hat, registriert energiereiche Teilchen, die
bei Kernreaktionen ausgestrahlt werden.

Professor Geigers Besuch in Lichterfelde galt der Besichtigung der gerade in Betrieb genommenen 1 Million-Volt-van-de-Graaff-Anlage. Die Anlage war so konstruiert, daß sie auch mit einem Elektronenmikroskop kombiniert werden konnte. Leider verhinderten die massiven Luftangriffe in den folgenden Jahren und meine Internierung bei Kriegsende die Realisierung des geplanten 1-MeV-Elektronenmikroskopes. Wenn ich recht informiert bin, war Geiger, Ordinarius für Experi-

179

mentalphysik und Direktor des Physikalischen Instituts der TH Berlin-Charlottenburg, seit Kriegsausbruch 1939 auch an den Forschungsarbeiten zur technischen Nutzung der Atomenergie beteiligt. Unter Fachleuten in aller Welt galt er als einer der bedeutendsten Köpfe der kernphysikalischen Forschung in Deutschland.

Als der junge Physiker 1906 von Göttingen an die Universität Manchester gegangen war, kehrte wenig später der damals schon berühmte Lord Ernest Rutherford aus Kanada zurück, wo er begonnen hatte, den Zerfall schwerer Atome zu erforschen. Sein Team, zu dem mit Geiger zeitweilig auch der junge Radiochemiker Otto Hahn gehörte, wirkte mit an der Entdeckung des Atomkerns und erarbeitete Gesetze des radioaktiven Zerfalls. 1908 erhielt Rutherford den Nobelpreis für Chemie. Auf der Basis der gemeinsam mit Geiger und Marsden entdeckten Streuung von Alpha-Teilchen des Atomkerns begründete Rutherford 1911 das nach Niels Bohr und ihm benannte Atom-Modell. In Manchester entwickelte Geiger seinen »Kugelzähler«, das erste Gerät, mit dem sich einzelne atomare Strahlungsteilchen nachweisen ließen. Nach Deutschland zurückgekehrt, seit 1912 Leiter des Labors für Radioaktivität an der Physikalisch-Technischen Reichsanstalt in Berlin, brachte er der experimentellen Atomphysik eine wegweisende Erkenntnis: Die Ordnungszahl eines chemischen Elements ist gleich der Kernladungszahl seiner Atome.

Im selben Jahr 1913 konstruierte Geiger den noch empfindlicheren »Spitzenzähler« und schließlich, seit 1925 Ordinarius in Kiel, das »Elektronenzählrohr«. Es verdankte seine Entstehung einer zufälligen Beobachtung seines Assistenten Walther Müller: Ein Student experimentierte im Nebenraum mit Radium, das Geigersche Zählrohr reagierte. Erstmals 1928 auf der Kieler Physikertagung vorgestellt, wurde es weltweit nach den freimütigen Publikationen von Geiger und Müller nachgebaut. Geiger verzichtete darauf, die Erfindung patentieren zu lassen. Man meint nicht zu Unrecht, er oder seine Erben wären andernfalls Millionäre geworden.

Die unermeßliche wissenschaftliche und technische Bedeutung seiner Erfindung erwies sich vollends nach dem Zweiten Weltkrieg. Geiger hat es nicht mehr erlebt. Aus seinem Haus 1945 beim Einrücken der Roten Armee vertrieben, starb der todkranke Mann in Potsdam in einer Notunterkunft. »Sein Name aber«, schrieb 20 Jahre nach Geigers Tod ein Wissenschaftsjournalist, »wird für immer mit der Entwicklung unseres Atomzeitalters, mit Kerntechnik und Strahlenschutz, verbunden bleiben.«

28. 11. 1941

»Ich habe nie gedacht, daß wir eine Bombe bauen würden«

Begegnung mit Werner Heisenberg

Werner Heisenberg (* 1901 – † 1976), der zu den bedeutendsten Wissenschaftlern im Kreis der Atomforscher gehörte, war in diesem Jahr als Professor der theoretischen Physik nach Berlin berufen worden. Ab 1942 leitete er dann das Kaiser-Wilhelm-Institut für Physik. Jeden, der sich die politischen Turbulenzen fünf Jahre zuvor vergegenwärtigte, als ihm die zugesagte Berufung als Nachfolger auf den Münchener Lehrstuhl Arnold Sommerfelds verweigert worden war, mußte diese neue Situation mit Genugtuung erfüllen. Es sei denn jene, die für die damalige Kampagne gegen den Nobelpreisträger verantwortlich zeichneten.

Der junge Heisenberg aus Würzburg hatte studiert und gearbeitet, wo sich in den zwanziger Jahren die Begabungen für die theoretische Physik versammelten. Bei Arnold Sommerfeld, dem berühmten Atom- und Quantentheoretiker, hatte er an

der Universität München begonnen, wie auch der kaum ältere
Wolfgang Pauli aus Wien, der bald wie Heisenberg die Physik
seiner Zeit maßgeblich mit prägen und einer der bedeutendsten
theoretischen Physiker werden sollte. Das Seminar am Münchener Institut für theoretische Physik war, so Heisenberg,
eine »Art Marktplatz«, auf dem man sich über die neuesten
Entwicklungen in der Physik austauschte. 1922 kommt es in
Göttingen zur ersten Begegnung mit dem dänischen Physiker
Niels Bohr, dem Physik-Nobelpreisträger jenes Jahres. 1923
mit 22 Jahren in München bei Sommerfeld promoviert, habilitierte Heisenberg sich schon 1924 in Göttingen bei Max Born
– dem Freund und Interpreten Einsteins – , der sich auch der
Atomtheorie und vor allem der Quantentheorie zugewandt
hatte. Heisenberg, Pauli und Pascual Jordan waren die führenden Köpfe in Max Borns Göttinger »Talentschmiede«. »Ich
muß mich oft sehr anstrengen, um ihnen bei ihren Überlegungen auch nur folgen zu können«, ließ Born damals Einstein
wissen. Seit dem Winter 1924/25 ist Heisenberg, ausgestattet
mit einem einjährigen Rockefeller-Stipendium, in Kopenhagen bei Niels Bohr, erst sein Assistent und, 1926 dorthin zurückgekehrt, Lektor für Physik an der Universität. Besonders
auch Bohrs Institut für theoretische Physik war »Denkfabrik«
der sich wandelnden Physik. Um den philosophischen Kopf,
Schöpfer des »Bohrschen Atommodells« und des »Korrespon-
denzprinzips« zwischen den Gesetzen der klassischen Mechanik und denen der Quantentheorie, versammelten sich all-
jährlich in Kopenhagen die 20 bis 30 Atomphysiker der Welt.
Größer war das Plenum nicht. Ein berühmteres hat es wohl
kaum jemals wieder gegeben.

Der dreiundzwanzigjährige Heisenberg hatte den entscheidenden Gedanken, 1925 formulierte er ihn in seiner wohl
berühmtesten Abhandlung aus: Nur »prinzipiell beobacht-
bare«, kontrollierbare Größen dürfen zur Beschreibung der
Beziehungen atomarer Phänomene herangezogen werden. Somit ergibt sich für Heisenberg nur eine »Aufenthaltswahr-
scheinlichkeit« für das negativ geladene Elektron in der Um-

25 *Nobelpreisträger Werner Heisenberg hat mir von jeher*
Respekt abgenötigt. Bei seinem Besuch in meinem Institut
in Lichterfelde interessierten ihn besonders die mit meinem
Universal-Elektronenmikroskop erzielten Ergebnisse.

laufbahn des Atomkerns. Das ist die Geburtsstunde der
»Quantenmechanik«, die dann 1925 gemeinsam von ihm, Max
Born und Pascual Jordan in »Drei-Männer-Arbeit« zur sogenannten neuen »Göttinger Matrizen-Mechanik« ausgestaltet
wurde. 1927 stellte Heisenberg seine aus der Quanten- und
Wellenmechanik abgeleitete »Unschärferelation« auf, wonach
sich Ort und Impuls eines Teilchens nicht zugleich mit Genauigkeit bestimmen lassen. Das wurde Grundlage der »Kopenhagener Deutung« der Quantentheorie. Für seine bahnbrechende Arbeit, die Begründung der Quantenmechanik, wurde
dem zweiunddreißigjährigen Heisenberg 1933 der Nobelpreis
für Physik des Jahres 1932 zuerkannt.

Bereits 1927 war Heisenberg, mit 26 Jahren, als Ordinarius
für theoretische Physik an die Universität Leipzig berufen wor-
den. 1932 entdeckte der englische Experimentalphysiker
James Chadwick ein neues Elementarteilchen: das Neutron.
Heisenberg erkannte es als Baustein des Atomkerns neben den
Protonen und entwickelte seine Theorie »Über den Bau der
Atomkerne«, wie er seine drei Abhandlungen darüber über-
schrieb. »Von nun an«, formulierte unlängst Wissenschaftshi-
storiker Armin Hermann, »konnte man von einer wirklichen
›Kernphysik‹ sprechen.«

1933 brach an Leipzigs Universität wie überall in Deutschland »die neue Zeit« an. »Die Reihen in seinem Seminar fingen
an sich zu lichten, berichtete 1980 Heisenbergs Witwe in ihren
Erinnerungen. »Diejenigen, denen sich eine Möglichkeit bot,
eine Stellung im Ausland zu finden, gingen fort, einer nach dem
anderen.« Gegen die »Zerstörung« gemeinsam mit Gleichge-
sinnten an der Universität mit dem eigenen Rücktritt ein öffentliches Protestzeichen setzen? Auswandern? Heisenberg
hätten die Türen im Ausland offengestanden. Bei einer Welt-
reise war er prominenten Physikern in Amerika, Japan und
Chile begegnet. Max Planck, zu Beginn des Sommersemesters
1933 um Rat gefragt, riet zum Bleiben, um jungen Wissenschaftlern Inseln des Bestandes, des Überdauerns zu bieten.
Wer konnte voraussehen, was sich alles ereignen würde. Mil-

lionen Deutsche und sogar prominente Köpfe im Ausland erwarteten in der ersten Zeit des ›Dritten Reiches‹, der Willkür und dem Unrecht der Anfänge würde Einhalt geboten. Noch im Juni 1933 glaubte Heisenberg, Max Born, wegen seiner jüdischen Herkunft bereits emigriert, zur Rückkehr nach Göttingen bewegen zu können: »Planck hat mit dem Haupt der Regierung gesprochen und die Zusicherung erhalten, daß über die Beamtengesetze hinausgehend nichts von der Regierung unternommen werde, was unsere Wissenschaft erschweren könne.«

Am 9. November 1933 wird die Verleihung des Nobelpreises an Werner Heisenberg bekanntgegeben. Den Nobelpreis des Jahres 1933 erhält, wie die Presse gleichzeitig berichtet, der Engländer Paul Dirac gemeinsam mit dem Österreicher Erwin Schrödinger, wie Heisenberg herausragende Vertreter der theoretischen Physik. Schrödinger wurde für die von ihm entwickelte Wellenmechanik geehrt, die u. a. auch auf Einsteins Ansätzen aufbaute. Seit 1927 Nachfolger Max Plancks auf dem Berliner Lehrstuhl für theoretische Physik, ein überzeugter Liberaler, emigrierte Schrödinger in diesem Jahr 1933 nach Oxford. Für die neuen Machthaber in Deutschland und die Propagandisten einer rassenideologisch begründeten ›Deutschen Physik‹ mußte die Nobelpreisverleihung »zugleich mit den Einstein-Jüngern Schrödinger und Dirac«, wie es bald heißen sollte, als eine Demonstration erscheinen.

Daß dem so war, sollte Heisenberg in den nächsten Jahren erfahren. Er tritt jetzt und später nicht in die Partei ein und verweigert seine Unterschrift unter einen Aufruf deutscher Nobelpreisträger für den »Führer und Reichskanzler«.

Als 1936 ein Artikel im »Völkischen Beobachter« die theoretische Physik und auch Heisenberg namentlich angriff, sah er sich zur Entgegnung veranlaßt. Die sachliche Darstellung und mutige Ehrenrettung erschien, begleitet von einer wütenden Erwiderung von Johannes Stark. Der Mentor jener ›Deutschen Physik‹ brandmarkte in den Spalten des jetzt quasi regierungsamtlichen ›Zentralorgans der NSDAP‹ die

Theorie als »eine Entartung jüdischen Geistes«. Sie dürfe »nicht weiter wie bisher einen maßgebenden Einfluß« nehmen. Stark hörte nicht auf, den Mann zu attackieren, der zur Nachfolge Arnold Sommerfelds in München anstand. Sein berüchtigter Schmähartikel im SS-Blatt »Schwarzes Korps« vom 15. Juli 1937 gegen den »Judengenossen«, »Judenzögling« und »Statthalter des Einsteinschen Geistes« geriet streckenweise zum unfreiwilligen Testat für Heisenbergs aufrechte Haltung: «Wie sicher sich die ›weißen Juden‹ in ihren Stellungen fühlen, beweist das Vorgehen des Professors für theoretische Physik in Leipzig, Prof. Werner Heisenberg, der es 1936 zuwege brachte, in ein parteiamtliches Organ einen Aufsatz einzuschmuggeln, worin er Einsteins Relativitätstheorie als die ›selbstverständliche Grundlage weiterer Forschung‹ erklärte und ›eine der vornehmsten Aufgaben der deutschen wissenschaftlichen Jugend in der Weiterentwicklung der theoretischen Begriffssysteme sah.« Stark setzte im »Schwarzen Korps« nach: »Zugleich versuchte er, durch eine Abstimmung der deutschen Physiker über den Wert der Theorie Eindruck bei den maßgebenden Stellen zu schinden und Kritiker seines Wirkens mundtot zu machen.« – Ich glaube mich zu erinnern, daß 75 deutsche Professoren Heisenbergs Demarche unterstützten.

Die Stockholmer Preisverleihung an Heisenberg, Schrödinger und Dirac beschimpfte Stark als »eine Demonstration des jüdisch beeinflußten Nobelkomitees gegen das nationalsozialistische Deutschland, die der ›Auszeichnung‹ Ossietzkys gleichzusetzen ist.« Ein höchst gefährlicher Hinweis: zwei Jahre nachdem Ossietzky die Annahme des Nobelpreises verboten worden war, kaum ein halbes Jahr nach Hitlers Verbot für alle Deutschen für alle Zukunft.

Heisenberg kämpft. Er schreibt an den »Reichsführer SS« Heinrich Himmler und an Bernhard Rust, den Reichsminister für Wissenschaft, Erziehung und Volksbildung, seinen höchsten Dienstvorgesetzten, und verlangt »wirksamen Schutz gegen solche Angriffe.« Er strengt ein Verfahren an und erreicht, in seinen Vorlesungen weiterhin über die Relativitätstheorie sprechen zu können. Aktenkundig ist schließlich die Mitteilung Himmlers an Heisenberg, er habe »unterbunden, daß ein weiterer Angriff gegen Sie erfolgt.« Man könne es sich nicht leisten, »diesen Mann... zu verlieren oder tot zu machen«, lasen Historiker später in einem Brief Himmlers an Reinhard Heydrich, den zweiten Mann im SS-Imperium. Aber die Berufung nach München wird unterbunden. »Es ist wirklich schade«, konstatierte 1938 Heisenberg keineswegs resignierend, »daß man in einer Zeit, in der die Physik so wunderbare Fortschritte macht und in der es wirklich Spaß macht, daran mitzuarbeiten, immer wieder mit diesen politischen Dingen zu tun bekommt.« Heisenberg bleibt in Leipzig, obgleich ihn interessante Angebote erreichen, so von der Columbia-Universität New York. 1939 ist Heisenberg längere Zeit in den USA und hält dort Vorlesungen. Enrico Fermi hält dem deutschen Kollegen vor: »Was wollen Sie noch in Deutschland? Sie können den Krieg nicht verhindern, und Sie werden Dinge tun und mitverantworten müssen, die Sie nicht tun und nicht mitverantworten wollen.« – »Er hätte im Sommer 1939 leicht in Amerika bleiben können«, erinnert sich Carl Friedrich von Weizsäcker, »er hätte seine Familie nur nachkommen lassen müssen. Aber er fand, daß er nach Deutschland zurück muß, dies den Menschen in seinem Land schuldig ist.«

Mir hat dieser bedeutende Mann von jeher Respekt abgenötigt, Sympathie übrigens auch, wenn man ihm näher begegnete. Er gehörte zu den wenigen, die wie Planck und von Laue den Mut hatten, in der Hitler-Zeit für die von Albert Einstein begründeten physikalischen Gesetzmäßigkeiten öffentlich einzutreten. Bei seinem Besuch im November 1941 in Lichterfelde interessierten ihn besonders die mit meinem Universal-Elektronenmikroskop erzielten Ergebnisse. Bei dieser Gelegenheit wurde auch völlig offen über die Folgen und Möglichkeiten der Entdeckung von Hahn und Straßmann sowie über den Inhalt der Kettenreaktions-Arbeit von Houtermans gesprochen.

Wovon ich natürlich nichts erfuhr, war die erst kurz zurückliegende gemeinsame Reise Heisenbergs und von Weizsäckers im Oktober nach Kopenhagen, um Niels Bohr zu sprechen. Was zwischen Heisenberg und Bohr bei einem Spaziergang unter vier Augen beredet wurde, führte zum Bruch des langjährigen Vertrauens.

Zur Vorgeschichte, wie sie sich nach nunmehr vielen Äußerungen und Veröffentlichungen darstellt: Seit Heisenberg nach Kriegsausbruch 1939 vom Heereswaffenamt den Auftrag erhielt, »mit einer Gruppe anderer Physiker über die Nutzbarmachung von Atomenergie zu arbeiten«, war er unbestreitbar das Zentrum der wichtigsten Kernforschungsgruppe in Deutschland. Aber er hatte nach eigenem Bekunden »niemals eine organisatorische Vollmacht« wie später etwa der Atomphysiker Robert Oppenheimer in den USA, der seit 1943 als Direktor der Forschungslaboratorien in Los Alamos wissenschaftlicher Leiter des mit gigantischen Mitteln vorangetriebenen »Manhattan-Projects« war. »Ich hatte wie andere die Aufgabe mitzuarbeiten, die theoretischen Grundlagen zu schaffen – schon um zu wissen, welche Möglichkeiten die andere Seite, Amerika, hatte – und die Leute zu beraten, die die Experimente machten...«. Über Experimente außerhalb seines Kaiser-Wilhelm-Instituts in Berlin-Dahlem hatte Heisenberg nicht zu entscheiden. Etwa im Herbst 1941 kam es, – berichtete Heisenberg 1967 in einem Interview mit dem »Spiegel« – »zu der Schreckreaktion aller Physiker, wahrscheinlich auch auf der amerikanischen Seite: Es geht ja wirklich, man kann Atombomben machen. Aber gleichzeitig... kam bei uns auch die Erkenntnis: Es geht – aber nur mit ungeheurem technischen Aufwand, und den können wir uns, Gott sei Dank, in Deutschland gar nicht leisten.... Auch die Amerikaner werden es vielleicht lassen, denn sie gewinnen den Krieg wahrscheinlich schneller ohne Atombombe.« Was Heisenberg meinte: die Konzentration großer Teile der amerikanischen Rüstungsanstrengungen zu Lasten anderer Waffenproduktionen. In der Tat wurden bekanntlich in den USA alle irgend verfügbaren Ressourcen der Forschung und immenses Kapital in die Entwicklung der ersten Atombombe eingebracht: zeitweilig bis zu 180000 Menschen und insgesamt etwa zwei Milliarden Dollar. Ganz anders in Deutschland.

Warum fuhren Heisenberg und Weizsäcker in diesem Herbst 1941 mit der erschreckenden Erkenntnis von der technischen Machbarkeit der Atombombe nach Kopenhagen? Noch lange nach dem Krieg erregte diese Frage die Zeitgenossen. Sie führte z. B. zu einer heftigen Kontroverse in den Leserspalten der »Süddeutschen Zeitung« über Absicht und Inhalt des Vier-Augen-Gesprächs zwischen Bohr und Heisenberg. »Ging es Heisenberg darum«, faßte die Redaktion zusammen, »den dänischen Physiker Niels Bohr über westliche Fortschritte beim Bombenbau auszuhorchen, ihn sogar zu bewegen, mit den Deutschen zusammenzuarbeiten?« – Das ist für mich unvorstellbar. »Oder sollte, wie es später hieß, eine Art ›anti-atomare Internationale‹ der Physiker hergestellt werden?« »In Bohr«, so Heisenberg, »hatten wir unbegrenztes Vertrauen; sein menschlicher Rat mußte uns viel bedeuten. Leider haben wir uns bei diesem Gespräch aber nicht wirklich verständigen können.« 1947 sahen sie einander wieder. Heisenberg wurde eigens von einem englischen Offizier mit dem Flugzeug nach Kopenhagen gebracht: »Bohr sagte mir 1947, er sei so wahnsinnig erschrocken über meine Angabe, daß wir jetzt wüßten, man kann Atombomben bauen.«

Wie stand es um die Chance für den Bau einer deutschen Atombombe? Als die Physiker im Juni 1942 Albert Speer Stand und Ansichten des Uran-Projekts vortrugen, gewann er den Eindruck – wie er 1967 den »Spiegel« wissen ließ – »daß in der Sache nicht viel Musik drinsteckte. Wir hatten Heisenberg gebeten, eine Liste mit Geld- und Materialanforderungen zusammenzustellen; und wir hatten die Herren sogar ermuntert. Aber ihre Forderungen waren so lächerlich gering – ein paar Millionen Mark –, daß wir zu der Ansicht kamen, die Entwicklung sei noch sehr im Anfang; offenbar wollten selbst die Physiker nur wenig hineinstecken.« Seit jener Konferenz im Berliner Harnack-Haus kam die deutsche Atomforschung nur noch schleppend voran. Heisenberg: »Es war ein Auf-der-Stelle-

Treten.« In seinen Memoiren merkte Speer später lakonisch an: »Auf Vorschlag der Kernphysiker verzichteten wir schon im Herbst 1942 auf die Entwicklung der Atombombe, nachdem mir auf meine erneute Frage nach den Fristen erklärt worden war, daß nicht vor drei bis vier Jahren damit zu rechnen sei.« »Es war«, bestätigte Heisenberg, »von der deutschen Führung im Sommer 1942 völlig folgerichtig und konsequent, daß sie keinen Versuch zur Herstellung von Atombomben angeordnet hat.« Und: »...es gab nie eine echte, von oben befohlene und finanzierte Anstrengung, bei der, wie bei jedem Rüstungsprojekt, Tausende von Leuten mitgewirkt hätten.« Heisenbergs Ziel, so formulierte es Armin Hermann war nicht die Atombombe, sondern der energieliefernde Reaktor. Die USA brauchten für die einsatzfähige Bombe bis zum 16. Juli 1945.

Wie an anderer Stelle dargelegt, überraschte mich etwa 1943 C. F. von Weizsäcker bei einem seiner Besuche in Lichterfelde mit der Auffassung, Heisenberg und er seien zu der Erkenntnis gekommen, daß die Atombombe nicht möglich sei, weil bei großer Hitze die Wirkungsquerschnitte sich so stark verkleinern, daß die Kettenreaktion abreißt. Sie hielten an dieser irrigen Auffassung offenbar bis zum Abwurf der Hiroshima-Bombe fest. Das geht aus einem Bericht von US-General Leslie Groves hervor, dem militärischen Leiter der Kernforschungszentren Los Alamos, Oak Ridge und Hanford. Dieser hatte die Gespräche zwischen den deutschen Atomforschern zu dem Zeitpunkt abhören lassen, als die Nachricht über den Abwurf der Hiroshima-Atombombe den in England internierten Wissenschaftlern übermittelt wurde. Aber vielleicht sollte die ausgestreute uns vorliegende Information 1942 auch zur Täuschung der Berater Hitlers dienen?

»Wollten die deutschen Physiker während des Krieges die Atombombe bauen und haben sie es bloß nicht geschafft – oder waren sie wirklich dagegen?« fragte 1988 die »Süddeutsche Zeitung«. Nach meiner Auffassung waren sie seit der Veröffentlichung des schon erwähnten Flügge-Aufsatzes fast geschlossen dagegen.

In den USA glaubte man bis zur Eroberung Deutschlands, man müsse der deutschen Atombombe zuvorkommen und unternahm ungeheure Anstrengungen dafür. Nie, so Heisenbergs Aussage, habe das Dritte Reich über die technischen und wirtschaftlichen Voraussetzungen für den Bau einer deutschen Atombombe verfügt. Der Modellreaktor B8 in Haigerloch, der »Atommeiler«, der im Januar 1945 nahezu den kritischen Punkt erreichte, aber nicht mehr, bot den erstaunten US-Spezialisten den handgreiflichen Beleg dafür. Atom-Goliath hatte Atom-David besiegt. Als die deutschen Forscher auf dem entlegenen englischen Landsitz von dem Abwurf der ersten Atombombe erfuhren, reagierten sie zutiefst bestürzt, Otto Hahn voller Verzweiflung. Wenige Jahre nach seiner Entdeckung der Kernspaltung waren daraus die vernichtenden Kräfte geworden, die Hunderttausende das Leben kosteten und schreckliche Folgeschäden zeitigten.

Aus der Internierung in England entlassen, übernahm Werner Heisenberg im Sommer 1946 das neugegründete Max-Planck-Institut für Physik und Astrophysik in Göttingen. Er leitete mit Geschick und hohem Verantwortungsgefühl die Forschungsarbeiten in Göttingen und München, wohin sein Institut 1958 übersiedelte. Heisenberg, der von 1955 bis 1975 auch Vorsitzender der Alexander von Humboldt-Stiftung war, setzte sich im April 1957 zusammen mit 17 weiteren führenden deutschen Kernphysikern gegen eine atomare Bewaffnung der Bundeswehr ein. Dies trug ihm nicht den Applaus der Regierung Adenauer mit ihrem Verteidigungsminister Strauß ein. Er verließ im Zuge seiner erweiterten theoretischen Forschungen den engeren naturwissenschaftlich-physikalischen Themenkreis und öffnete sich naturphilosophischen Fragestellungen. »Er war«, schrieb sein Freund Carl Friedrich von Weizsäcker 1976 in memoriam Werner Heisenberg, »in erster Linie spontaner Mensch, dem nächst genialer Wissenschaftler, dann ein Künstler, nahe der produktiven Gabe, und erst in vierter Linie, aus Pflichtgefühl, Homo politicus.«

Die Entdeckung der Kernspaltung und ihre Folgen

Begegnung mit Otto Hahn

Unter dem 10. Dezember 1941 findet sich im Droste-Ge-schichts-Kalendarium »Chronik deutscher Zeitgeschichte« (1983) die Eintragung: »Im Hause Manfred von Ardenne erläutert Otto Hahn, wie er sich die Herstellung einer Atombombe denkt.« Das Gespräch in unserem Lichterfelder Institut ist mir um so unvergeßlicher, als tags darauf Deutschland und Italien den USA den Krieg erklärten. Eine weitere Sprosse der Eskalationsleiter war erklommen. Die Gefahr der Produktion und des Einsatzes von Atombomben wuchs mit der schier unaufhaltsamen Dynamik des Krieges.

Zwischen unserem Lichterfelder und dem Dahlemer Institut von Otto Hahn waren zur Zeit seines Besuches viele gemeinsame Interessen gegeben oder ihr Aufbau geplant. Gute Kontakte bestanden zu den Hahnschen Mitarbeitern Straßmann, Philipp, Mattauch, Erbacher und Flügge. Arbeiten mit dem Elektronenmikroskop, an Massenspektrometern, an einem Isotopentrenner mit ringförmigem Magnetfeld und zentraler Plasmaionenquelle sowie die Aktivitäten zur Aufstellung unserer Atomumwandlungsanlage sind in diesem Zusammenhang zu nennen.

Selbstverständlich konnte ich mit Otto Hahn ein völlig offenes Gespräch zum Thema Atombomben führen. Ich stellte ihm damals die Frage: »Wieviel Kilogramm des Uranisotops 235 sind für den Bau einer Atombombe nötig?«. Seine Antwort war: »Ein Kilogramm«.

Kurz vor Kriegsende, als die ersten Nachrichten über amerikanische Arbeiten an Atombomben über Schweden nach Deutschland kamen, wurde an Otto Hahn – wie schon zuvor an

Werner Heisenberg – die gleiche Frage nach der Machbarkeit einer Atombombe aus dem Beraterkreis von Albert Speer gestellt. Seine Antwort war: »Man braucht eine Tonne des Isotops Uran 235«. Wegen der Unmöglichkeit, so große Mengen dieses Isotops zu gewinnen, war damit für die Fragesteller das Problem erledigt.

Als *Otto Hahn* (* 1879 – † 1968) und sein Mitarbeiter, der Chemiker *Fritz Straßmann* (* 1902 – † 1980) – seit 1935 an praktisch allen Arbeiten Hahns und Lise Meitners beteiligt, nach dem Krieg Ordinarius für Anorganische Chemie – im Dezember 1938 im Dahlemer Kaiser-Wilhelm-Institut für Chemie die Urankernspaltung entdeckt hatten, hielt Otto Hahn bald darauf einen Vortrag über diese Entdeckung. Ich war im großen Hörsaal der Technischen Hochschule Berlin anwesend und erlebte die herrschende Premierenstimmung. Allen Zuhörern war klar, daß an jenem historischen Dezembertag eine Energiequelle von bisher ungekannter Stärke in die Hand des Menschen gelangt war. Ein Mißbrauch dieser neuen Energiequelle für den Bau von Atombomben lag nahe. Die Entdeckung von Hahn und Straßmann veränderte von nun an das Leben in unserem Jahrhundert in vielen Bereichen bis hin zu den Grundlagen der Weltpolitik auch für die kommenden Jahrhunderte. Insbesondere stellte sie die Verantwortung der Wissenschaftler für die Folgen ihrer Entdeckungen erneut zur Diskussion.

Die epochale Entdeckung der Kernspaltung durch die beiden Chemiker war, wie später Otto Hahn immer wieder herausstellte, das Ergebnis eines grandiosen wissenschaftlichen Irrtums. Schon um die Mitte der dreißiger Jahre hatten sich Otto Hahn und Lise Meitner mit den Untersuchungen des Physiker-Ehepaars Joliot-Curie in Paris befaßt, die 1935 für die Entdeckung der künstlichen Radioaktivität den Nobelpreis erhielten. Irène Joliot-Curie arbeitete mit ihrem Mitarbeiter Savic an bisher unerklärten Phänomenen. Auch der italienische Physiker Enrico Fermi, der die Kernumwandlung durch Neutronenbeschluß entdeckt hatte, war seit 1934 dabei, neue, künstlich radioaktive Stoffe herzustellen. Die aus der Kernum-

26 Die Entdeckung der Urankernspaltung durch Otto Hahn
und Fritz Straßmann veränderte das Leben in unserem
Jahrhundert in vielen Bereichen bis hin zu den Grundlagen
der Weltpolitik. Hier Otto Hahn (M.), Fritz Straßmann (l.)
und der Physiker und Schriftsteller Heinz Haber vor dem
Arbeitstisch, an dem die Uranspaltung entdeckt wurde.

wandlung des Urans gewonnenen unwägbar winzigen Substanzen von unbekanntem Stoff hielt Fermi, ohne sie bestimmen zu
können, für Transurane. In Paris ebenso wie in Rom und Berlin
suchte man die Versuchsresultate aus der Bestrahlung des
Urans mit Neutronen zu überprüfen – eines der spannendsten
Kopf-an-Kopfrennen in der Geschichte der Wissenschaften,
wie einmal ein Wissenschaftsjournalist formulierte. Angesichts
heutiger Anlagen und Apparaturen bleibt erstaunlich und fas-
zinierend, wie Hahn und Straßmann ihre Versuche auf einem
einfachen Labortisch vollführen konnten. »Es kam«, so Hahn,
»eben nur darauf an, daß wir mit den neuen Substanzen schnell

genug ins Nebenzimmer rannten, um sie untersuchen zu können, solange sie noch existierten.«

Jahre später, anläßlich der Ehrung Otto Hahns zu seinem 70. Geburtstag, charakterisierte es Lise Meitner: »Hahn verstand es, mit den einfachsten Hilfsmitteln an die schwierigsten Probleme heranzugehen, geleitet von seiner ungewöhnlichen intuitiven Begabung und ebenso ungewöhnlichen chemischen Kenntnissen. Wie oft habe ich nicht in den langen Jahren unserer Zusammenarbeit gesehen, daß er Probleme, die der Physiker durch mathematische Formeln klarmacht, rein intuitiv und anschaulich erfaßt hat.« Mit einem Vorsprung von Monaten, wenn nicht von Wochen entdeckten Hahn und Straßmann: Nicht, wie zunächst schien, Radium war entstanden. Als Produkte des Kernbeschusses analysierten die Berliner Forscher auf rein chemischem Wege Spuren viel leichterer Elemente, wie Barium und Krypton. Lise Meitner, 1938 nach Schweden geflohen, und Robert Frisch gelang bekanntlich aufgrund der ständigen brieflichen Nachrichten aus Berlin die atomenergetische Berechnung und Deutung: Die Kernspaltung war entdeckt. »Die Uranspaltung war eine ungesuchte, unerwartete, rein wissenschaftliche Entdeckung«, schrieb Carl Friedrich von Weizsäcker nach dem Inferno von Hiroshima und Nagasaki im August 1945. 1968, dreißig Jahre nach dem Berliner Ereignis, erläuterte Professor Hahn in einem Interview mit der »Frankfurter Rundschau«: »Atomkerne sind seit 1934 gespalten worden, von Fermi, den Joliot-Curies, Mitarbeitern Rutherfords und auch von uns. Aber wir haben das alle nicht gemerkt.«

»Ich glaube«, erklärte Otto Hahn in seiner sprichwörtlichen Bescheidenheit, »daß es gut war, daß ich jahrzehntelang in der Radiochemie gearbeitet hatte.« Seine Präzision bei chemischen Bestimmungen und seine Beharrlichkeit, Unstimmigkeiten und unerwartete Abweichungen zu klären, hatten schon den jungen Chemiker ausgezeichnet. 1901 in Marburg promoviert, begegnete er 1904 am Institut von William Ramsey in London zum ersten Mal dem Phänomen der Radioaktivität und entdeckte das radioaktive Element Radiothor. Im kanadischen

Montreal fand der junge Frankfurter als Mitarbeiter des großen Fachmanns auf dem Gebiet der Radioaktivität Ernest Rutherford, wenig später Nobelpreisträger für Chemie, das Radioactinium. 1907 habilitierte sich Hahn in Berlin bei Emil Fischer, dem Chemie-Nobelpreisträger von 1902, wirkte als Privatdozent an der Universität und spürte ein weiteres Element auf: das Mesothorium. Wenig später begann die über 30 Jahre währende Zusammenarbeit mit der aus Wien gekommenen fast gleichaltrigen Lise Meitner. »Sie rechnete alles aus«, sollte er später von dem engsten Zusammenwirken berichten. Sie war »sein physikalisches Gewissen«: »Von Physik verstehst Du nichts, Hähnchen«. Nur der Krieg unterbrach die gemeinsamen Forschungen. Hahn wurde als Chemiker zu einer Gaskampfgruppe unter Fritz Haber eingezogen. 1917 kehrte er zurück. Zusammen mit Lise Meitner und O. von Baeyer wurden neue Verfahren zur Auffindung und Isolierung kurzlebiger radioaktiver Substanzen und zur Untersuchung der Struktur der Atomkerne entwickelt. Das Mesothorium, das Ionium und das Radium Z wurden als radioaktive Substanzen entdeckt.

Seit 1910 außerordentlicher Professor und dann mit Lise Meitner Leiter der Abteilung für radioaktive Forschungen am 1911 von Adolf von Harnak neu gegründeten Kaiser-Wilhelm-Institut für Chemie in Berlin-Dahlem, wurde Hahn, mittlerweile in der internationalen Fachwelt anerkannt, zum Direktor berufen. Noch kurz vor Lise Meitners Flucht konnten beide 1938 das Protactinium-Isotop entdecken. Das Protactinium aufzufinden, das noch fehlende Element 91, war ihnen schon 20 Jahre zuvor gelungen.

Hahns Distanz zum Nationalsozialismus war offenkundig. Als der Chemiker Fritz Haber als Jude Deutschland verlassen mußte, übernahm Hahn zwar kommissarisch die Leitung von dessen Institut für Physikalische Chemie und Elektrochemie, weigerte sich aber, in die Partei einzutreten und verzichtete 1934 auf seine Professur an der Universität. Er blieb Direktor des Kaiser-Wilhelm-Instituts für Chemie. Bereits erwähnt habe ich die demonstrative Gedenkfeier der Kaiser-Wilhelm-

Gesellschaft für den in der Emigration verstorbenen Fritz Haber, die Hahn im Januar 1935 trotz des Verbots von Partei und Ministerium zusammen mit Max Planck abhielt. Mit holländischen Physiker-Freunden bewerkstelligte er im Juli 1938 Lise Meitners Flucht.

Während des Krieges arbeitete Hahn in seinem Institut weiter an der Isolierung und Identifizierung von Spaltprodukten der Uranzertrümmerung. Am Ende des Krieges waren etwa 25 verschiedene Elemente in Form von 100 Isotopen gefunden. An den Versuchen zum Bau eines Kernreaktors auf Uranbasis nahm Hahn bewußt nicht teil: »Wir hielten uns von diesen Möglichkeiten völlig fern und hatten die sichere Hoffnung, daß es während des Krieges weder in Deutschland noch im Ausland zur Atombombe kommen würde.« Der von Werner Heisenberg geleiteten Uran-Arbeitsgruppe gehörte Hahn nicht an. »Ich wurde zu ihren Sitzungen eingeladen, habe aber nicht experimentell gearbeitet.« Die Gruppe machte, so bestätigte Hahn nach dem Krieg, Versuche zur Nutzung der Kernenergie, »aber nicht mit dem Ziel, Bomben herzustellen, sondern um unter Umständen einen Uranbrenner-Reaktor – würde man heute sagen – aufzubauen.«

Für die Alliierten galt der über Sechzigjährige während des Krieges als »derjenige Deutsche, der am meisten Sorge machte«. Als Bomben im Februar/März 1944 große Teile seines Dahlemer Instituts, Aufzeichnungen und Geräte vernichteten, wurde die Arbeit mit den Resten in Tailfingen in der schwäbischen Alb fortgeführt. Nicht weit davon wurde das Kaiser-Wilhelm Institut für Physik ausgelagert, fanden Heisenbergs Reaktorversuche statt und arbeitete die theoretische Abteilung von Max von Laue. Im April 1945 steht ein amerikanisches Sonderkommando vor der Tür. Zehn deutsche Physiker werden festgenommen. Einer der folgenschwersten Irrtümer der Geschichte wurde offenkundig: Die Deutschen hatten nicht an einer Atombombe gearbeitet.

Nach langen Umwegen unter strengster Bewachung fanden sich Otto Hahn und die neun weiteren verhafteten Wissenschaftler schließlich als »guests of His Majesty« auf dem Landgut Farm Hall in God-Manchester. Otto Hahn wird als erster unter vier Augen vom Atombombenabwurf auf Hiroshima informiert. Zuerst weigert er sich, es zu glauben. »Ich war unsagbar erschrocken und niedergeschlagen; der Gedanke an das große Elend unzähliger unschuldiger Frauen und Kinder war fast unerträglich.« Max von Laue:» Die Nachrichten haben ihn entsetzlich erschüttert, und ich befürchtete das Schlimmste«. Werner Heisenberg:»Am tiefsten betroffen war begreiflicherweise Otto Hahn. Die Uranspaltung war seine bedeutendste wissenschaftliche Entdeckung, sie war der entscheidende, von niemandem vorhergesehene Schritt in die Atomtechnik. Und dieser Schritt hatte jetzt einer Großstadt und ihrer Bevölkerung... ein schreckliches Ende bereitet. Hahn zog sich erschüttert und verstört in sein Zimmer zurück, und wir waren ernstlich in Sorge, daß er sich etwas antun könnte.« Otto Hahn:»Ich war sehr traurig damals und deprimiert. Es war unfaßlich, daß mehr als hunderttausend Japaner den beiden Atombomben zum Opfer gefallen waren.« Damals hörten die Internierten zum ersten Mal, daß die Herstellung von Atombomben gelungen war. Das Unerwartete war schreckliche Wirklichkeit geworden. An jenem 6. August 1945 schrieb Otto Hahn in sein Tagebuch:»Und ich freue mich jetzt, daß wir keine Mittel und Wege hatten, eine Bombe zu entwickeln, denn hätte man sie in Deutschland während des Krieges machen können, dann wäre man wohl gezwungen worden, sie gegen England einzusetzen – mir ein unerträglicher Gedanke!« An technischen Daten, über die unter den Deutschen auf Farm Hall – Heisenberg, von Weizsäcker, Max von Laue, Otto Hahn und die Kernphysiker Erich Bagge und Kurt Diebner, Karl Wirtz, Walther Gerlach und Paul Harteck – viel diskutiert wurde, war Hahn wenig interessiert:» Die Einzelheiten über die Herstellung der Bombe habe ich als Chemiker nie recht verstanden.«

Am 18. November 1945 liest Werner Heisenberg in der komfortablen Internierung im »Daily Telegraph«: Das Stockholmer Komitee hat Otto Hahn für die historische Entdeckung der

Kernspaltung den Chemie-Nobelpreis für 1944 zuerkannt. Niemand wußte von seinem Verbleib. Zwei Monate später durfte er nach Deutschland zurückkehren, erst 1946 in Stockholm den Nobelpreis entgegennehmen. Hahn wurde zu einem der berühmtesten Wissenschaftler unserer Zeit. Die wissenschaftlichen Erkenntnisse von Otto Hahn, Lise Meitner und Fritz Straßmann hatten sich zur gewaltigsten Waffe der Weltgeschichte verselbständigt.

Die schrecklichen Wirkungen der Kernspaltungen bei der Nutzung in Atombomben durch die Abwürfe auf Hiroshima (Uranbombe) und Nagasaki (Plutoniumbombe) im August 1945 haben die Welt verändert. Bei der nach Ende des Zweiten Weltkrieges sich entwickelnden politischen Spannung zwischen den USA und der Sowjetunion war die Möglichkeit eines nuklearen Präventivangriffes von Seiten der USA nicht ausgeschlossen. Für die Erhaltung des nuklearen Friedens war es deshalb von entscheidender Bedeutung, daß es durch die überraschend schnelle Entwicklung der Atombombe in der Sowjetunion schon in kurzer Zeit gelang, ein Gleichgewicht der Atomwaffenpotentiale zwischen West und Ost herbeizuführen. Das atomare Patt hat dann von 1945 bis zur Gegenwart den nuklearen Weltfrieden gesichert. Es ist beglückend zu wissen, daß nach Ende der Sowjetunion die USA gemeinsam mit Rußland dazu übergegangen sind, große Teile ihres Arsenals von Kernwaffen und von chemischen Waffen zu verschrotten. Nur ein kleiner Rest von Atomwaffen muß erhalten bleiben, um bei Mißbrauch dieser Energiequelle durch Terroristen oder machtgierige Regierungen den menschheitsfeindlich handelnden Personenkreis vernichten zu können.

Wenn ich seinerzeit Reichspostminister Ohnesorge auf die Bedeutung der Hahnschen Entdeckung aufmerksam machte, so wies ich stets nur auf den Einsatz zum Bau von Kernreaktoren hin und auf den Einsatz zur Markierungsmethode mit künstlichen Radioisotopen. Als Ohnesorge dann unsere kernphysikalische Forschung förderte, entstanden daher nur Anlagen für diese Forschungsziele.

Die friedliche Nutzung der Kernenergie in Kernkraftwerken zur Herstellung von Wärme oder Elektroenergie ist durch den Unfall von Tschernobyl 1986 diskreditiert worden. Mangelhafte Sicherung bei der Reaktorfunktion und menschliches Versagen haben zu diesem Unfall geführt. Glücklicherweise setzt sich allmählich die Erkenntnis durch, daß es sicherere Reaktortypen gibt, bei denen die Kernkettenreaktion bei Unfällen automatisch abreißt und bei denen die verbleibende Restwärme aufgefangen wird. Im Gegensatz zu Kohlekraftwerken geben Kernkraftwerke nicht das klimaschädigende CO_2 an die Atmosphäre ab. Deshalb darf in der Zukunft auf die Gewinnung von Kernenergie mit modernen Reaktortypen nicht verzichtet werden.

Nach meiner Rückkehr aus der Internierung in der Sowjetunion bin ich Otto Hahn, der sich, von 1948 bis 1960 in der Nachfolge von Max Planck als Präsident der Max-Planck-Gesellschaft, weitere hervorragende Verdienste um die Wissenschaft erwarb, noch öfter und zuletzt auf der Lindauer Nobelpreisträgertagung 1966 begegnet. Seine Persönlichkeit, seine Güte und seine Bescheidenheit haben bei meiner Frau und mir einen tiefen unvergeßlichen Eindruck hinterlassen.

Damals erzählte mir der Senior der deutschen Atomphysik von den Schwierigkeiten und Ängsten einiger Kernphysiker, sich öffentlich gegen eine deutsche atomare Bewaffnung auszusprechen. Wiederholt war er für die Aufhebung alliierter Verbote deutscher Atomforschung für friedliche Zwecke eingetreten. Immer wieder hatte er vor den Folgen eines Atomkrieges gewarnt. Berühmt ist seine auch nach Norwegen, Dänemark und Österreich übertragene Rundfunkrede. 1955 hatte er die Delegation der Bundesrepublik auf der Genfer Konferenz für friedliche Nutzung der Atomenergie angeführt. Federführend hatte Otto Hahn 1957 mit 17 Wissenschaftskollegen die weltweit beachtete Göttinger Erklärung abgegeben, mit der sie vor der Bedrohung der Menschheit durch atomare Waffen warnen wollten. Hahn geriet damals ins Kreuzfeuer der Kritik und auch der Polemik, durch seine Ablehnung deutscher Atomwaffen dem Sowjetkommunismus zu dienen. Der kalte Krieg war in vollem Gange. Hahn ließ sich aber nicht beirren. Seine Überzeugung entsprang, wie er mir erzählte, aus seiner Erfahrung während des Ersten Weltkrieges, als er sich als junger Wissenschaftler überreden ließ, an der Entwicklung des verheerenden Kampfgases mitzuwirken. Hahns Bewunderung galt seither dem damaligen Chemikerkollegen Willstätter, der sich einer Mitarbeit am Kampfgas entschieden verweigert hatte.

»Heute« – resümierte Professor Hahn in seinem Vortrag »Cobalt 60 – Gefahr oder Segen für die Menschheit« – »ist der Krieg nicht mehr ›die Fortsetzung der Politik mit anderen Mitteln‹. In einem Bombenkrieg gibt es nicht mehr Sieger und Besiegte. Die großen Bomben zerstören in einem Augenblick die Stätten der Zivilisation. Die tödlichen Strahlungen tun dann ihr Vernichtungswerk langsamer, aber umfassend. Sollten nicht die vielen Möglichkeiten für Frieden und Wohlstand der Völker den Sieg davontragen können, wenn die Menschen wirklich erfahren, um was es geht?«

Optimistisch blieb Hahn bis zuletzt der Zukunft zugewandt. In einem Selbstporträt ist zu lesen: »So könnte man sich für die so gar nicht ferne Zukunft eine Welt vorstellen, in der das in unerschöpflicher Menge vorhandene Wasser der Weltmeere uns allen die Segnungen der modernen Atomtechnik bringen würde, die zur Zeit noch an das Uran mit seinen gefährlichen Umwandlungen geknüpft sind.«

26.02.1943

Von der pommerschen Küste über Cape Canaveral zum Mond

Begegnung mit Wernher von Braun

Spätestens seit am 20. Juli 1969 die Landefähre »Eagle« vom Raumschiff Apollo 11 auf dem Mond landete und tags darauf um 3.56 MEZ, weltweit per Satellitenfernsehen übertragen, der amerikanische Astronaut Neil Armstrong als erster Mensch den Fuß auf den erdnächsten Himmelskörper setzte, wurde der Name *Wernher von Braun* (* 1912 – † 1977) nahezu überall ein Begriff. Der Sprung vom J. F. Kennedy Space Center auf Cape Canaveral zum Mond – acht Jahre nachdem Juri Gagarin als erster mit der sowjetischen Raumkapsel ins All vorgestoßen war und die Erde umkreist hatte – war mit der mit Nutzlast nahezu 3000 t schweren dreistufigen Trägerrakete »Saturn 5« gelungen: das Werk Wernher von Brauns und seines Teams im George C. Marshall Space Flight Center, Huntsville. Der Raumfahrtexperte aus Deutschland galt jetzt als der berühmteste Amerikaner. Der populärste war er gewiß. Norman Mailer, der bekannte amerikanische Schriftsteller, schrieb unter dem Eindruck der erfolgreichen Mondlandung über deren geistigen Vater enthusiastisch: »Von Braun, der Maschinengott der großen Trägerraketen. Natürlich ist er fast eine Legende. Wenn man den kleinen Mann auf der Straße fragt, wer die NASA leitet, dann wird er wahrscheinlich nicht einmal genau wissen, was die NASA (National Aeronautics and Space Administrations) eigentlich ist.... Für die Öffentlichkeit, für die Presse und ein ganzes Armeekorps von Arbeitern und Technikern in der Raumfahrtindustrie ist er nun einmal der wahre Ingenieur, der geistige Führer, der Erfinder, die treibende Kraft, der führende Philosoph und der Genius des amerikanischen Raumfahrtprogramms.«

27 *Wernher von Braun, der geniale Pionier, Gestalter und Manager der Astronautik. In den von ihm organisierten Leistungen sehe ich die wohl schwierigsten und größten technischen Taten unseres Jahrhunderts.*

Heute gehören Space Shuttle-Flüge, Satellitenprogramme und monatelange Aufenthalte von Astronauten und Kosmonauten im All fast zur Tagesordnung. Sie geraten nur noch bei besonders spektakulären Ereignissen in die Schlagzeilen. Als ein Motor dieser dennoch erregenden Entwicklung, als genialer Pionier, Gestalter und Manager der Astronautik hat der Physiker und Raketeningenieur Wernher von Braun die Geschichte der Raumfahrt wie kaum ein anderer vorangetrieben. Sein Wirken und sein Weg sind viel beschrieben und vielerorts nachzulesen.

Mit Wernher von Braun hatte ich mehrere Begegnungen. Die erste war lange vor Beginn des Zweiten Weltkrieges, als von Braun auf einem improvisierten Raketenflugplatz mit der Erprobung kleinerer Raketen begann. Die letzte nach der gelungenen Landung der ersten Menschen auf dem Mond. Ich bin ein Bewunderer seiner Erfinder-Persönlichkeit und seines wissenschaftlich-technischen Könnens. Ich sehe in den von ihm organisierten Leistungen die wohl schwierigsten und größten technischen Taten unseres Jahrhunderts. Die Landung auf dem Mond und die glückliche Rückkehr auf die Erde verlangten eine bis dahin ungekannte Genauigkeit des ballistischen Geschehens und die Mitwirkung von absolut zuverlässigen Robotern. Einer solchen Entwicklung der Astronautik, die später auch auf vielen anderen Gebieten der Wissenschaft Früchte brachte, kam zugute, daß außerhalb der Erdatmosphäre das ballistische Geschehen ungestört abläuft und daß durch Computer Berechnungen höchster Genauigkeit schnell durchführbar waren. Die Anforderungen der Astronautik wiederum stützten und beschleunigten die Entwicklung der Computer- und der Robotertechnik. Das Leben und Denken in unserem Jahrhundert ist durch die vielfältigen Auswirkungen der Astronautik ungemein bereichert worden.

Wernher von Braun besuchte mich 14 Tage nach dem Ende der Schlacht von Stalingrad. Gegen Hitlers Befehl hatte Feldmarschall Paulus der sinnlosen Tragödie ein Ende bereitet und mit den ausgebluteten Resten seiner 6. Armee kapituliert. Von

Braun versuchte durch seinen Besuch, mich als Mitarbeiter an speziellen Problemen der Raketentechnik für Peenemünde zu gewinnen, das Entwicklungs- und Versuchsgelände für ferngelenkte Raketen auf der Insel Usedom vor der pommerschen Küste. Ich lehnte sein Angebot ab. Einer meiner besten jüngeren Mitarbeiter, der Physiker Gröttrupp, war schon 1940 nach Peenemünde gewechselt und einer der engsten leitenden Mitarbeiter Wernher von Brauns geworden. Bei Kriegsende ging Grötrupp in die Sowjetunion und hat durch seine Kenntnis der V-2-Technik zum schnellen und erfolgreichen Aufbau der Raketen und Raketen-Steuertechnik in der Sowjetunion beigetragen.

Nach anfänglichem Interesse an der Raketenentwicklung, um 1936, das Millionen für die Errichtung des riesigen Versuchszentrums ab 1937 auf Usedom freisetzte, verfolgte Hitler stattdessen die Aufrüstung mit erprobten konventionellen Waffensystemen. Peenemünde-West unterstand der Luftwaffe. Der Prototyp des dort entwickelten unbemannten Flugkörpers – mit Tragfläche, Leitwerk, Pulsotriebwerk und einer Selbststeuerungsanlage, Reichweite rd. 330 km, Geschwindigkeit rd. 650 km/h, späterer Propaganda-Name V1 (Vergeltungswaffe) – war im Dezember 1942 erstmals vom Katapult gestartet. Wernher von Braun, technischer Leiter der Raketenversuchsanstalt des Heeres, Peenemünde Ost, hatte schon im Oktober 1942 die seit 1937 entwickelte A4 aufsteigen lassen: die erste Flüssigkeitsgroßrakete der Welt, 14,2 m lang, mit einem Startgewicht von 12.900 kg. Als sie nach sechs Minuten 190 km entfernt in der Ostsee aufschlug, hatte die Flugbahn der einstufigen ballistischen Rakete 85 km Höhe erreicht. A4 wurde der Prototyp von Wernher von Brauns Saturn-Trägerraketen des amerikanischen Apollo-Programms seit 1960.

Die deutsche Militärbürokratie verhielt sich zögernd. Von Braun setzte alles daran, den unbestritten großen Erfolg der Raketentechnik abzusichern und auszubauen. Dem sollte auch das Gespräch mit mir im Februar 1943 dienen. Als der Krieg gegen die Welt nicht in zwei bis drei Jahren gewonnen war und die Aussichten nach Stalingrad und den massiven Luftangriffen auf deutsche Städte äußerst schlecht waren, begaben sich Hitler und seine Stäbe auf die Suche nach der Wunderwaffe. Die Atombombe war nicht zu bauen, das hatten die falschen Angaben der deutschen Experten ergeben. Also konnte es beispielsweise die Raketentechnik sein, die mit großem propagandistischem Aufwand die Kriegswende psychologisch und militärisch für Deutschland herbeiführen sollte.

Am 7. Juli 1943 stellte Wernher von Braun auf Anweisung von Hitler die Ergebnisse des A4-Raketenprojekts im »Führerhauptquartier« Wolfsschanze in Ostpreußen vor. Hitler war begeistert, obwohl von Braun ihm keineswegs das Wunder der Kriegswende mit der Raketentechnik versprach. Hitler aber brauchte den Erfolg. Er ernannte von Braun spontan zum Professor und befahl die höchste Dringlichkeit für die Serienproduktion der »Vergeltungswaffe 2«, die V2, wie sie seit ihrem ersten Einsatz am 8. September 1944 aus dem Raum von Den Haag gegen England propagandistisch bezeichnet wurde. Die beiden neuen Waffensysteme V1 und V2 erreichten bis Kriegsende nie strategische Bedeutung. Für die Zivilbevölkerung waren sie von verheerender Wirkung. Aber sie brachen Englands Kampfwillen nicht. Über die Zahl der Einsätze erinnere ich mich unterschiedlicher Angaben. Rd. 21 000 V1 sollen mit ihren 850 kg – Gefechtsköpfen vornehmlich gegen Ziele in England eingesetzt worden sein. Etwa 80 % der niedrig heranfliegenden V1 wurden von Flak und Jägern abgeschossen. Von bis März 1945 über 3000 gestarteten V2, die mit ihren 1000 kg Sprengstoff aus für die Abwehr unerreichbarer Höhe herabstürzten, kamen rd. 2400 bis zu ihren Zielen, etwa zur Hälfte London und Südengland. Aber auch Antwerpen wurde von Peenemünde aus bombardiert. Bombenterror war seit Jahren eines der gefürchtetsten Erlebnisse in England, in Deutschland und anderswo.

Ich weiß nicht, wie ein Wernher von Braun damals und später mit diesen Auswirkungen seiner Erfindungen und Entwicklungen mit sich in Reine kam. Und vollends nicht, wie er – obgleich wohl ohne persönliche Verantwortung dafür – dazu stand,

daß nach den Großangriffen der alliierten Luftwaffe auf Peenemünde und auf drei geplante V2-Produktionsstätten im August
1943 unter den fürchterlichsten Umständen rd. 10 000 ausländi-
sche Zwangsarbeiter und KZ-Häftlinge im berüchtigten Berg-
werksstollen »Dora-Mittelbau« im Harz bis zu Auszehrung und
Tod monatlich bis zu 900 V2 montieren mußten. Erst heute
kommt das ganze Ausmaß dieses Leidens und Sterbens zum
Bewußtsein. Das dürfte das dunkelste Kapitel seines Lebens
sein. Es ging ihm wohl stets vor allem anderen um die Raumfahrt, ihre technische Entwicklung und Perfektion, auch in den
USA, seit er sich sofort nach der Kapitulation mit seinen Mitarbeitern und allen bis nach Oberammergau verbrachten Akten
der V2-Produktion den Amerikanern zur Verfügung stellte.

Raumfahrt war sein Lebensziel und seine Leidenschaft. Und
darin war er ein faszinierender, ein genialer Mann – ein realisti-
scher Phantast, wie man ihn anläßlich seines Todes charakterisierte. Ohne Beispiel in der Geschichte der Technik waren
seine Phantasie, Intuition, seine Erfindungen, die hohe Solidi-
tät seiner Entwicklungen, seine Ausdauer, seine Organisa-
tionsgabe und sein Können. Das sollte zum Leitbild für Generationen werden.

28.01.1945

Der ›Urknall‹ und die Entstehung des Weltalls

Begegnung mit Pascual Jordan

Pascual Jordan (* 1902 – † 1980) kannte ich aus seiner Rostok-
ker Zeit als theoretischen Physiker von hohem Rang. Ich war
ihm auf Physikertagungen begegnet und interessierte mich damals besonders für seine »Quantenbiologie«. Blickt man heute

auf seinen wissenschaftlichen Weg zurück, läßt schon die Kombination der Studienfächer Mathematik, Physik und Zoologie Spannweite und Tendenz seiner Interessen und künftigen Forschungen erkennen. In Göttingen, wo er bei Max Born mit einer Arbeit über die Quantentheorie promovierte und sich bei James Franck habilitierte, war er einer der jungen Köpfe der berühmten Göttinger Schule der neuen Theoretischen Physik, die man später die »Physik der Zwanzigjährigen« nannte. Der damals erst 26jährige Theoretiker Jordan brachte zusammen mit Franck das klassisch gewordene Werk »Anregung von Quantensprüngen durch Stöße« heraus und war maßgeblich am Ausbau der Quantenmechanik beteiligt.

Seinen Namen trägt, zusammen mit dem von Max Born und Werner Heisenberg, die »Dreimännerarbeit«, die mathematische Fortschreibung der von Heisenberg begründeten Quantenmechanik. Jordan erweiterte ihre Anwendung auf die Quantenalgebra und die Quantenelektrodynamik. Ihn faszinierte bald die Idee, daß die Ergebnisse und Prinzipien der Quantenmechanik auch für den Bereich des organischen Lebens gültig sein müßten. Er untersuchte die Wirkung radioaktiver Strahlungen auf lebende Zellen und Organismen.

1928 Privatdozent in Hamburg, lehrte Jordan seit 1929 in Rostock – wo ich ihn, wie erwähnt, kennenlernte –, seit 1935 als Lehrstuhlinhaber. 1939 eingezogen, diente er als Meteorologe bei der Luftwaffe. Als er im Februar 1945, kurz vor Kriegsende, in der »Physikalischen Zeitschrift« seine durch den Kieler Astrophysiker Albrecht Unsöld ausgelösten Gedanken über Ursprung und Entwicklung des Weltalls veröffentlichte, sah ich in seiner Arbeit ein revolutionäres Ereignis im Bereich der Astronomie und theoretischen Physik. Jordan hatte seit 1944 als Nachfolger von Planck den Lehrstuhl für theoretische Physik der Berliner Universität inne. Noch am Tage, als Jordans Veröffentlichung erschien, rief ich ihn an und gratulierte ihm zu seiner Arbeit, die er Arnold Sommerfeld gewidmet hatte. Daß in dem Chaos kurz vor Kriegsende eine solche Arbeit von einem deutschen Wissenschaftler veröffentlicht

28 *Pascual Jordan, Physiker von hohem Rang. Mich interes-*
sierte damals besonders seine »Quantenbiologie«.

wurde, gab mir Mut für die Zukunft Deutschlands und veranlaßte mich am Tag darauf, einen Bericht über Jordans Veröffentlichung an mehrere deutsche Tageszeitungen zu geben,
um die Öffentlichkeit auf die revolutionären Gedanken der
Kosmologie aufmerksam zu machen.

Der Artikel erschien erstmals am 31. Januar 1945. Noch
heute mag dies wie ein Wunder erscheinen. Die US-Armee
griff im Westen bei Monschau an, das noch von deutschen
Truppen besetzte Budapest, Posen und Thorn wurden im
Osten berannt, in Ostpreußen eroberte die Rote Armee Heils-
berg und Friedland und rückte nördlich von Königsberg vor.
Breslau war eingekesselte »Festung«. Überall über Deutschland die Herrschaft, die Bomben und die Tiefflieger-Angriffe,
der alliierten Luftwaffen. Auf der Ostsee tausende von Schiffen mit Flüchtlingen.

Wenn ich der Empfehlung des Verlages folge, meine damalige Darstellung der Thesen Pascual Jordans, nur wenig ge-
kürzt, nachstehend wiederzugeben, meine ich, es diene gleichermaßen der Erinnerung an den großen Forscher wie als
Zeitdokument.

»In dem soeben erschienenen Heft der Physikalischen Zeit-
schrift finden wir eine Arbeit von Professor Pascual Jordan,
der kürzlich als Nachfolger Plancks und v. Laues an den Lehr-
stuhl für theoretische Physik der Berliner Universität berufen
wurde. In seinem A. Sommerfeld gewidmeten Beitrag scheinen
Fragen ihre Antwort zu finden, die seit jeher das Denken der
Menschen bewegten, die Fragen nach dem Ursprung des Welt-
alls, nach dem Entstehen der Sterne und nach den Geheimnissen
der Schwerkraft. Jordan verknüpft durch seine Theorie unter
Wahrung von Grunderkenntnissen der modernen Physik (Ener-
gieprinzip, Quantentheorie, Relativitätstheorie) eine Reihe be-
kannter Erscheinungen und Resultate der neueren astronomi-
schen und physikalischen Forschung zu einem geschlossenen
Gesamtbilde. Im einzelnen handelt es sich hierbei um die Er-
scheinungen der Expansion des Weltraumes, des Auftretens der
sogenannten Supernovae-Sterne, der Höhenstrahlung sowie um

die Resultate der Temperaturabschätzung beim Entstehen der Sterne, der Altersbestimmung von ältesten Mineralien mit Hilfe der Radioaktivität und schließlich um den im letzten Jahrzehnt gefundenen wechselweisen Übergang zwischen Energie und Materie. Als wichtiges Nebenergebnis der Jordanschen Theorie ist zu werten, daß sie auch den Ursprung der bekannten Höhenstrahlung verständlich werden läßt.

Jordan gründet seine Überlegungen auf noch unveröffentlichte Ergebnisse des Kieler Physikers A. Unsöld, wonach im Gegensatz zu den bisherigen Anschauungen das plötzliche Auftauchen äußerst heller, bald wieder abklingender Sterne, der Supernovae, in den Spiralnebeln nicht als Explosion eines schon vorhanden gewesenen Sternes aufzufassen ist. Die Methode der Jordanschen Untersuchung besteht darin, daß er drei empirische Größen aus der Statistik der Spiralnebel, die mittlere kosmische Massendichte, den »Krümmungsradius« des Universums und die aus der Rotverschiebung der Spektrallinien ermittelte Größe, als abhängig vom Alter der Welt erkennt und zu diesem in sehr einfache Beziehung bringt.

Die tiefgreifenden Konsequenzen, die sich aus diesem theoretischen Vorgehen ergeben, mögen an Jordans Betrachtungen über die Jugendstadien des Kosmos aufgezeigt werden. Danach war am Zeitanfang (vor etwa 7 000 000 000 Jahren) das Nichts, also einerseits keine Materie bzw. keine positive Energie der Masse sowie andererseits keine negative Gravitationsenergie und ferner kein Raum, gewissermaßen nur ein mathematischer Punkt. Die Frage, was »vorher« gewesen sei, ist dabei ähnlich sinnlos, wie etwa die Frage nach dem Verhalten physikalischer Körper bei Temperaturen unterhalb des absoluten Nullpunktes. Einen winzigen Sekundenbruchteil (Elementarzeit) nach dem Nullpunkt der Zeit ist der Kosmos mit etwa dem schwer vorstellbar kleinen Radius der Größe des Wasserstoffkerndurchmessers (Elementarlänge) durch Aufspaltung von negativer Gravitationsenergie und positiver materieller Energie, die zusammen Null ergeben, entstanden. Er enthält ein im gleichen Akt gebildetes Neutronenpaar. Die aus Messungen über die Radialge-

schwindigkeiten der Sterne dem Menschen bekanntgewordene Expansion des Raumes und die wachsende Entfernung der beiden Ur-Teilchen voneinander fordert zur Aufrechterhaltung der Energiebilanz des Systems (Gesamtenergie wie erwähnt Null) das Entstehen weiterer Teilchen.

Bereits zehn Sekunden nach dem Anfang der Zeit ist der Radius des sich bis zum heutigen Tage mit Lichtgeschwindigkeit erweiternden Weltalls auf einen Wert gewachsen, der etwa dem jetzigen Sonnenradius entspricht. Zu diesem Zeitpunkt hat die Materiebildung aus Energie im Kosmos eine Gesamtmasse entstehen lassen, die fast die Masse unseres Kosmos erreicht. Dabei ist diese Materie aufgeteilt auf 1 000 000 000 000 Sterne mit einem Durchschnittsgewicht von je 1 Million Tonnen. Ein in diesem Entwicklungsmoment zur Kompensation der stetigen Abnahme der Gravitationsenergie (Folge der Raumexpansion) auf quantenhafte Weise gebildeter Supernova-Stern hat einen anfänglichen Radius von nur 1 Millimeter. Mit zunehmendem Abstand vom Zeitnullpunkt vergrößern sich die Dimensionen und Aufbauzeiten, der physikalische Vorgang des spontanen Werdens der Sterne bleibt im wesentlichen unverändert. Bei einem Weltalter von 300 000 Jahren beginnt sich nach Jordan die Zerteilung der gesamten Sternenmenge in Spiralnebel auszubilden. – Damit ist die heutige Struktur des Universums erreicht.

Wird versucht, die neue Auffassung in einem Satz auszudrücken, so kann man etwa sagen: Die Entwicklung des Universums erfolgte in einer Richtung vom mathematischen Punkt zur mathematischen Unendlichkeit in den beteiligten Dimensionen. Die Natur offenbart sich hier in einzigartiger Harmonie und Einfachheit dem menschlichen Geiste.

Auch die heute durch Pascual Jordan vorgenommene Synthese zwischen Grundgesetzen der modernen Quantenphysik und den jüngsten Erkenntnissen der Kosmologie, muß wie jede Theorie ehe sie zum gesicherten Bestandteil der Wissenschaft wird, daraufhin geprüft werden, ob alle Schlußfolgerungen aus ihr in Einklang mit unseren Beobachtungen der Natur zu bringen sind. In dieser Hinsicht stehen besonders die Astrophysiker

vor neuen, sehr reizvollen Aufgaben: Die bisherigen schöpferi-
schen Leistungen Jordans lassen uns jedoch einer positiven Ant-
wort auf die Rückfragen an die Natur sicher sein. Ist er doch der
gleiche Physiker, der in voller Harmonie mit den experimentel-
len, strahlenenergetischen Untersuchungen die Bedeutung der
Atomvorgänge im biologischen Geschehen erkannte und durch
seine Quantenbiologie vor wenigen Jahren den Schleier um das
Geheimnis des organischen Lebens lüftete.« Das war mein Zei-
tungsbericht über die Jordansche Urknalltheorie, aus der damaligen Sicht formuliert. Pascual Jordan beschrieb somit die
Expansion des Universums vom mathematischen Punkt (Ur-
knallereignis) mit Lichtgeschwindigkeit zur mathematischen
Unendlichkeit. Außerdem wurde das Entstehen ständig neuer
Materie (Sterne) während der Expansion als Folge der Gravita-
tion (erweitertes Gravitationsgesetz) gedeutet. Eine tiefgreifende Veränderung der Vorstellung von der Entwicklung des
Universums, die zu vielen neuen Erkenntnissen in der Astronomie führte, wurde damit eingeleitet.

Inzwischen ist die Wissenschaft über das Entstehen des Kosmos nicht nur durch Hypothesen, sondern auch durch astrono-
mische Beobachtungen dramatisch erweitert worden. Erwähnt
seien hier die durch Astronautik ermöglichten teleskopischen
Beobachtungen außerhalb der Erdatmosphäre, die Entdek-
kung von Röntgenstrahlen, pulsierenden Sternen, von Neutro-
nensternen sowie neue Erkenntnisse über das Werden und
Vergehen der Sterne. Die angedeuteten Erkenntnisse überstei-
gen fast das menschliche Vorstellungsvermögen und haben das
geistige Leben in unserem Jahrhundert stark verändert. Sie
sind auch eine Mahnung zu Bescheidenheit und Demut.

Der heutige Inhalt der Wissenschaft von der Kosmologie berührt auch Fragen der Religionen. Wenn das Leben und Denken in unserem Jahrhundert mehr verändert worden ist als in
früheren Jahrtausenden, so darf nicht übersehen werden, daß
auch der Inhalt der Religionen sich den Veränderungen anpas-
sen muß, damit kein Verlust an Anziehungskraft und Glaub-
würdigkeit eintritt.

Auch außerhalb der Grenzen meiner eigenen Fachgebiete ist das Leben in unserer Zeit tiefgreifenden Wandlungen unterworfen. Eine Fülle von neuen Problemen gilt es zu lösen. Erwähnt seien hier die Bekämpfung der Umweltverschmutzung, die Aufzehrung der Rohstoffvorräte, das Klimaproblem, die Vermeidung einer Überbevölkerung unseres Planeten, die Überbrückung der Kluft zwischen Arm und Reich sowie zwischen armen und reichen Staaten, die Bekämpfung von Terrorismus und Gewalt.

Pascual Jordan, nach dem Krieg Professor an der Universität Hamburg, mußte, glaube ich, in der Konsequenz auch seiner quantenbiologischen und kosmologischen Theorien über sein Fachgebiet, die Theoretische Physik, hinaus gelangen und in Grenzbereiche vorstoßen. »Der Naturwissenschaftler vor der religiösen Frage«, so der bezeichnende Titel einer seiner Schriften aus den sechziger Jahren. Naturphilosophie und Religion, das Ineinander naturwissenschaftlicher und philosophischer Erkenntnisse und Gedanken über die Welt und den Menschen von morgen wurden Themen seiner Vorlesungen, Vorträge und Bücher. Wie kaum ein anderer wußte er Wissenschaft verständlich und anschaulich zu machen. Der extreme Vertreter eines physikalischen Positivismus, wie er sich selbst bezeichnet hatte, zeigte sich dabei als eine der großen Persönlichkeiten, die wissenschaftliche Erkenntnisse in ein Weltverständnis einzubringen suchten, in dem sich die Menschen von heute begreifen und wiederfinden.

In höchstem Auftrag: Forschung für sowjetische Atombomben

Begegnung mit Generaloberst Saweniagin

Am 20. April 1945, Hitlers Geburtstag, schlagen die ersten Granaten russischer Ferngeschütze im Berliner Stadtzentrum ein. Tags darauf erreichen Truppen der Roten Armee die äußersten Vororte im Norden und Osten. Am 28. April toben die Kämpfe bereits beim Potsdamer Platz und am Anhalter Bahnhof. Am 2. Mai ist der Kampf um Berlin zu Ende. Im Rundfunk hören wir den letzten deutschen Stadtkommandanten, General Weidling: »Am 30. April 1945 hat der Führer Selbstmord begangen und damit alle, die ihm Treue geschworen hatten, im Stich gelassen.... Ich ordne die Einstellung jeglichen Widerstands an. Jede Stunde, die ihr weiterkämpft, verlängert die entsetzlichen Leiden der Zivilbevölkerung und unserer Verwundeten.«

Kurz vor dem 8. Mai 1945, dem Tag des Kriegsendes, hatten wir mit großen Anstrengungen meine durch zwei Luftangriffe beschädigten Gebäude wieder völlig hergestellt und die Einrichtungen sowohl in diesen Gebäuden als auch in dem unterirdischen Bunker betriebsbereit aufgestellt. Wir waren eine Ausnahmeerscheinung im zerstörten Berlin. Von den rund 245 000 Gebäuden der Stadt war annähernd ein Fünftel total zerstört oder so schwer beschädigt, daß sie nicht wiederaufgebaut werden konnten. 50 Prozent der Häuser hatten leichtere Beschädigungen. 600 000 Wohnungen waren zu Ruinen geworden. Doch Zahlen, wie man sie bald und später zusammentrug, können das Ausmaß der Zerstörung nur sehr unzureichend wiedergeben. Wer das Berlin der 20er und 30er Jahre kannte und im Mai 1945 durch Berlin ging, der wähnte sich nicht am selben Ort. Nur noch etwa 2,3 Millionen Menschen lebten hier, vor dem Krieg rund 4,3 Millionen. Bis zum April hatten bei den Luftangriffen auf die Reichshauptstadt etwa 50.000 Menschen den Tod gefunden. Viele starben im Artilleriefeuer oder bei den erbitterten Kämpfen der letzten Tage.

Als die russische Front Lichterfelde überrollte, waren unsere Bunker gut getarnt und alle Mitarbeiter des Instituts sowie einige Nachbarn in den Bunkern gesichert. Am 15. Mai erschienen Beauftragte der sowjetischen Akademie der Wissenschaften. Sie inspizierten alle Anlagen und sorgten für die weitere Sicherung, indem sie unseren gesamten Lichterfelder Komplex mit etwa 300 Soldaten umstellten. Dann erfolgte der Besuch von Generaloberst *Saweniagin*. Er war von Marschall Beria mit großer Machtfülle ausgestattet worden und trug in den folgenden Jahren die Verantwortung für die Entwicklung der Atomwaffen- und Raketentechnik. Saweniagin überbrachte mir auf Anregung des Präsidenten der sowjetischen Akademie der Wissenschaften Abram Joffé eine Einladung nach Moskau. In Wirklichkeit war dies die »Einladung« zu unserer Internierung, d.h. zur Leistung von Reparationen für Deutschland über die Dauer von zehn Jahren gemäß Jalta-Vertrag der Siegermächte. Nach wenigen Tagen flogen meine Frau und ich in einer Militärmaschine nach Moskau. Noch waren wir in dem Glauben, eine etwa vierzehntägige Reise zur Kooperationsvertragsunterzeichung zu unternehmen. In Moskau angekommen, klärte sich bald auf, daß wir von nun an zum Dienst für die Sowjetunion verpflichtet waren.

Als wir in Moskau ankamen, wurde mir erklärt, daß es meine künftige Aufgabe sei, in der Sowjetunion ein physikalisches Forschungsinstitut für ein Arbeitsgebiet, das dem Thema meines Lichterfelder Institutes entsprach, zu organisieren und zu leiten. Leider wurde nach dem Abwurf der amerikanischen Atombomben auf Japan im August 1945 die Thematik des mir zugeteilten Institutes geändert. Am 12. August 1945 teilte mir General Saweniagin im Auftrag Marschall Berias mit, das neue Arbeitsgebiet sei Forschung zur Entwicklung von Atombomben. Ich versuchte den Aufgabenwechsel zu verhindern, aber vergeblich. Für die unwiderrufliche Entscheidung war die Einschätzung maßgeblich, die dann für den gesamten Ostblock galt: »Die auf Hiroshima und Nagasaki abgeworfenen Atombomben waren... indirekt auch eine Drohung gegen die UdSSR und sollten in diesem Sinne auch später als Mittel des Kalten Krieges wirken.« (Nachzulesen z. B. in Meyers Neuem Lexikon, Leipzig 1961). Gegen alle meine Einwände, hier das tun zu sollen, was ich unter Hitler niemals vor mir verantworten wollte und all die Jahre zu vermeiden wußte, überzeugte mich Saweniagin: Meine Arbeit lag im Interesse des Weltfriedens.

General Saweniagin sollte in den folgenden Jahren mein Leben wesentlich beeinflußen, da er mein erster Ansprechpartner war, wenn es um die Belange des Sinoper Institutes am Schwarzen Meer ging. Wir besprachen Probleme der Menschenführung und der Behandlung meiner Mitarbeiter, die ja den Status von Kriegsgefangenen hatten, ebenso wie die Ausrüstung und Beschaffung von Materialien für die Forschungsarbeiten. Das Verhältnis mit General Saweniagin war sachlich und seinerseits immer auf die Zielsetzung der UdSSR ausgerichtet, aber es mangelte ihm nicht an menschlichem Einfühlungsvermögen für die spezifischen Probleme meiner deutschen Mitarbeiter während der Internierungszeit.

Saweniagin, eine große, beeindruckende Persönlichkeit, später stellvertretender Ministerpräsident, hat seine Aufgabe als Verantwortlicher für die sowjetische Technik der Atomwaffen mit großer Klugheit und Umsicht erfolgreich durchgeführt und beschleunigte dadurch später das atomare Patt. Er hat damit das Geschehen in diesem Jahrhundert wesentlich beeinflußt.

Stalins mörderische rechte Hand
Begegnung mit Marschall Beria

In unserer Datscha im Silberwald nahe Moskau erschien am 17. August 1945 ein Offizier bei mir mit der Anweisung, sofort mit ihm nach Moskau zu fahren. Erst auf der Fahrt erfuhr ich, daß es zu einer Sitzung bei Marschall *Lawrenti Beria* (*1899–†1953) ging, dem zweiten Mann nach Stalin und Chef des gefürchteten sowjetischen NKWD. Als ich in seinem Ministerium in der Ljubljanka eintraf, wurde ich in einen Sitzungsraum mit langem Tisch geleitet, an dessen einem Ende sich Beria zu meiner Begrüßung erhob. Ich wurde gebeten, rechts neben ihm Platz zu nehmen, und saß damit einer Reihe von sowjetischen Kernphysikern und Wissenschaftlern gegenüber, die an der anderen langen Seite des Tisches Platz genommen hatten. Es waren dies u. a. die Professoren Kurtschatow, Alichanow, Galperin, Kikoin, Artzimovich und, wenn ich mich recht erinnere, die Generäle Saweniagin und Machniow. Dann eröffnete Beria die Sitzung mit den Worten: »Die Regierung der Sowjetunion wünscht, daß in dem Institut, dessen Direktor Sie werden, die Entwicklung unserer Atombombe stattfindet!« Ich hatte etwa zehn Sekunden Zeit nachzudenken. Meine Antwort hatte etwa folgenden Wortlaut: »Den soeben geäußerten Vorschlag betrachte ich als große Ehre für mich, denn er ist zugleich Ausdruck eines ungewöhnlich großen Vertrauens in die Leistungsfähigkeit meiner Person. Die Lösung des Problems, um das es hier geht, hat aber zwei verschiedene Bereiche: 1. die Entwicklung der Atombombe selbst und 2. die Entwicklung des Isotopentrennverfahrens im industriellen Maßstab zur Gewinnung der Kernsprengstoffe wie Uran 235. – Die Isotopentrennung ist der eigentliche und sehr schwierige Engpaß der Entwicklung. Ich schlage deshalb vor, daß allein die Isotopentrennung zur Hauptaufgabe für unser Institut und die deut-

218

schen Spezialisten bestimmt wird und daß die hier vor mir sitzenden führenden Kernphysiker der Sowjetunion die Entwicklung der Atombombe als große Tat für ihre eigene Heimat vollbringen.«

Nach dieser Antwort zog sich Beria mit seinen Kernphysikern zu einer kurzen Beratung zurück. Dann teilte mir Marschall Beria mit, er sei mit der von mir vorgeschlagenen Aufgabenteilung einverstanden. Damit war unser Weg für die kommenden Jahre festgelegt. Wir haben dann die gestellte Aufgabe so erfolgreich durchgeführt, daß es mir am Ende unserer Internierungszeit erlaubt wurde, alle meine 1945 beschlagnahmten Einrichtungen des Lichterfelder Hauses und Institutes wieder in die DDR zurückzunehmen.

Die erste sowjetische Atombombe wurde 1949 und die erste sowjetische Wasserstoffbombe 1953 gezündet. Großbritannien wurde schon 1952 Atommacht, Frankreich 1960, die Volksrepublik China 1964 und Indien 1974. Ob der Atomwaffensperrvertrag von 1968 Entwicklung und Bau von Atomwaffen durch weitere Staaten verhindert hat, ist bekanntlich offen. Manche Vermutungen sprechen leider dagegen.

Wir waren in den ersten Jahren in der Sowjetunion einer sehr gefährlichen Persönlichkeit unterstellt. Erst mehrere Jahrzehnte später wurden nach dem Ende der Sowjetunion die unzähligen Verbrechen Berias gegen die Menschlichkeit – insbesondere die mörderische Umsetzung der Stalinschen Säuberungsaktionen in den 30er Jahren, dem tausende Menschen zum Opfer fielen – aufgeklärt und veröffentlicht.

Ob die Zusammenhänge und Abläufe bei Berias Sturz und Hinrichtung je ganz erhellt werden, ist bis heute nicht zu beantworten. Nach Stalins Tod im März 1953 gehörte Beria als Minister für »Innere Angelegenheiten und Staatssicherheit« mit dem nunmehr 1. Parteisekretär und sowjetischen Ministerpräsidenten G. M. Malenkow und W. M. Molotow zur höchsten Staatsspitze. Im Bewußtsein seiner Macht (Atombomben, NKWD) trug er sich mit Putschplänen gegen das Politbüro. Als Malenkow davon erfuhr, wurde Beria bei einer Sitzung seine

Entlassung aus allen Ämtern mitgeteilt – eine Sensation für die Weltöffentlichkeit.

Nach einer früheren Version suchte sich Beria seiner Abberufung und sofortigen Festnahme mit der Waffe zu widersetzen und wurde vom Stadtkommandanten Moskaus auf der Stelle erschossen. Nach jahrzehntelanger Geheimhaltung veröffentlichten die »Moscow News« 1990 die Memoiren von Marschall Moskalenko, der an der Festnahme Berias beteiligt war. Demnach sei er im Juni 1953 vom späteren Staats- und Parteichef Chruschtschow damit beauftragt worden, Beria mit einem bewaffneten Kommando bei einer Regierungssitzung festzunehmen. Beria hatte eine eigene schwerbewaffnete Leibgarde. Auf ein vereinbartes Signal hin sei das Festnahmekommando in den Sitzungssaal gestürmt und habe Beria ohne Widerstand verhaftet. Beria kam, das scheint heute festzustehen, in Untersuchungshaft. Er wurde im Dezember 1953 hingerichtet, wie sein Sohn 1994 erklärte, ohne ordentliches Gerichtsverfahren. Anders aber hatte bereits 1989 laut Pressemeldungen das »Kriegshistorische Journal« ausführlich über ein Gerichtsverfahren und Beria belastende Aussagen seiner Helfer berichtet.

Wie auch immer: Beria verfiel posthum der Verdammung, insbesondere durch N. S. Chruschtschow. Seine Biographie wurde aus der Großen Sowjetenzyklopädie getilgt. Für die Nachschlagewerke der DDR war er nicht mehr existent.

Ein Physiker im Dienste der Revolution
Begegnung mit Abram Joffé

Der berühmte Physiker *Abram Fjodorowitsch Joffé* (*1880–†1960) war einer der begabtesten Schüler und Assistenten von Conrad Röntgen und dann Dozent in München. 1913 ging er als Professor für Physik nach St. Petersburg an das dortige Technologische Institut. Als mit der Oktoberrevolution 1917 Physikerkollegen und ein großer Teil der Intelligenz ins Ausland emigrierten, entschloß sich Abram Joffé zu bleiben. Er stellte, wie es heißt von Lenin persönlich beauftragt, seine Dienste in den Aufbau einer fortschrittlichen Physik im Sinne der bolschewistischen Revolution. Joffé förderte als Direktor des Physikalisch-Agronomischen Instituts der Akademie der Wissenschaften der UdSSR und als deren erster Präsident im nun in Leningrad umbenannten St. Petersburg die Ausbildung hochbegabter Nachwuchskräfte.

Herausragende Forschungsergebnisse erzielte Abram Joffé bei der physikalischen Untersuchung des Verhaltens von Kristallen und Dielektrika. Er trug in bedeutsamem Maße zur späteren Satellitentechnik bei, als er die Halbleiter-Thermoelemente konstruierte.

Ebenso wie bei Arnold Sommerfeld in München bildete sich bei Joffé in Leningrad eine Schule hervorragender Physiker heraus. Zu ihr gehörten Kurtschatow, Artzimovich, Kikoin, Galperin, Alichanow, Weksler und Fljorow. Diese Schüler waren es, die dann mit den durch Isotopentrennung oder in Reaktoren gewonnenen Kernspaltstoffen die sowjetische Uranbombe, die sowjetische Plutoniumbombe und die Wasserstoffbombe bauten. So hat Joffé mindestens indirekt über seine Schüler auch in einer historisch brisanten Situation zur schnellen Entwicklung des Friedens erhaltenden atomaren Patts beigetragen. Nach Berichten, die Anfang der fünfziger Jahre im

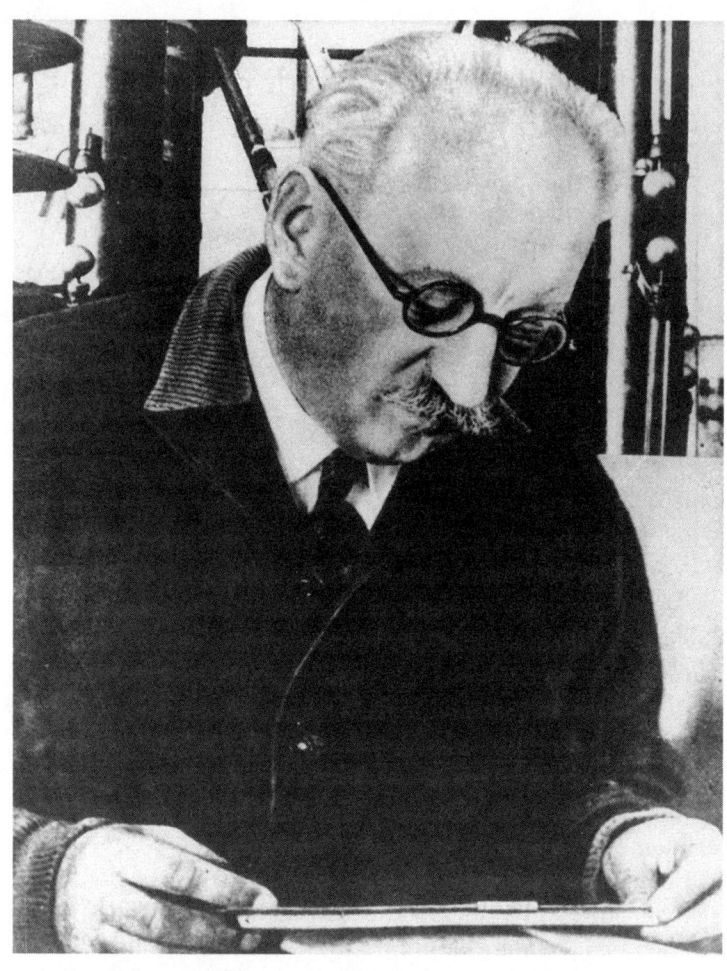

29 *Akademic Professor Abram Joffé war Schüler von Conrad Röntgen, unter Lenin Gründer der sowjetischen Akademie der Wissenschaften. Fast alle führenden Kernphysiker der Sowjetunion gehörten zu seinen Schülern.*

Westen auftauchten, soll Joffé, Leiter der Abteilung Physik und Mathematik der Akademie der Wissenschaften der UdSSR, das Atombomben-Experiment am 10. Juli 1949 in der west-turkestanischen Ust-Urt-Wüste geleitet haben, dies in Anwesenheit Stalins und der Politbüromitglieder und militärischen Berater Beria, Woroschilow, Mikojan und Bulganin. In den gleichen Meldungen wurde Joffé als Vizepräsident der Atom-Kommission genannt. Ein jüngster Lexikon-Eintrag schreibt über ihn:»Er war maßgeblich an der Entwicklung der sowjetischen Wasserstoffbombe (1953) beteiligt.«

Bei seinem Besuch im Oktober 1945 besichtigte Abram Joffé das inzwischen eingerichtete Sinoper Institut »A« und diskutierte über die geplanten Arbeiten. Auch das Thema Elektronenmikroskopie wurde an diesem Tage ausführlich besprochen.

In enger Verbindung zu den genannten Wissenschaftlern der Joffé-Schule stand Prof. Jemeljanow, der als Atomdiplomat und später als Atomminister viel für die Milderung des kalten Krieges zwischen den USA und der Sowjetunion getan hat. Durch seine Fürsprache konnte ich bei der Rückkehr aus der Sowjetunion 1955 viele Dokumentationen über im Institut entwickelte Einrichtungen nach Deutschland mitnehmen.

25.03.1955

Ein privates Forschungsinstitut in der sozialistischen DDR
Begegnung mit Walter Ulbricht

Walter Ulbricht (*1893–†1973), der damals führende Politiker der DDR, besuchte mich schon zwei Tage nach unserer Rückkehr aus der Sowjetunion in Dresden auf dem Weißen Hirsch. Ulbricht war nach seinem Exil, in das er 1933 als führender KPD-Funktionär und Reichstagsabgeordneter gehen mußte, schon am Tag der Kapitulation der deutschen Truppen an der Spitze der »Gruppe Ulbricht« in Berlin eingetroffen, wo er die KPD aufbaute und die Stadtverwaltung mitorganisierte. Seine im Exil fortgesetzte Parteiarbeit hatte ihn über Prag, Paris, Spanien 1938 nach Moskau geführt. Die Fähigkeit zur Linientreue in der Partei kam ihm auch in den folgenden Jahren zugute. Er überlebte die Säuberungen Stalins, beteiligte sich maßgeblich an der Bildung des »Nationalkomitees Freies Deutschland« und konnte führende Positionen in der sowjetischen Besatzungszone von 1945–49 besetzen. So wurde er 1946 stellvertretender Vorsitzender der SED, deren Gründung er maßgeblich mitbetrieben hatte. Ab 1953 bekleidete er das Amt des Ersten Sekretärs des Zentralkomitees der SED. In dieser Funktion besuchte Ulbricht mich im März in Dresden.

Was Ulbricht auf dem Weißen Hirsch vorfand, waren vollendete Tatsachen, die eigentlich nicht in die sozialistische DDR paßten. Es war ein privates, fertig eingerichtetes und betriebsbereites physikalisches Forschungsinstitut mit vielen Laboratorien, mit Werkstätten und Wohnmöglichkeit.

In meiner Autobiographie habe ich dargestellt, wie es zum Entstehen dieses Institutes in Dresden kam:

1. Warum *Wahl der DDR?* Weil die Rückgabe der bei Kriegsende beschlagnahmten Lichterfelder Einrichtungen von der

30 *Zwei Tage nach meiner Rückkehr aus der Sowjetunion*
hatte ich am 25. März 1955 ein Gespräch mit dem
Vorsitzenden des Staatsrates der DDR Walter Ulbricht.
Dabei wurden Einzelheiten der Organisation und
Finanzierung meines Privatinstituts auf dem Weißen Hirsch
festgelegt.

Sowjetunion an die Bedingung geknüpft war, daß ich die
DDR als Standort für ein geplantes Institut wähle.

2. Warum ein *privates* Institut? Weil nur dieser Status mir wie
   früher in Lichterfelde die Freiheit in der Wahl der Arbeits-
   themen und der Entscheidungen sicherte. Damit war eine
   hohe Effizienz zu erwarten. Außerdem bestand gute Aussicht, unseren ganzen Kreis vor politischen Zwängen zu
   schützen.

3. Warum bestand keine Gefahr der *Enteignung?* Weil Grund-
   stücke, Gebäude und Einrichtungen aus der 10jährigen erfolgreichen Arbeit in der Sowjetunion finanziert worden
   sind (Stalinpreis, Staatspreis der SU).

Nach einem Rundgang und nachdem ich kurz meine Pläne dargelegt hatte, teilte Ulbricht seine Absicht mit, die Entwicklung des Institutes fördern zu wollen. Er sagte die Zusammenarbeit mit verschiedenen DDR-Ministerien zu, stellte eine günstige Besteuerung in Aussicht und versprach seine persönliche Unterstützung, wenn diese vonnöten sein sollte. Die an diesem Tage getroffenen Entscheidungen haben die Entwicklung des Instituts weit über den Zeitraum des politischen Einflußes von Ulbricht in der DDR hinaus bis zur Wende 1989 beeinflußt. Ich konnte sukzessive die Zahl der Mitarbeiter von anfangs etwa 30 bis zur Wende auf 500 erhöhen.

Auf Ulbrichts Besuch folgten Begegnungen mit fast allen führenden Funktionären der DDR bzw. SED, z. B. mit Grotewohl, Apel, Mittag, Selbmann, Dieckmann und den wechselnden Fachministern. Die Förderung unserer Forschungen war zeitsparend und unbürokratisch. Die 35jährige kontinuierliche Forschung an der Entwicklung der systemischen Krebs-Mehrschritt-Therapie bis zur klinischen Reife ist wohl nur unter DDR-Bedingungen möglich gewesen.

Walter Ulbricht und viele leitende Funktionäre der SED hatten sich bei Aufbau und Sicherung des DDR-Systems durch Verletzung der Menschenrechte schwer belastet. Sie haben Systemgegner konsequent ausgeschaltet und jede oppositionelle Meinungsäußerung zu unterdrücken getrachtet. Im Interesse der Forschung und der Mitarbeiter mußte ich mich zeitweilig, oft gegen die eigene Überzeugung, arrangieren. Das ist nach der Wende von einigen Mitbürgern nicht verstanden und sehr kritisiert worden. Bei Ulbricht wurde die notwendige »Anpassung« dadurch erleichtert, daß er für die Probleme der Wissenschaft sehr aufgeschlossen war. Er konnte zuhören, oft ließ er sich durch gute Argumente überzeugen. Er traf seine Entscheidungen schnell und schritt zur Tat, wenn die Vorschläge gut waren.

Zwischen Gehorsam und Gewissen
Begegnung mit Friedrich Paulus

Am 6. Mai 1955 besuchte uns der ehemalige Generalfeldmarschall *Friedrich Paulus* (*1890 – †1957), der seit seiner Rückkehr aus der Sowjetunion in Dresden ebenfalls auf dem Weißen Hirsch wohnte. Paulus hatte sich 1953, dem Jahr seiner Entlassung aus der Kriegsgefangenschaft, für eine Übersiedlung in die DDR entschieden, obwohl seine Familie in der Bundesrepublik lebte.

Bei der Begegnung im Mai 1955 führten wir das erste der aufschlußreichen Gespräche über die Tragödie von Stalingrad, über seine Entscheidung gegen Hitler, über die Ereignisse des 20. Juli 1944 und über seinen früheren Chef, den Generalfeldmarschall von Reichenau, den ich noch vom Berliner Tennisklub »Blau-Weiß« aus der Zeit um 1935 gut in Erinnerung hatte.

Die tragischen Ereignisse von Stalingrad, mit denen Paulus' Name in der Geschichte verbunden ist, hatten ihn zu einem tief überzeugten Gegner des Krieges werden lassen. Deshalb fand später gerade bei ihm eine Rede, die ich im April 1956 vor dem Nationalrat der Nationalen Front über »Die Verwendung der für militärische Zwecke angehäuften Weltvorräte an Spaltmaterial zum Wohle der Menschheit« hielt, besonders starke Zustimmung.

Ich maße mir nicht an, das Geschehen um Stalingrad in jenem Winter 1942/43 auch nur skizzieren zu wollen. Wir erfuhren in Deutschland von der Einschließung der 6. deutschen Armee erst seit der Januar-Mitte 1943 und dann mit Propaganda-Versionen wie etwa: »In Stalingrad ist der heroische Widerstand der Verteidiger ungebrochen«, bis dann, am 3. Februar, das Oberkommando der Wehrmacht in einer Sondermeldung bekanntgab: »Der Kampf um Stalingrad ist zu Ende.

*31 1955: Treffen mit dem ehemaligen Generalfeldmarschall
Paulus und seiner Tochter auf dem Weißen Hirsch.*

Ihrem Fahneneid bis zum letzten Atemzug getreu, ist die
6. Armee unter der vorbildlichen Führung des Generalfeld-
marschalls Paulus der Übermacht des Feindes und der Ungunst
der Verhältnisse erlegen.« Heute wissen wir, was viele damals
empfanden und allenfalls unter vier Augen zu sagen wagten:
Spätestens Stalingrad war der Wendepunkt des Zweiten Weltkriegs, das definitive Ende von Hitlers militärischer Überlegenheit. Wer sie damals im Rundfunk hörte, dem gellt immer
noch Goebbels' berüchtigte Rede im Berliner Sportpalast am
18. Februar in den Ohren. Der Wortlaut läßt sich nachlesen,
die perfide Steigerung bis zur kühl berechneten Fanatisierung
in Filmdokumentationen verfolgen: »Stalingrad war und ist der
große Alarmruf des Schicksals an die deutsche Nation. Ein
Volk, das die Stärke besitzt, ein solches Unglück zu ertragen
und auch zu überwinden, ja daraus noch zusätzliche Kraft zu
schöpfen, ist unbesiegbar...«. Und dann jene fürchterlichen,
als Frage kaschierten Forderungen »Wollt Ihr den totalen
Krieg?« – »Nun, Volk, steh auf, und Sturm brich los!« – Er kam
als Orkan über Deutschland.

Anläßlich des 30. Jahrestages der Schlacht um Stalingrad ließ die Zeitung »Sowjetskaja Rossija« sowjetische Generäle, Leutnants, Kommissare und Parteisekretäre zu Wort kommen, die seinerzeit bei den Kapitulationsverhandlungen und der Gefangennahme von Paulus und seines Stabes dabei waren. General Schumilow überliefert eine Äußerung Paulus' von jenem 31. Januar 1943: »Mein eigener Fehler bestand darin, daß ich als Soldat den Befehlen des Oberkommandierenden folgte und nicht nach der Einschließung sofort zum Durchbruch ansetzte. Hier trage ich Schuld vor dem deutschen Volk und meinem Gewissen.«

Von ihm selbst weiß ich, wie er mit dieser Gewissensschuld umging. Dem General, dessen Handwerk der Krieg gewesen und der maßgeblich an der operativen Planung für den Fall »Barbarossa«, den Überfall auf die Sowjetunion, beteiligt gewesen war, der schließlich gegen Hitlers Krieg und dann gegen jeden Krieg überhaupt Front machte, blieb – glaube ich – bis heute die gerechte Würdigung im allgemeinen Bewußtsein versagt.

Herbst 1955

Von der Physik zur Krebsforschung
Begegnung mit Otto Grotewohl und Bernhard Sprung

Schon bald nach unserer Rückkehr 1955 aus der Sowjetunion bat mich *Otto Grotewohl* (* 1894 – † 1964), mit dem mich im Laufe der weiteren Jahre ein vertrauensvolles Verhältnis verband, in dem Gebäude des ehemaligen Lingner-Schlosses am Elbufer einen Dresdner Klub der »Intelligenz« – zugegebenermaßen ein schrecklicher Name – zu organisieren und zu leiten.

229

Ich habe diese Leitung dann von 1955 bis fast zur Wende übernommen. Zweck des Klubs war es, leitende Persönlichkeiten der verschiedensten Fachrichtungen aus Hochschulen, aus der Medizinischen Akademie und aus der Industrie zu Gesprächen und gelegentlichem Erfahrungsaustausch zusammenzuführen. Weiter sollten, insbesondere von prominenten Gästen, Vorträge über die jeweils aktuellen Themen des Tages gehalten werden.

Schon kurz nach der Klubgründung lernte ich auf einer der Klubveranstaltungen den damaligen Chef der Chirurgischen Klinik der Medizinischen Akademie Dresden, Professor Dr. med. *Bernhard Sprung* kennen, ein Schüler des Krebsforschers und nachmaligen Gründers des Heidelberger Krebsforschungszentrums Professor Karl Heinrich Bauer. Das Ehepaar Sprung gehörte schon bald darauf zu unserem engsten Freundeskreis in Dresden. Die Intensität unserer Zusammenarbeit auf dem Gebiet der medizinischen Technik spiegelte sich schon bald wider in den Geräteentwicklungen des in seiner Klinik von mir errichteten Operationssaales für Forschungszwecke. – Während meiner Internierungszeit in der Sowjetunion war bei mir eine Magenanalyse notwendig gewesen. Ich mußte dafür die Tortur des Verschluckens eines Gummischlauches von erheblichem Durchmesser über mich ergehen lassen. Diese Erinnerung brachte mich im Gespräch mit Bernhard Sprung auf den Gedanken, einen verschluckbaren Intestinalsender für Analysen während seiner Passage im Magen-Darm-Trakt zu entwikkeln. Dieser mit einer Transistoreinheit, einer Sonde und einer Mikrobatterie in einer schmalen Kapsel untergebrachte Radiosender signalisierte dann die Meßwerte an ein außerhalb des Körpers befindliches registrierendes Meßgerät. Mit drei Typen des verschluckbaren Intestinalsenders konnten die pH-Werte (Säurewerte), Druckwerte oder Temperaturwerte während der Passage zum Empfangsgerät signalisiert werden. Die enge Freundschaft mit diesem prominenten Dresdner Kliniker trug wenige Jahre später zu meinem Entschluß bei, von der Physik zur Krebsforschung überzuwechseln.

Auf internationalen Atomkongressen
Begegnung mit Wassili Jemeljanow

Vor dem Zweiten Weltkrieg war *Wassili Semjonowitsch Jemeljanow* (*1901) im Auftrag der sowjetischen Regierung bei KRUPP in Essen. Er war einer der führenden Metallurgen der Sowjetunion, 1940/41 Vorsitzender des Komitees für Standards der UdSSR und erhielt 1942 den Staatspreis. Während des Krieges entwickelte er u. a. die bekannte gußeiserne Kuppel der sowjetischen Panzer. Nach dem Krieg und dem Abwurf der amerikanischen Atombombe auf Hiroshima erhielt er von Generaloberst Saweniagin den Auftrag, die kernphysikalischen Arbeiten der internierten deutschen Spezialisten zu überwachen und zu unterstützen. Seine eigenen wissenschaftlich-technischen Arbeiten galten auch der Herstellung von speziellen Stählen und Metallegierungen für Kernreaktoren. So wurde Professor Jemeljanow unser unmittelbarer Vorgesetzter. Durch viele Hilfen hat er uns die Erfüllung unserer Pflichten in der Internierungszeit zwischen 1945 bis 1955 erleichtert und auch bei der Rückkehr nach Deutschland entscheidend geholfen. Durch sein Handeln und seine menschliche Güte wurde er mir zum Freund. Nach 1955 vertrat er die Sowjetunion auf allen internationalen Atomkongressen. Bis 1962 war er Mitglied des Ministerrats und Vorsitzender der Zentralen Behörde für die Nutzung der Atomenergie in der UdSSR. Seine die politische Entspannung anstrebende Diplomatie war so erfolgreich, daß er von Seiten der USA eine hohe Auszeichnung erhalten sollte. Er lehnte die Auszeichnung ab. Später wurde er für einige Zeit zum Atomminister der Sowjetunion ernannt.

Bei seinem ersten Besuch 1957 im Dresdener Institut zusammen mit dem sowjetischen Physik-Nobelpreisträger Ilja Michailowitsch Frank erzählte er mir u. a. von einer beginnenden

Zusammenarbeit mit den USA im neuen Geiste, z. B. bei der Erforschung der Kernfusion sowie beim Austausch von Luftaufnahmen der chinesischen Atomforschungszentren.

10. 08. 1957

Zwölf Jahre nach dem »Zehn-Sekunden-Augenblick«
Begegnung mit Nikita Chruschtschow

Zwei Jahre waren nach unserer Rückkehr aus der Sowjetunion vergangen, als der Vorsitzende des DDR-Ministerrates Ministerpräsident Otto Grotewohl mich bei einem Staatsempfang dem sowjetischen Ministerpräsidenten *Nikita Sergejewitsch Chruschtschow* (*1894 – †1971) vorstellte. Grotewohl wies damals mit Stolz auf mein zehnjähriges Wirken bei Suchumi am Schwarzen Meer hin. Chruschtschow reagierte spontan und bewies Detailkenntnisse über die Vorgänge des Jahres 1945: »Ach, Sie sind der Ardenne, der damals seinen Hals so geschickt aus der Schlinge gezogen hat!« Ich antwortete dem hohen Gast, besser könne man meine Gefühle beim Verlassen jener Sitzung mit Marschall Beria nicht beschreiben. Die Worte von Chruschtschow waren mir eine späte Bestätigung der Gefährlichkeit des »Zehn-Sekunden-Augenblicks« bei Marschall Beria 1945. Möglicherweise hätten wir die Heimat nicht wiedergesehen, wenn es bei der Aufgabenstellung »Entwicklung der sowjetischen Atombombe« geblieben wäre! Die Sowjetunion hätte schon alleine aus Gründen des Schutzes vor ungewünschter Verbreitung von Atomwaffen den »Export« des Konstruktionswissens verhindern müssen. Für uns hätte es wohl bedeutet, entweder für den Rest des Lebens abgeschottet

232

*32 Regierungsempfang in Leipzig 1956: am Präsidiumstisch
mit dem sowjetischen Ministerpräsidenten Chruschtschow.*

von der Außenwelt in der UdSSR zu leben, oder wir wären
eventuell, wenn man die Praktiken von Stalin und Beria im
nachhinein betrachtet, nach getaner Arbeit auf unerklärliche
Weise verstorben oder verschollen.

Chruschtschow hatte seit dem Tod Stalins und der Verdrängung Malenkows als Erster ZK-Sekretär sehr an Einfluß in der
Sowjetunion gewonnen. Er war bis dahin ein unauffälliger, flei-
ßiger Parteisoldat gewesen. Die Säuberungen Stalins Ende der
30er Jahre hatte er überstanden. Schritt für Schritt war er dem
Zentrum der Macht in Moskau nähergekommen. Chruschtschow war es, der auf dem XX. Parteitag der KPdSU 1956
die vernichtende Kritik an Stalin als Mensch und Staatsmann
formulierte. Dieser Angriff auf den Stalinismus und den Per-
sönlichkeitskult im sowjetischen Sozialismus hatte weitreichende innenpolitische Konsequenzen. Viele Parteiämter wurden neu besetzt und ein frischer Wind wehte in den folgenden
Jahren im Kreml. Nikita Chruschtschow war bemüht, mit seiner These von der friedlichen Koexistenz eine neue Politik der

Entspannung zu formulieren. Dies gelang ihm aber nur teilweise. Einen gleichzeitigen Schwenk in der Innen- und Außenpolitik erreichte er wegen der Widerstände in der Partei und des wenig gefestigten sozialistischen Blocks in Osteuropa nicht. Die Unterdrückung des Ungarnaufstandes 1956 hatte das bewiesen. Wie erinnerlich, wurde er im Oktober 1964 abgesetzt und galt in der UdSSR als Unperson. Im größten DDR-Lexikon bis dahin noch spaltenlang dargestellt und gefeiert, fand er in Neuauflagen nur knappe Erwähnung. Auch das obligate Bild verschwand.

Zum Zeitpunkt des ersten Chruschtschow-Besuchs in der DDR hatte er die innenpolitischen Turbulenzen überstanden. Seine Gegner hatte Chruschtschow auf der ZK-Sitzung am 3. Juli 1957 endgültig in die Schranken verwiesen. Chruschtschow, der dreimal von 1957–1960 in die DDR reiste und damit die zentrale Bedeutung der Deutschlandpolitik innerhalb der Außenpolitik der UdSSR unterstrich, konnte es sich also leisten, mit gewisser Süffisance auch im befreundeten Ausland über Stalin und Beria zu sprechen.

10. 08. 1957

Vom Wandel der Medizin
Begegnung mit Theodor Brugsch

Auf dem Staatsempfang für Nikita Chruschtschow 1957 kam es auch zu einer der verschiedenen Begegnungen, die ich mit dem Senior der DDR-Ärzteschaft *Theodor Brugsch* (* 1878 – † 1963) hatte, einem der bedeutendsten Kardiologen. Brugsch hat viel in Deutschland zum Fortschritt der Medizin in unserem Jahrhundert beigetragen. Er erzählte bei unseren Begegnungen von seinen Erlebnissen mit Sauerbruch, Krauss, Bergmann, dem

Kronprinzen als seinem Patienten sowie mit seinem Vater Heinrich Brugsch-Pascha, dem Göttinger Professor für Ägyptologie. Theodor Brugsch promovierte 1903 nach medizinischem Studium in Berlin und Leipzig. Es folgten einige Jahre der praktischen Berufsausübung als Arzt in Hamburg-Altona. 1909 ging Brugsch zurück nach Berlin. Er habilitierte und wurde schon 1910 zum Professor für innere Medizin an die Universität Berlin berufen. Wichtige Erfahrungen sammelte Brugsch fachlich wie auch besonders menschlich in seiner Zeit als Militärarzt im Ersten Weltkrieg. Er diente als beratender Internist der IX. Armee in Rumänien. Zurück an der Berliner Universität, erlebte er den gesellschaftlichen Umschwung auch als persönliche Neuorientierung.

1927 erreichte ihn ein Ruf auf den Lehrstuhl für innere Medizin nach Halle, gleichzeitig Direktor der Universitätsklinik. Auch in den späteren Jahren konnte er mit seinen Arbeiten über Diätik, klinische Untersuchungsmethoden sowie über Stoffwechsel-, Herz- und Gefäßkrankheiten über seinen Fachbereich hinaus nachhaltigen Einfluß auf Lehre, Forschung und Krankenhausalltag nehmen. Von den Nationalsozialisten wurde Brugsch 1936 zwangsweise emeritiert und zur Aufgabe aller Funktionen gezwungen. Er überdauerte die nationalsozialistische Zeit als Privatdozent und medizinischer Berater in Berlin. Direkt nach 1945 besann man sich dieses fähigen Mannes und berief ihn zum Leiter der Charité in Berlin und zum Professor an der Humboldt-Universität, für deren Wiedereröffnung er sich einsetzte.

Zahlreiche Veröffentlichungen machten Brugsch weit über Berlin hinaus bekannt. Er war über seine medizinische Qualifikation hinaus ein menschlicher, humanistischen Zielen und der Friedensbewegung verschriebener Politiker, Mitglied der Volkskammer und entsprechender gesundheitspolitischer Gremien. Auch vom Staat wurde er mehrfach ausgezeichnet. Er hat mit seiner Arbeit sehr zu den großen Fortschritten der Medizin beigetragen.

Die Lebenserwartung erhöhte sich in diesem Jahrhundert

von Generation zu Generation. Viel Leid blieb den Menschen dank der Medizin erspart. Erwähnt seien hier die Entdeckung der Röntgenstrahlen durch Conrad Röntgen am Anfang dieses Jahrhunderts, die Verfeinerung der Röntgentechnik durch Röntgen-Computertomographie, der Röntgenbildwandler, die Kernspintomographie, die Sonographie, die endoskopischen Methoden, die Check up-Methoden mit Meßautomaten, die Immunologie, die Patientenüberwachung (insbesondere während Operationen), die Senkung des Operationsrisikos durch vorherige Konditionierung der Patienten mit Sauerstoff-Mehrschritt-Therapie, die Vervollkommnung der Narkose und der Lokalanästhesie, die Weiterentwicklung der Operationstechniken, Operationen mit dem Laser, Entwicklung der Herzschrittmacher, Herz-Lungen-Maschine, Elektrokardiographie, Elektronencephalographie, Organtransplantationen, Verbesserung der Therapien, insbesondere gegen schwere Krankheiten, Bekämpfung von Streßfolgen.

Meist sind mehrere Wissenschaftler oder Wissenschaftlergruppen an den Fortentwicklungen der Medizin beteiligt gewesen, so daß in diesem Buch kaum von Begegnungen mit einzelnen Pionieren dieser Fortschritte gesprochen werden konnte.

12. 06. 1958
Kernphysiker, Nobelpreisträger, Politiker
Begegnung mit Frédéric Joliot-Curie

Noch heute berührt es mich, daran zu denken, daß Professor *Frédéric Joliot-Curie* (* 1900 – † 1958) nur zwei Monate nach unserem letzten Kontakt starb. Er erlag der Strahlenkrankheit als

Folge seiner Laboratoriumsarbeit wie schon zwei Jahre zuvor seine Frau Irène Joliot-Curie und wie 1934 ihre berühmte Mutter Marie Curie, die Entdeckerin des Radiums.

Mit Joliot-Curie hatte ich im Juni 1958 von Dresden aus eine telefonische und briefliche Begegnung. Es ging um meine Einladung zum bevorstehenden Abrüstungskongreß in Stockholm und meinen Vorschlag, die Weltvorräte an Kernsprengstoff für friedliche Zwecke, d. h. zur Erzeugung von Wärme- und Elektroenergie in speziellen Kraftwerken zu nutzen.

Das entsprach ganz der wissenschaftlichen und politischen Überzeugung des Mannes, der sich seit Jahrzehnten für die ausschließlich friedliche Anwendung der Kernenergie eingesetzt hatte und seit 1946 Hoher Kommissar für Atomenergie in Frankreich gewesen war, bis man ihn wegen seiner engen Bindung an die Kommunistische Partei Frankreichs, wegen seiner politischen Aktivitäten und seiner prononciert sowjetfreundlichen Haltung 1950 seines Amtes enthob.

Frédéric Joliot hatte seinen Weg an der Ecole de physique et chimie industrielle in Paris begonnen und dank der Empfehlung seines Lehrers Langevin als Präparator an Madame Curies berühmtem Institut du radium an der Sorbonne fortgesetzt. Hier arbeitete die Tochter Dr. Irène Curie als Assistentin. Sie heirateten 1926. Das Interesse des Forscherehepaars Joliot Curie – eine ideale Arbeitspartnerschaft wie zuvor Pierre und Marie Curie – galt insbesondere den Kernreaktionen. Unter den zahlreichen gemeinsamen Entdeckungen war es die von ihnen 1934 entwickelte strahlungsinduzierte künstliche Radioaktivität, die ihnen 1935 den Nobelpreis für Chemie eintrug.

Das Ehepaar Joliot-Curie hatte entdeckt, daß eine durch Neutronen eingeleitete Kernumwandlung zu instabilen Kernen führt, die sich wie die natürlichen radioaktiven Elemente weiter umwandelten und einem Zerfallsgesetz gehorchten, das in ein mehr oder weniger schnelles Abklingen ihrer radioaktiven Strahlung einmündete. Die künstlich radioaktiven Isotope haben heute eine große Bedeutung für die Physik, die Technik, die Geologie, die Medizin und die Biologie erlangt. Seitdem

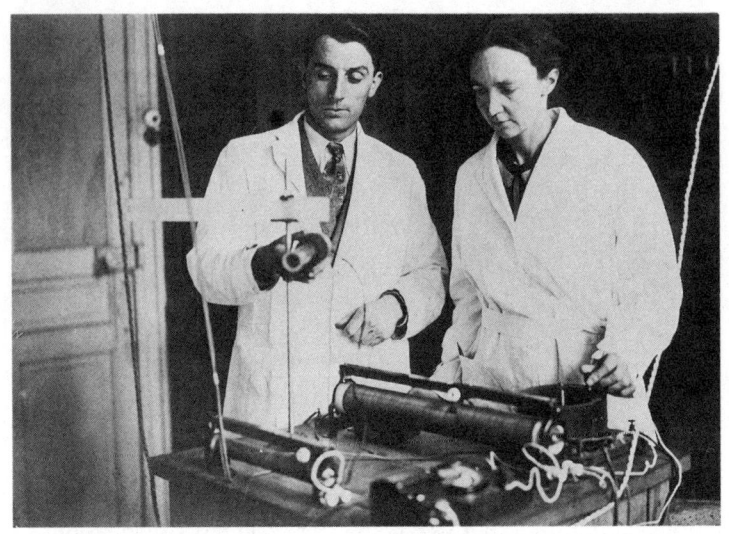

*33 Frédéric Joliot-Curie und seine Frau Irène Curie bei ihren
Arbeiten im Radiuminstitut der Pariser Universität.
Schmerzlich berührte es mich, daß Frédéric Joliot nur zwei
Monate nach unserem letzten Kontakt der
Strahlenkrankheit erlag wie schon zwei Jahre zuvor seine
Frau Irène.*

sind viele Hunderte künstlich radioaktive Isotope erzeugt worden, die sich auf fast alle Plätze des Periodischen Systems der
Elemente verteilen. Es lohnt sich, die vorbildliche Arbeitsweise des Ehepaares Joliot-Curie aufmerksam zu studieren.

Wir bemühten uns seinerzeit in Lichterfelde, für die Nutzung
dieser Entdeckung zur Arbeit mit der Markierungsmethode für
Stoffwechseluntersuchungen von Georg von Hevesy die Untersuchungen am Aufbau des 1-MeV-van-de-Graaff-Neutronen-
Generators durchzuführen. Gleichzeitig strebten wir die Entwicklung des 60-Tonnen-Zyklotrons an.

Als die jahrelangen Forschungsarbeiten von Otto Hahn, Lise
Meitner und Fritz Straßmann Ende 1938 zur Entdeckung der

Spaltbarkeit des Uranatoms geführt hatten, waren es Frédéric Joliot-Curie und seine Mitarbeiter, die kurz danach nachwiesen: Bei der Uranspaltung entstehen mehr als zwei Neutronen, Bruchstücke von großer Energie, die ihrerseits wieder Atomkerne spalten können. Die Möglichkeit der Kettenreaktion und damit einer technischen Nutzung der Kernenergie war erschlossen.

Frédéric Joliot-Curie, seit 1937 Professor am Collège de France und Leiter des Laboratoriums für Atomsynthese in Ivry, Irène Curie und drei Mitarbeiter ließen 1939 ihre Anlage zur Gewinnung von Atomenergie patentieren und überließen das Patent der Nationalen Zentrale des Haut Comité des Recherches Scientifiques, dessen Vizepräsident Frédéric Joliot-Curie war. Dann bricht der Zweite Weltkrieg aus. Frédéric Joliot wird zur französischen Artillerie einberufen. Die Arbeiten am Aufbau eines Atommeilers gehen weiter. Bevor die deutschen Truppen in Paris einrücken, läßt Frédéric Joliot-Curie das im Keller des Collège de France gelagerte schwere Wasser, den wichtigen Moderator in Kernreaktionen, nach England schaffen. Das Institut wird deutscher Leitung unterstellt, einige deutsche Atomwissenschaftler arbeiten am dortigen Zyklotron. Hahn und Sraßmann lehnen das für sich ab. Frédéric Joliot-Curie wird aktives Mitglied der französischen Résistance, der »Nationalen Front zur Befreiung Frankreichs«, tritt 1942 der Kommunistischen Partei Frankreichs bei und gehört seit 1944 dem Zentralkomitee an. Für die Befreiung von Paris produziert sein Laboratorium Sprengstoff und Molotow-Coctails.

Als die Atombomben Hiroshima und Nagasaki vernichten, wendet sich Joliot-Curie gegen den »Verrat an der Wissenschaft« und verurteilt die westlichen Alliierten. Schon 1935 hatte er bei seiner Nobelpreisrede anläßlich der Entdeckung der künstlichen Radioaktivität seiner und seiner Frau Überzeugung herausgestellt: »aktiv am Kampf für die friedliche Anwendung der wissenschaftlichen Entdeckungen teilnehmen.«... »Pflicht des Wissenschaftlers ist es, der Natur ihre Geheimnisse zu entreißen, deren Beherrschung der Menschheit in Zukunft zum Wohle dienen kann. Gleichzeitig ist es seine Pflicht, die friedliche und nur die friedliche Anwendung unserer Entdeckung zu sichern.«

Nach Kriegsende setzt sich Joliot-Curie maßgeblich für den Neuanfang der französischen Wissenschaften ein. De Gaulle bestellt ihn zum Hochkommissar der Atomenergiebehörde (CEA). Der erste französische Atomreaktor, errichtet unter Joliot-Curies Leitung, wird im Dezember 1948 kritisch. Für Frankreich Mitglied und Berater internationaler Kommissionen, vertritt Joliot-Curie öffentlich seine kommunistische und sowjetfreundliche Einstellung, so beim sowjetisch initiierten »Weltfriedenskongreß« 1949 in Paris. Er werde, erklärte er, Sabotage üben, falls Ergebnisse seiner Forschungsarbeit für Kriegszwecke mißbraucht würden, und setzte sich dafür ein, Atomforschungsresultate international zugänglich zu machen. Französischer Patriot zu sein und zugleich glühender Apologet der Sowjetunion, schien ihm kein Widerspruch. Zwei Vaterländer, das eigene und die Sowjetunion? Der Teilnehmer an der Tagung des ständigen »Weltfriedensrates« in Rom, an der Feier des 32. Jahrestages der Revolution in Moskau, Präsident der französisch-sowjetischen Gesellschaft, wurde im April 1950 als untragbar für die nationale Sicherheit und die Beziehungen zu den westlichen Alliierten seines Amtes am CEA enthoben. Seine idealistischen Vorstellungen waren – so nicht nur die offizielle Meinung – wohl von Anfang an als Vehikel globaler Machtstrategien gesehen und eingesetzt worden. Ein Wissenschaftler, der sich selbst überzeugt zum Instrument der Politik machte, als die weltpolitischen Gegensätze und ideologischen Lager im heißen Kalten Krieg aufeinanderprallten.

Seine letzten Jahre stellte sich Frédéric Joliot-Curie ganz in den Dienst des kommunistisch bestimmten »Weltfriedensrates«, zu dessen Vorsitzenden er Ende 1950 gewählt worden war. 1956, zwei Jahre vor seinem Tod, wurde er zum Professor für Atomphysik und Radium-Forschung an der Pariser Sorbonne ernannt: Nachfolger seiner verstorbenen Frau, die wie schließlich auch er ihr Leben für die Forschung gab. Über den

Politiker Joliot-Curie mag die Nachwelt urteilen. »Paradoxerweise«, wertete 1976 ein Pressebericht anläßlich des Erscheinens einer ihm gewidmeten Biographie, »sind es seine naturwissenschaftlichen Arbeiten, die Joliots Namen unsterblich machen.«

04.01.–31.01.1959

Impressionen in Nah- und Fernost
Begegnungen auf der von Otto Grotewohl geleiteten 6-Länder-Reise

Unter der Leitung des DDR-Ministerpräsidenten *Otto Grotewohl* wurde mit Unterstützung des DDR-Außenministers Dr. Lothar Bolz eine 6-Länder-Reise durchgeführt. Sie hatte das Ziel, die diplomatische Anerkennung der DDR durch die besuchten Länder vorzubereiten oder sogar zu erreichen.

Ich wurde gebeten, mich der Delegation anzuschließen, um an den Zielorten Vorträge über Wege zur industriellen Herstellung von Kernspaltstoffen, über die Wirkung von Atomwaffen sowie über die friedliche Nutzung von Atomenergie zu halten. Auf dem Reiseprogramm stand der Besuch von Ägypten, Syrien, Irak, Indien, Vietnam und China.

Ein Blick unter die Pyramiden
Begegnung mit Gamal Abd el Nasser

Aus Anlaß meines Vortrages vor der ägyptischen Atomenergie-Kommission erhielt ich aus der Hand von *Gamal Abd el
Nasser* (* 1918 – † 1970) eine Auszeichnung mit dem Großkreuz
des Verdienstordens mit Band. Es war ein Orden mit breiter
Schärpe, so auffallend, daß ich ihn später nie getragen habe.

Nasser, der mit dem »Komitee der freien Offiziere« 1952 König Faruk I. gestürzt hatte und seit seinem Putsch 1954 gegen
General und Staatspräsident Nagib zum unangefochtenen
Staatspräsidenten von Ägypten geworden war, galt Ende der
50er Jahre als Leitfigur der arabischen Welt. Nasser hatte sich
gegen Nagib gewandt, als dieser angekündigt hatte, zur parlamentarischen Regierungsform zurückkehren zu wollen. 1956
war Nasser dann, nach wichtigen außen- und innenpolitischen
Erfolgen, insbesondere bei den Verhandlungen mit Großbritannien über den Suezkanal, mit unglaublichen 99 % der Stimmen zum Staatspräsidenten gewählt worden. 1958 hatte er Syrien und Ägypten zur Vereinigten Arabischen Republik zu-
sammengeführt. Einer diplomatischen Anerkennung der DDR
durch Nasser wäre Anfang der 60er Jahre vermutlich eine
breite Annerkennungswelle durch die anderen arabischen
Staaten gefolgt. Jedoch blieb die Zusage von Nasser aus. Die
Anerkennung der DDR durch Ägypten erfolgte erst 1969.

Beim Besuch der Pyramiden kam mir der Gedanke, daß man
für die Archäologie ein Gerät entwickeln sollte, das in den Erd-
boden bis in Tiefen von drei bis fünf Metern zu sehen ermöglicht. Die Entwicklung eines solchen Gerätes könnte nach dem
Impuls-Echo-Prinzip, vielleicht mit Schallwellen oder harter
durchdringender Strahlung erfolgen. Mir erschien es nicht un-
wahrscheinlich, daß gerade in der Umgebung der Pyramiden
sich noch Objekte aus dem Altertum im Boden versteckt befinden könnten.

34 *Bei der Ordensverleihung in Kairo durch Präsident Nasser
mit Ministerpräsident Otto Grotewohl.*

Stippvisite in Damaskus
Begegnung mit dem Präsidenten von Syrien

In Damaskus beschränkten sich unsere Gespräche mit dem Präsidenten auf die Nutzung der Kernenergie für friedliche Zwecke, insbesondere zur Gewinnung von Elektroenergie. Die Besichtigung der Omajjaden-Moschee mit der Gedenkstätte für Johannes den Täufer leitete meine Gedanken auf fast 2000 Jahre zurückliegende Zeiten.

Bewaffnete Vorhänge
Begegnung mit Abd al-Karim Kassem

Bei einem Essen, das der irakische Ministerpräsident *Abd al-Karim Kassem* (* 1914 – † 1963), der erst kurz vorher als Führer des Militärputsches gegen König Feisal II. zur Macht gelangt war, unserer Delegation in Bagdad gab, fiel mir auf, daß verdeckt hinter Vorhängen Posten mit schußbereiter Waffe standen. Offenbar war damals Kassem darüber informiert, daß Gegner seiner diktatorischen Politik ihm nach dem Leben trachteten. Er proklamierte die Eigenständigkeit des Irak auch innerhalb der arabischen Welt. Dies brachte die panarabischen Kräfte gegen ihn auf. 1963 erreichte uns die Nachricht von der Ermordung des irakischen Ministerpräsidenten.

Ich hatte bei unserem Besuch in Bagdad wiederum, hier vor der irakischen Atomenergie-Kommission, einen Vortrag zu halten.

Indien – Subkontinent der Widersprüche

Begegnung mit Jawaharlal Nehru und seiner Tochter Indira Gandhi

Wir waren im Palast des Maharadschas von Haidarabad einquartiert. Nach meinem Vortrag an der Dehli-Universität gab es ein Abendessen im kleinen Kreis mit *Jawaharlal Nehru* (*1889–†1964). Nehru, der große indische Ministerpräsident, der Indien aus der kolonialen Bevormundung Großbritanniens geführt hatte, war Ende der 50er Jahre zum wichtigsten und anerkanntesten Politiker der blockfreien Länder geworden. Er hatte mit seiner gewaltfreien Politik und seinem klugen Weg zwischen den Ideologien von West und Ost einen großen Einfluß in der sogenannten Dritten Welt. Eine diplomatische Anerkennung der DDR durch Indien wäre für Otto Grotewohl und die Führung der damaligen DDR ein großer Erfolg gewesen, der Signalwirkung auf viele andere Staaten gehabt hätte.

Bei dem abendlichen Diner erhielt ich einen starken Eindruck von den klugen Gesprächen Nehrus mit unserem Ministerpräsidenten sowie auch von Frau *Indira Gandhi* (*1917–†1984), die bekanntlich nach dem Tode ihres Vaters die politische Leitung in Indien übernahm. Sie war eng vertraut mit der Politik ihres Vaters und fungierte als ständige Beraterin Nehrus auf seinen vielen Auslandsreisen. Nachdem Nehru 1964 an einem Schlaganfall gestorben war, wurde Indira Ghandi Ministerin für Information und Rundfunk. Ab 1966 war sie Premierministerin des Subkontinents Indien. Mit ihr hatte ich eine Unterhaltung über ein Indien-Buch, das mein Vetter, der Verleger Hans Brockhaus in Wiesbaden, ihr gerade übermittelt hatte.

Während des viertägigen Aufenthaltes in Indien hatte ich mehrere unvergeßliche Erlebnisse: Die Besichtigung des Tadsch Mahal in Agra, Eindrücke vom Rande der Bergwelt des Himalaja, das Kennenlernen der nach theoretischen Gesichtspunkten aufgebauten Stadt Chandigarh (Architekt Le Corbusier) und Eindrücke von der furchtbaren Armut der Menschen in Kalkutta.

Gedankenaustausch in Hanoi
Begegnung mit Ho Chi-minh

In Hanoi wohnten wir im Präsidentenpalast von *Ho Chi-minh* (*1890–†1969). Dort lernten wir Ho Chi-minh, seinen Ministerpräsidenten Pham van Dong und General Giap kennen. An meinem 52. Geburtstag hatte ich ein längeres Gespräch mit Ho Chi-minh, der von seinem Volk sehr verehrt wurde.

Ho Chi-minh war eine faszinierende Persönlichkeit. Sein bewegtes Leben erst als Journalist und Photograph, dann als kommunistischer Funktionär in Europa, in Kanton, in Thailand und Hongkong, wo er zum Mitbegründer der KP Indochinas wurde, sein Kampf an der Spitze der Vietminh erst gegen die japanische Besatzungsmacht, dann um die Unabhängigkeit Vietnams gegen die französische Kolonialmacht gab ihm einen reichen Erfahrungsschatz, aus dem heraus er sprach und handelte. Seit der Teilung Vietnams 1954 war er Staatspräsident von Nord-Vietnam, das seit 1957 den Guerillakampf gegen die südvietnamesische Regierung aufgenommen hatte.

Einige Jahre nach unserer Reise begann der ungleiche Krieg zwischen den USA und Nord-Vietnam. Nord-Vietnam begegnete den USA mit unerwarteter Widerstandskraft. Die Stärke Vietnams war offenbar darauf zurückzuführen, daß ein großer Teil des Volkes damals hinter Ho Chi-minh stand, es sich für Nord-Vietnam um einen Verteidigungskrieg handelte und die Natur des Landes erfolgreich für den Partisanenkampf genutzt wurde. Wie die Geschichte gezeigt hat, mußten die USA letzt-

35 Begegnung mit Ho Chi-minh im Präsidentenpalais von Hanoi.

endlich Vietnam als Verlierer verlassen. Ho Chi-minh, einer der bekanntesten Führer des Weltkommunismus, wurde später zu einer Kult- und Symbolfigur einer Generation, die begeistert war von Ho's Lebenswerk, der Befreiung Indochinas von den kolonialen Mächten.

36 *Besuch beim Vorsitzenden der Volksrepublik China Mao
Tse-tung in seinem Amtssitz in Peking am 27. Januar 1959.*

Im Reich der Mitte
Begegnung mit Mao Tse-tung und Tschou En-lai

Mao Tse-tung (*1893–†1976) stand damals als Vorsitzender
und Staatsoberhaupt der 1949 proklamierten Volksrepublik
China etwa auf dem Höhepunkt seiner Macht, zu deren Sicherung und Nutzung sein engster Vertrauter Tschou En-lai wesentlich beigetragen hatte. Mao Tse-Tung und *Tschou En-lai*
(*1898–†1976) gingen viele Jahre einen gemeinsamen Weg,
bis sie ihr Ziel erreichten. Der Höhepunkt ihres langen Kamp-
fes war wohl die siegreiche Gründung der Volksrepublik
China. Tschou En-lai hatte in jungen Jahren in Deutschland
und Frankreich studiert. Er erzählte bei einem Abendessen im
kleinen Kreis von dieser Zeit.

Die Chinesen legten Wert auf einen Vortrag von mir über die Probleme der Gewinnung von Kernspaltstoffen im industriellen Maßstab sowie über spezielle Probleme der Entwicklung von Atomwaffen. Mir fiel bei der Diskussion nach meinem Vortrag die hervorragende Sachkenntnis mehrerer Diskussionsredner auf. Ich erkundigte mich nach ihrer Ausbildung. Es stellte sich heraus, daß die betreffenden Wissenschaftler ihre Ausbildung in bedeutenden europäischen Instituten erhalten hatten. Bei dieser Veranstaltung war schon damals zu erkennen, daß die Chinesen relativ schnell über die Möglichkeit von Atomwaffen aus eigener Fertigung verfügen würden.

17.12.1959
Architekt der Biologie und Biochemie
Begegnung mit Otto Warburg

Otto Heinrich Warburg (*1883–†1970) war der Sohn des bedeutenden Experimentalphysikers und Präsidenten der Physikalisch-Technischen Reichsanstalt in Berlin Professor Emil Warburg. Otto Warburgs Weg schien auf ideale Weise vorbestimmt: »Im Hause meiner Eltern«, berichtete er später in einer autobiographischen Aufzeichnung, »lernte ich die Sterne der Naturwissenschaften kennen, die damals in Berlin versammelt waren: den Chemiker Emil Fischer, die Physiko-Chemiker Jacobus Henricus van 't Hoff und Walther Nernst, die Physiker Planck und Einstein. Von ihnen allen lernte ich Physik und Chemie, vor allem Chemie in dem Laboratorium von Emil Fischer, physikalische Chemie in dem Laboratorium von Nernst und Physik im Strahlungslaboratorium der Reichsanstalt, wo ich unter Leitung meines Vaters Quantenausbeuten photochemischer Reaktionen gemessen habe.«

37 *Von Otto Warburg, dessen Stellung in der Biochemie man
mit den Leistungen von Louis Pasteur im 19. Jahrhundert
vergleichen kann, bekam ich bei unseren Forschungen von
1963 bis 1970 immer die großzügigste Unterstützung. Hier
der Nobelpreisträger (sitzend) mit seinem Freund Jakob
Heiss und dem Ehepaar von Ardenne 1966 in Bad Scha-
chen bei Lindau.*

In Berlin bei seinem zeitlebens verehrten Lehrer Emil Fischer zum Dr. phil. und dann in Heidelberg bei Ludolf von Krehl, dem großen Arzt und Physiologen, zum Dr. med. promoviert, berief ihn Emil Fischer 1913 als wissenschaftliches Mitglied an das eben in Berlin-Dahlem gegründete Kaiser-Wilhelm-Institut für Biologie. Physik, Chemie, Medizin, Biologie: Der umfassende Kreis des Forscherlebens von Otto Warburg war abgesteckt. »Seit ich begann, selbständig wissenschaftlich zu arbeiten, ist es immer... mein Thema gewesen, wieweit sich Lebensvorgänge auf Physik und Chemie zurückführen lassen.« Otto Warburg hatte im Hause seines Vaters erlebt, wie Planck aus Präzisionsmessungen der Strahlung des schwarzen Körpers die Quantentheorie ableitete. Das regte den jungen Wissenschaftler an, das exakte Messen in Biologie und Biochemie einzuführen.

1929, bald nach Beginn seiner Messungen von Stoffwechselvorgängen am lebenden Objekt, hielt Warburg in New York einen Vortrag über seine Methoden und Ergebnisse. Dabei war ein Vertreter der Familie Rockefeller anwesend, der nach dem Vortrag Warburg erklärte: Die Rockefeller Foundation sei bereit, ihm ein Institut in Berlin zu bauen, wo und wie Warburg dies wünsche. Warburg suchte sich unter den Schlössern des preußischen Adels das Schloß der Familie von der Marwitz aus und ließ eine Nachbildung in Berlin-Dahlem, Garystraße, errichten. So entstand, auch mit Förderung der Richard-Gradenwitz-Stiftung, das berühmte Kaiser-Wilhelm-Institut für Zellphysiologie in Dahlem. Weiter hatte der Vertreter der Familie Rockefeller ihm zugesagt, daß er jährlich eine Million Mark für den Betrieb des Institutes erhalten würde. Er brauche nicht darüber abzurechnen. In der heutigen Zeit, wo etwa 50% der Arbeitskraft von Forschern durch Anträge, Stellungnahmen zu Gutachten und Abrechnungen in Anspruch genommen sind, muten diese Geschehnisse wie ein Märchen aus einem Land ohne Bürokratismus an.

Otto Warburg war unter diesen Bedingungen immer in der Lage, seine Forschungsthemen selbst zu bestimmen. In der

38 Professor Otto Warburg, Träger des Ordens »Pour le
    mérite«, auf einer Briefmarke der Deutschen Bundespost
    1983.

Wahl seiner Mitarbeiter war er frei. Keine universitären Zwängen hielten ihn zu ungeliebten Kompromissen an. 1930 zum
Direktor des Instituts berufen, mit dem Professorentitel geehrt, lehnte Warburg es stets ab, Vorlesungen zu halten. Das
sei Zeitverschwendung für den Dozenten und eher Zerstreu-

ung als konzentrierte Arbeit für Studenten. Der Herr in seinem »Palace of Cell Physiology«, wie es die Ausländer nannten, brauchte und bewahrte ein ungewöhnliches Maß von Freiheit und Unabhängigkeit für seine wissenschaftlichen Erfolge. In seinem Privatleben mit dem Lebensstil eines Aristokraten galt er als Einzelgänger. Wenn es um die Belange seiner wissenschaftlichen Erkenntnisse ging, konnte er bis zur Aggressivität kämpferisch sein. Seinen Mitarbeitern, viele Techniker und wenige Akademiker, verlangte er mit seiner preußischen Disziplin viel ab. Die Förderung herausragender Nachwuchsforscher machte er sich zur Pflicht. Drei seiner Schüler und zwei von deren Schülern wurden Nobelpreisträger: Hans Krebs (*1900–†1981), Fritz A. Lipmann (*1899–†1986), Hugo Theorell (*1903–†1983), Severo Ochoa (*1905–†1993) und Feodor Lynen (*1911–†1979).

Die Stellung Otto Warburgs in der Biochemie hat man mit der Bedeutung Louis Pasteurs im 19. Jahrhundert verglichen. Durch Messungen mit der von ihm erdachten manometrischen Methode klärte Warburg beispielsweise den Atmungs- und den Gärungsstoffwechsel der lebenden Zelle. Durch Messungen entstanden seine grundlegenden Beiträge zur Vitaminforschung. Auch durch seine Forschungen zum Stoffwechsel der Tumoren und zur Photosynthese der Pflanzen und durch viele weitere Arbeiten wurde er zum Architekten der Biologie und Biochemie. Ein großer Teil der bis heute von der Biochemie angewandten Methoden ist Otto Warburg und seinen Weiterentwicklungen zu verdanken: die Manometrie, die Spektrophotometrie und die Einführung der Gewebeschnitt-Technik.

»Für die Entdeckung der Natur und der Funktion« des sauerstoffübertragenden Atmungsfermentes, eines biologischen Katalysators, war Warburg 1931 mit dem Nobelpreis für Medizin geehrt worden. Weitere zweimal war er Nobelpreiskandidat. Das schwedische Komitee hatte ihm bereits 1927 die Ehrung für die Untersuchung des Gärungsstoffwechsels der Krebszellen zugesprochen. Aber die medizinische Fakultät der Universität Stockholm traf eine andere Wahl. 1944 wurde Warburg einhellig aufgrund seiner Erforschung des wasserstoffübertragenden Atmungsferments und für seine Arbeiten über die Photosynthese für den Medizin-Nobelpreis ausersehen. Aber Hitler hatte bekanntlich allen Deutschen die Annahme des Nobelpreises verboten.

Im »Dritten Reich« hatte Otto Warburg seine Forschungen mit seinem Institut ungehindert fortsetzen können, obgleich er nach der inhumanen NS-Einstufung »Halbjude« war und väterlicherseits aus einer angesehenen jüdischen Familie stammte. Sie hatte maßgeblichen Anteil an der Gründung der Universität Hamburg vor dem Ersten Weltkrieg und an ihrer Wiedererrichtung nach 1945. Der ältere Bruder, der Bankier Max Warburg, leitend im väterlichen Bankhaus M. M. Warburg & Co., Hamburg, tätig, 1919 Mitglied der deutschen Delegation an den Versailler Friedensverhandlungen, war 1938 in die USA emigriert. Wohl sogar auf Weisung Hitlers, der Angst vor Kehlkopfkrebs hatte, veranlaßte Göring eine »Neuberechnung« der Abstammung des bedeutenden Krebsforschers, die Warburg als »Vierteljuden« einstufte. Als er wegen politischer Äußerungen denunziert wurde, deckte ihn ein hoher Beamter. Wie Margret Boveri sich erinnerte, las er nach 1933, solange es sie in Deutschland gab, nur noch eine Zeitung: »The Times«. »Das gab«, so Boveri, »eine Basis der Verständigung über die damaligen Geschehnisse in unserem Lande.« Und weiter:»Die Machthaber... haben gewußt, daß sie es mit einem Manne zu tun hatten, den sie nicht anrühren konnten.« 1944/45 hieß überall in Berlin die Frage: Bleiben oder Gehen. Zwanzig Jahre später, als man ihm längst von einigen Seiten vorgeworfen hatte, daß er Deutschland nach 1933 nicht verließ, schrieb er Margret Boveri:»Wir hatten recht, daß wir geblieben sind.«

Bis zum Juli 1945 regierte die sowjetische Militäradministration allein über Berlin. Im Juni wurde Otto Warburgs Institut vollständig demontiert. Im Sommer besetzte die nunmehr amerikanische Besatzungsmacht die Kaiser-Wilhelm-Institute in Dahlem. Otto Warburg wurde zunächst ausgesperrt. Aber bald konnte sein Institut wieder voll ausgerüstet arbeiten. General

Clay und Marschall Schukow förderten den weltweit angesehenen Wissenschaftler. Im Namen der sowjetischen Regierung erklärte Schukow, daß die »Demontage seines Instituts ein Mißgriff gewesen sei und ein Unglück für die Wissenschaft.« Insbesondere beschäftigte den Gelehrten in den letzten beiden Jahrzehnten seines Lebens das Problem der Krebsentstehung. Gegen vielfache Einwände vertrat er unbeirrt seine These, daß Krebs letztlich durch Sauerstoffmangel ausgelöst und möglicherweise durch die Zufuhr von Atmungsfermenten gehemmt werden könne.

Meine Begegnung mit Otto Warburg am 17. Dezember 1959 in der Sektion Medizin der Deutschen Akademie der Wissenschaften – eine von vielen Begegnungen zuvor – hatte für mich schicksalhafte Bedeutung. Nach meinem Vortrag über einen Weg zur Realisierung einer von Warburg vorgeschlagenen Krebstherapie (Krebszellenvernichtung durch H_2O_2-Einwirkung auf von roten Blutzellen nahezu befreites und tief unterkühltes Körpergewebe) überzeugte mich Warburg davon, daß es für mich richtig sei, von der technischen Physik zur Krebsforschung überzugehen. Seine Worte waren: »Ein Wissenschaftler muß den Mut haben, die großen ungelösten Probleme seiner Zeit anzugreifen«. Sie gaben den Ausschlag. Ich folgte seinem Vorschlag, und in 35jähriger Forschung entstanden die systemische Krebs-Mehrschritt-Therapie und die Sauerstoff-Mehrschritt-Therapie, die ich als Krönung meines Lebens ansehe.

Ich habe von Otto Warburg bei unseren Forschungen in den Jahren von 1963–70 immer die großzügigste Unterstützung erhalten. Regelmäßige Besprechungen mit Otto Warburg in seiner imponierenden Bibliothek haben wichtige Entscheidungen und Beurteilungen beflügelt und manchmal auch erst möglich gemacht. Eine detaillierte Beschreibung seines großen Einflußes auf die verschiedenen Stadien der von mir entwickelten Krebs-Mehrschritt-Therapie führte an dieser Stelle zu weit. 1967 schrieb Otto Warburg mir, als meine Krebs-Therapie von Fachkollegen heftig kritisiert wurde: »Sie können jetzt nur noch einen Fehler machen: daß Sie, entmutigt durch zu vielen Widerstand, zu früh aufgeben. Vielleicht kann ich in dieser Hinsicht nachahmenswert sein. Je mehr Widerstand ich fand, um so mehr griff ich an und um so besser wurden meine Waffen. In Staub mit allen Feinden Brandenburgs.«

Für onkologisch interessierte Leser gebe ich nachstehend auch drei zusammenfassende Darstellungen meines durch zwei Wiederholungen der Behandlung sehr aussichtsvoll gewordenen Konzeptvorschlags 1996 der systemischen Krebs-Mehrschritt-Therapie.

Die systemische Krebs-Mehrschritt-Therapie, deren gute Verträglichkeit heute durch über 700 Behandlungen bewiesen ist, strebt eine hohe Selektivität durch die sinnvolle Verkettung vieler selektiver physiologischer Mechanismen an. Zur Verstärkung der therapeutischen Effizienz habe ich bereits 1987 auf einem Kongreß in Berlin einen Vortrag gehalten und im Februar 1987 bei der Zeitschrift »Radiobiologia / Radiotherapia« eine Arbeit eingereicht mit dem Titel »Effizienzsteigerung hochdosierter Halbkörperbestrahlung durch Kombination mit Krebs-Mehrschritt-Therapie«. Aus finanziellen Gründen und wegen mangelnder Unterstützung konnte leider bisher dieser Vorschlag, bei dem die Strahlenwirkung durch Hyperthermie und Hyperglykämie wesentlich verstärkt wird, noch nicht realisiert werden. Eine weitere Entwicklung des sKMT-Konzeptes 1996 ist der Vorschlag, die Hauptbehandlung im Abstand von etwa 4 Wochen noch zweimal zu wiederholen. Ich wünsche mir, daß jene Krebskranken mit Metastasen, die sich im Stadium konventionell nicht mehr kontrollierbarer Progression ihrer Krankheit befinden, Vertrauen zu meiner Ganzkörpertherapie hoher Selektivität gewinnen.

---

* Durchführung von Halbkörperbestrahlung zum Zeitpunkt der stärksten Tumorübersäuerung (pH-Minimum).

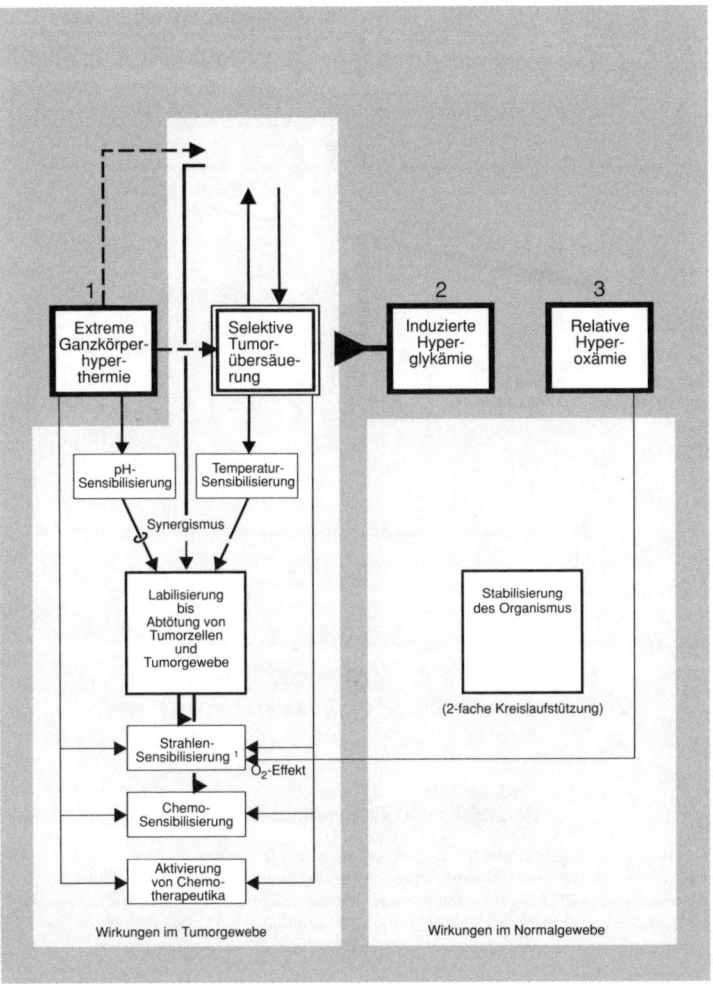

Within the figure:

1 Extreme Ganzkörperhyperthermie

Selektive Tumorübersäuerung

2 Induzierte Hyperglykämie

3 Relative Hyperoxämie

pH-Sensibilisierung

Temperatur-Sensibilisierung

Synergismus

Labilisierung bis Abtötung von Tumorzellen und Tumorgewebe

Stabilisierung des Organismus

(2-fache Kreislaufstützung)

Strahlen-Sensibilisierung [1]

O_2-Effekt

Chemo-Sensibilisierung

Aktivierung von Chemotherapeutika

Wirkungen im Tumorgewebe

Wirkungen im Normalgewebe

257

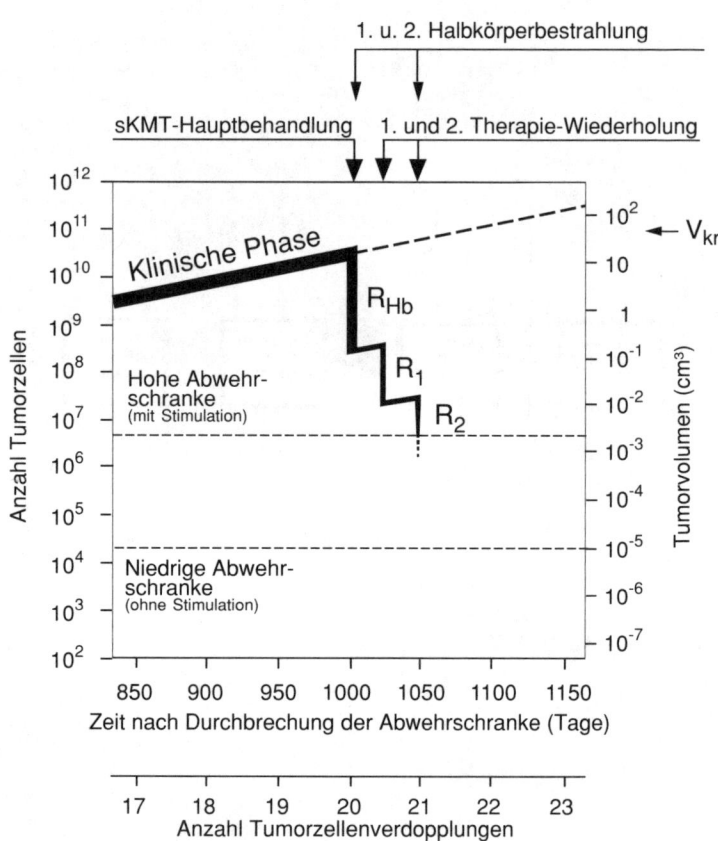

Schema zu einem möglichen Therapieverlauf nach dem Kriterium der Tumormasse bzw.
-zellzahl bei sKMT ohne Chemotherapie mit zwei Wiederholungen der Haupttherapie im
Abstand von jeweils 1 bis 2 Wochen (je nach Möglichkeit im individuellen Fall). Nach dieser hypothetischen Darstellung wird bei der 3. Behandlung eine Verminderung der Tumormasse bzw. -zellzahl auf ein von einer guten (stimulierten) körpereigenen Abwehr be-
herrschbares Maß erreicht. Die Abbildung hat lediglich Modellcharakter und soll nur das
Prinzipielle der Vorgänge veranschaulichen. Die angenommenen Werte haben nur orien-
tierende Bedeutung.
In dieser Darstellung (sKMT mit Halbkörperbestrahlung) wurde eine Verdoppelungszeit
von 50 Tagen und eine Tumorzellen-Tumorvolumenäquivalenz von 10^9 Zellen/cm^3 angenommen. Bei V_{kr} liegt ein als kritisch angenommenes Tumorvolumen, das nicht überschritten werden sollte.

Gesamtabtötungsrate $\approx R_{Hb} \cdot R_1 \cdot R_2$

R_{Hb}	=	Abtötungsrate Hauptbehandlung
R_1	=	Abtötungsrate 1. Wiederholung
R_2	=	Abtötungsrate 2. Wiederholung

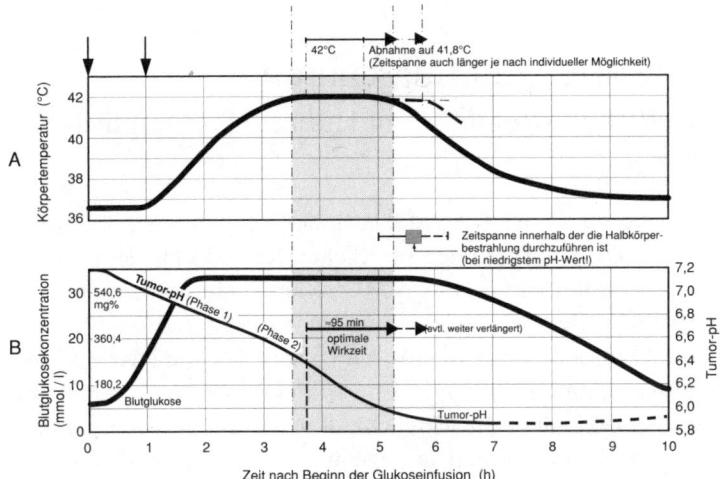

Zeit nach Beginn der Glukoseinfusion (h)

Verlauf der Körperkerntemperatur (A) und Blutglukosekonzentration (B) sowie möglicher Verlauf des Tumor-pH* (B) bei induzierter Hyperglykämie und extremer Ganzkörperhyperthermie bei systemischer Krebs-Mehrschritt-Therapie nach dem Programmkonzept 1996. Modelldarstellung des angestrebten Verlaufes der dargestellten Parameter auf der Grundlage von Erfahrungen bei Krebspatienten (Körperkerntemperatur, Blutglukosekonzentration) und aus Versuchen an Tumortieren (Tumor-pH).

Eine besonders starke tumortoxische (zytostatische, antineoplastische) Wirksamkeit ist beim zeitlichen Zusammentreffen von hoher Körpertemperatur und starker Tumorübersäuerung zu erwarten. Bei einem angenommenen Tumorübersäuerungswert von pH 6,4 ergibt sich nach der Darstellung eine optimale Wirkzeit der sKMT von ca. 80 min. bzw. auch länger bei weiterer Verlängerung der Plateau-Phase in günstigen Fällen. Innerhalb dieser Zeitspanne bzw. kurze Zeit danach (wegen Patiententransport) sollte auch der vorgesehene Therapieschritt der Schwachdosis-Halbkörperbestrahlung erfolgen (bei niedrigstem pH-Wert!). Er konnte aus Mangel an finanziellen Zuwendungen bisher nicht realisiert werden.

* Die hohen Hyperthermietemperaturen bewirken eine zusätzliche Tumorübersäuerung (Phase 2 der pH-Kurve).

259

Schwerter zu Pflugscharen
Briefliche Begegnung mit Hubert H. Humphrey

Ich habe schon in der Schilderung der Begegnung mit meinem Freund Dr. Zworykin den brieflichen Kontakt mit *Hubert Horatio Humphrey* (* 1911 – † 1978) erwähnt. Humphrey, der Mitbegründer der »Americans for democratic action«, trat als amerikanischer Senator aus Minnesota für eine Ausgleichs- und Abrüstungspolitik ein. Er war im intensiven Gespräch mit Dr. Zworykin über die Möglichkeiten der Umprofilierung militärischer Produktionen auf friedliche Konsumproduktionen. Dieses Thema hatte viele Facetten, die zu bedenken waren. Da war einmal grundsätzlich der politische Wille, den es zu hinterfragen galt. Die ökonomischen Konsequenzen waren möglichst verläßlich zu prognostizieren. Eine Umstruktierung der Arbeitsplätze und der Qualifikation der Mitarbeiter würde weitreichende gesellschaftliche Veränderungen mit sich bringen. Damit galt es also auch, die soziale Komponente abzuwägen. Und natürlich hing die Machbarkeit der Umprofilierung von den technischen Möglichkeiten ab, eine Waffenfabrik mit ihrer hohen Spezialisierung auf bestimmte Fertigungsprozesse überhaupt auf eine konsumartikelorientierte Produktion umzurüsten.

Dr. Zworykin war Ende der 50er Jahre – der Zeit militärischer Hochrüstung und erbitterter ideologischer Abgrenzungen zwischen Ost und West – der Präsident der »International society for medical Electronics and Engineering« und ich, sein Freund auf der anderen Seite des ideologischen Vorhangs, war Präsident der »Gesellschaft für medizinische Elektronik und Technik«. Wir waren somit beide in synergetischen Positionen, von denen aus – den politischen Willen der Regierungen vorausgesetzt – eine sinnvolle konzeptionelle Arbeit zur Umprofilierung der Rüstungsproduktion möglich gewesen wäre.

Dr. Zworykin und ich trafen uns aus Anlaß der brieflichen Anfrage von Hubert H. Humphrey, der später, 1965, unter Präsident Lyndon B. Johnson Vizepräsident der Vereinigten Staaten von Amerika wurde. In Prag formulierten wir gemeinsam ein Dokument mit Vorschlägen zur praktischen Durchführung der Umprofilierung auf unserem Gebiet. Bei unseren Vorschlägen mußten wir bedenken, daß der kalte Ost-West-Krieg vieles Denkbare noch ausschloß. Noch wurde der Frieden nur durch die brutale Gewalt des nuklearen Patts gesichert.

Leider mußten noch etwa 35 Jahre vergehen und es bedurfte der Taten von Präsident Gorbatschow, bis die Zeit reif war für eine weitreichende Vernichtung der schrecklichen ABC-Waffen. Auch dürfte zu dieser Entwicklung die Erkenntnis beigetragen haben, daß auf die Dauer die immensen Kosten der offensiven und defensiven ABC-Rüstung nicht bezahlbar sind. In diesen 35 Jahren haben bedeutende deutsche Persönlichkeiten für die friedliche, gute Zukunft und ihre Vorbereitung gearbeitet. In diesem Zusammenhang sei erinnert an: Willy Brandt, Egon Bahr, Carl Friedrich von Weizsäcker und Wolf Graf Baudissin.

06. 09. 1963

Der Entdecker der antibakteriellen Chemotherapie
Begegnung mit Gerhard Domagk

»Ein Wachbeamter, der seinen abendlichen Rundgang machte, fragte mich: ›Warum bist du hier eingesperrt?‹, und ich entgegnete: ›Weil ich den Nobelpreis bekommen habe.‹ Der Wärter antwortete nichts darauf; aber nach einigen Schritten traf er einen Kollegen und sagte zu ihm: ›In der Zelle nebenan, da sitzt ein Verrückter.‹« Geschehen im November 1939 vor Zelle 10 im Wuppertaler Untersuchungsgefängnis. Häftling: Dr. Gerhard Domagk, außerordentlicher Professor an der Universität Münster, Leiter des Instituts für experimentelle Pathologie und Bakteriologie der Elberfelder Bayer-Werke der I.G.Farben-Industrie.

Am 26. Oktober 1939 gegen Mitternacht hatte Gerhard Domagk ein dringendes Telegramm aus Stockholm erhalten. Professor Gunnar Holmgren teilte darin mit, daß das Königlich Karolinische Medizinisch-Chirurgische Institut beschlossen hatte, ihm den diesjährigen Nobelpreis für Physiologie und Medizin für die Entdeckung der antibakteriellen Wirkung von »Prontosil« zuzuerkennen. Am 17. November wurde Domagk von Beamten der Geheimen Staatspolizei festgenommen. Erst später erfährt er: Er habe zu erfreut und zu höflich nach Stockholm geantwortet. Nach einer Woche entlassen, wird er vor einem Vortrag am Potsdamer Bahnhof von Gestapo-Beamten abgefangen und veranlaßt, ein vorbereitetes Schreiben an das Nobelkomitee zu unterzeichnen. »Entsprechend dem Gesetz, über das ich jetzt genau unterrichtet bin, kommt nur eine Ablehnung des mir angebotenen Preises in Frage.« Gemeint ist Hitlers Verbot der Nobelpreisannahme vom 30. Januar 1937.

Als »nichts Geringeres als eine Revolution in der Heilkunde« hatte damals ein Mitglied des Stockholmer Professorenkollegiums Gerhard Domagks Entdeckung vom Dezember 1932 bezeichnet. »Ohne Domagk keine Sulfonamide, ohne Sulfonamide kein Penicillin, ohne Penicillin keine Antibiotika«. Auf diese Formel brachte der spätere Nobelpreisträger Sir Alexander Fleming, der Entdecker und Erforscher des Penicillins, die herausragende wissenschaftliche Leistung des Pathologen und Bakteriologen *Gerhard Johannes Paul Domagk* (*1895–†1964). Ich begegnete ihm anläßlich einer Medizinertagung in Bad Königsfeld. Er hatte durch Otto Warburg von meinem Konzept der Krebs-Mehrschritt-Therapie erfahren, das ihm aussichtsreich erschien. Wir führten ein eingehendes

39 *In einer Laudatio für Nobelpreisträger Gerhard Domagk*
sagte Otto Warburg: »*Man sollte auf allen Bergen Denk-*
mäler für Gerhard Domagk errichten.« *Er habe durch seine*
Forschungen mehr Menschenleben gerettet, als in zwei
Weltkriegen vernichtet worden sind.

Gespräch über den Stand der Krebsforschung, der er sich schon seit vielen Jahren zugewandt hatte: der dritte Hauptschwerpunkt seines Forscherlebens.

Der junge Domagk aus der Mark Brandenburg hatte in Kiel mit dem Medizinstudium begonnen, war 1914 wie Hunderttausende seiner Generation als Kriegsfreiwilliger eingerückt. Er überlebte, als mehr als 2000 seiner kaum ausgebildeten Kameraden der vor allem aus Studenten rekrutierten 6. Reservedivision beim Sturm auf Langemarck im belgischen Westflandern in den Tod gingen. An der Ostfront verwundet, erlebt Domagk im Sanitätsdienst, in Feldlazaretten, in Polen, Rußland und schließlich bei Verdun und an der Somme das hilflose Sterben an Wundinfektionen, Gasbrand, Ruhr, Cholera, Typhus und Meningitis: die Machtlosigkeit der Ärzte gegen die bakteriellen Erkrankungen.

»Diese furchtbaren Erlebnisse«, schrieb er in seinen autobiographischen Aufzeichnungen – zu seinem 100. Geburtstag 1995 von der Bayer AG erstmals der Öffentlichkeit zugänglich gemacht –, »haben mich lange verfolgt und nach Wegen suchen lassen, wie man den Bakterien wirksam begegnen könnte. Schon damals hatte ich den Wunsch, zu arbeiten und zu arbeiten, um einen kleinen Beitrag zur Lösung dieses Problems zu leisten, falls ich noch einmal lebend in die Heimat zurückkehren sollte.«

Nach dem medizinischen Staatsexamen und der Promotion in Kiel, Assistentenzeit am Pathologischen Institut der Universität Greifswald, Habilitation – über ein für die Vernichtung von Infektionserregern wichtiges immunbiologisch aktives Zellgruppensystem – und Privatdozententätigkeit für Pathologie an der Universität Münster mit Arbeiten nicht nur über bakterielle Erkrankungen, sondern auch mit experimenteller Tumor-Forschung kam 1927 der entscheidende Ruf der Industrie. Professor Dr. Heinrich Hörlein, der Leiter der pharmazeutischen Forschung der Farbenfabriken Bayer in Elberfeld, bot ihm die Gründung und Leitung jenes Instituts für experimentelle Pathologie und Bakteriologie an, dem Domagk zeitlebens verbunden bleiben sollte. Der Chemotherapie galt dort sein Hauptinteresse. Er gewann die Überzeugung, daß es damit möglich sein müßte, die Abwehrkräfte künstlich zu steigern oder aber die Bakterien zu schwächen. Vier Jahre lang arbeitete Domagk systematisch an der Suche nach chemischen Substanzen, Farbstoffen, die sich fest an Bakterien koppeln und sie dadurch abtöten. Hunderte von Substanzen unterschiedlicher Konstitution, synthetisiert von den Chemikern Dr. Fritz Mietzsch und Dr. Josef Klarer, werden von Domagk in endlosen Testreihen erprobt. Keine ist wegen ihrer schädlichen Nebenwirkungen klinisch verwendbar. 1932 gelingt der Durchbruch. Bereits seit mehr als zwei Jahrzehnten waren sulfonamidhaltige Azofarbstoffe zur Textilfärbung im Handel. Von ihrem therapeutischen Wert hatte niemand geahnt. Domagk entdeckte, daß der Azofarbstoff mit dem späteren Handelsnamen »Prontosil« Streptokokken, Kugelbakterien, tötete, bei infizierten Mäusen und Kaninchen unschädlich war und erstaunliche Heilwirkungen zeitigte. Der chemotherapeutische Angriff war gelungen.

Die klinische Prüfung lief nur zögernd an. Die Prontosil-Versuche wurden von Vielen als unrichtig und unreproduzierbar abgelehnt. Kam doch das Dogma zu Fall, Bakterien seien chemotherapeutisch nicht angreifbar. »Es gehört viel Sicherheit und Ausdauer dazu, um dann nicht schwankend zu werden...«. Aber es gab auch Berichte von sensationellen Erfolgen. Eines Tages stach sich Domagks Tochter Hildegard versehentlich mit einer Nadel: Streptokokken-Infektion. Angesichts des bald gefährlichen Zustands – die Amputation des Armes schien letzter Ausweg – entschloß sich der Vater, Prontosil zu injizieren. Die Heilung gelang.

Nach ausgedehnten klinischen Prüfungen wurde Prontosil durch Bayer 1935 der medizinischen Fachwelt zugänglich gemacht. Auf das erste therapeutisch wirksame Sulfonamid folgten weitere Entwicklungen Domagks. Er entdeckt Stoffe mit breiterem Spektrum und noch besserer Wirksamkeit. Domagks Pionierleistung löste in vielen Laboratorien der Welt die systematische Suche nach weiteren antibakteriellen Wirkstoffen aus. Allein bis 1938 erschienen in aller Welt über 1000 Veröffentlichungen über experimentelle und klinische Erfolge mit den neuen Heilmitteln gegen Staphylokokken, Meningokokken, Pneumokokken, Gasbranderreger und andere Bakterien. Ein neues Zeitalter der Medizin war angebrochen. Millionen von Menschen, die früher infolge bakterieller Infektionen starben, konnten gerettet werden. Bis auf den heutigen Tag, zu dem der Weg von den Sulfonamiden und Antituberkulotika über das Penicillin zu den neueren Chemotherapeutika, den Gyrasehemmern führte.

Schon bald griff Gerhard Domagk seit 1938 ein zweites Forschungsfeld auf: die Bekämpfung der Tuberkulose. Er entwikkelt das erste wirksame Antituberkulotikum, das 1950 als »Conteben« in die Therapie eingeführt wird. Er greift schließlich seine früheren Forschungen auf, Tumorzellen durch chemische Substanzen zu schädigen oder gar zu zerstören. Der Durchbruch war dem Vorsitzenden der »Gesellschaft zur Bekämpfung der Krebskrankheiten Nordrhein-Westfalen« nicht mehr vergönnt. Die 1963 von ihm errichtete »Stiftung Krebsforschung Professor Dr. Gerhard Domagk an der Universität Münster in Westfalen« setzt seine Arbeit fort. Mit ihr unzählige Krebsforschungsstätten in der ganzen Welt.

1947 konnte Gerhard Domagk aus der Hand des schwedischen Königs den Nobelpreis für das Jahr 1939 entgegennehmen. Der Geldbetrag war inzwischen entsprechend den Statuten in den Nobelfonds zurückgeführt worden.

Otto Warburg sagte in einer Laudatio, man sollte Gerhard Domagk auf allen Bergen Denkmäler errichten. Er habe durch seine Entdeckung der Sulfonamide, durch seine Mitarbeit am Nikotinsäurehydrazid (Waffe gegen die Tuberkulose) sowie durch die Rückwirkung seiner Arbeiten auf die Erschließung der Antibiotika mehr Menschenleben gerettet, als in zwei Weltkriegen Menschenleben vernichtet worden sind.

Domagk war einer der erfolgreichsten Forscher auf dem Felde der Medizin in diesem Jahrhundert und darf als ein Pionier der Medizingeschichte gelten, der mit unermüdlichem persönlichen Einsatz auf gefährlichen Arbeitsfeldern bahnbrechende Erkenntnisse gewann. Für Forscher mit ähnlichen Zielen sind sein Leben, seine Arbeitsweise, sein Handeln bei der Überwindung von Schwierigkeiten ein besonders dankbares Studienobjekt.

12. 06. 1964

An ihren Strahlen sollt ihr sie erkennen: Das Atom in der Medizin
Begegnung mit Georg von Hevesy

Wiederholt traf ich mit dem Krebsforscher Hermann Druckrey zusammen, der eines der wichtigsten Krebspharmaka, das Cyclophosphamid, entwickelt hatte und in der Kriegsgefangenschaft gemeinsam mit dem Elektrotechniker Karl Kupfmüller die theoretischen Grundlagen der Pharmakokinetik (Dosis und Wirkung der Pharmaka) formuliert hatte. Druckrey, 1954–1958 Präsident der internationalen Kommission für Krebsforschung und seit diesem Jahr 1964 Leiter der Forschungsgruppe für Präventivmedizin im Max-Planck-Institut für Immunbiologie in Freiburg/Br., besuchte mich einige Male in Dresden. Er erwiderte meine Besuche bei ihm in Freiburg. Die gemeinsamen Kolloquien, die wir anläßlich unserer Zusammentreffen auch mit Kollegen aus anderen Fachgebieten veranstalteten, waren immer von hohem Wert für die anschließende ›einsame‹ Forschungszeit.

Bei einem dieser Besuche bei Druckrey lernte ich den ungarischen Radiochemiker und Nobelpreisträger *Georg von Hevesy* (*1885–†1966) in Freiburg kennen. Von Hevesy hatte

40 Der »Vater der Isotopenchemie«, Professor Georg von
    Hevesy, in seinem Labor. 1943 erhielt er den Nobelpreis für
    Chemie.

1911 nach dem Studium in Budapest, Freiburg und Berlin bei Lord Rutherford in Manchester ein Forschungsjahr absolviert. Mit Hans Geiger, dem Erfinder des »Zählrohrs«, hatte er sich frühzeitig auf das neue Gebiet des strahlenden Stoff-Zerfalls begeben. Im Radium-Institut der Österreichischen Akademie in Wien entwickelte er zusammen mit Friedrich Paneth schon 1913 Verfahren, radioaktive Atome als Indikatoren, »strahlende Detektoren«, einzusetzen und ihren Weg im Ablauf chemischer, physikalischer und biologischer Prozesse durch hochempfindliche Meßgeräte zu verfolgen. 1913 habilitierte er sich als Privatdozent in Budapest und wurde Professor. Über einen bedeutsamen ›Umweg‹ bei Niels Bohr in Kopenhagen kam von Hevesy 1926 nach Freiburg, wo er als Ordinarius für physikalische Chemie lehrte.

Die »Methode der radioaktiven Indikatoren« (Hevesy-Paneth-Analyse) legten wir für die Untersuchung des Stoffwechsels lebender Substanz zugrunde, für die wir nach der Entdeckung von Hahn/Straßmann mit Unterstützung des Reichspostministers Ohnesorge in Lichterfelde die Anlagen installierten. Über diese infolge des Luftkrieges nur teilweise abgeschlossenen Arbeiten erschien dann 1944 eine Buchveröffentlichung von mir.

Nach sehr erfolgreichen Jahren verließ von Hevesy Deutschland 1934 unter dem Druck der politischen Umstände. Er ging damals zurück an das Niels-Bohr-Institut in Kopenhagen. Von dort mußte er dann 1943 nach Stockholm flüchten, weil die Verfolgungsgefahr im besetzten Dänemark wuchs. Im selben Jahr wurde ihm für seine Entwicklung der Methode radioaktiver Indikatoren der Nobelpreis für Chemie zuerkannt. Von Hevesy forschte und lehrte bis zu seinem Tod an der Stockholmer Universität.

Von Hevesy erzählte mir bei unserer Begegnung, wie es zu seiner Entdeckung der Methode kam. Er hatte während seiner Zeit als Research Fellow in Manchester in der Mensa der Universität den Verdacht geschöpft, daß die beim Essen übrig gebliebenen Speisereste am folgenden Tag den Studenten wieder aufgetischt wurden. Um diese Handlungsweise, die auch gegen alle Hygienevorschriften verstieß, zu entlarven, markierte er einen größeren auf seinem Teller verbliebenen Speiserest mit einem Radioisotop und kontrollierte dann am folgenden Tag mit seinem Zähler, ob Radioaktivität festzustellen war oder nicht. Die Feststellung war positiv. Er hatte die Köche seiner Mensa überführt und zugleich aber die neue Methode zur Stoffwechselmarkierung mit Radioisotopen bestätigt. Sie wurde zu einem der wichtigsten Instrumente physikalischer, chemischer, biologischer und medizinischer Forschung und Anwendung, seit die Möglichkeiten der künstlichen Radioaktivität, die das Ehepaar Joliot-Curie 1934 erschloß, eine ungeahnte Fülle von Isotopen aller Elemente entwickeln ließen.

1959 erhielt Georg von Hevesy den amerikanischen Preis »Atome für den Frieden«. Seine Untersuchungen über den Stoffwechsel und seine Bemühungen um den Schutz des Organismus gegen Atomstrahlenschädigungen machten ihn in der ganzen Welt bekannt.

21. 11. 1965
Ein berühmter Chirurg aus der UdSSR
Begegnung mit Boris W. Petrowski

Prof. Dr. *Boris Wassiljewitsch Petrowski* (*1908), Minister für Gesundheitswesen der Sowjetunion, wollte bei seinem Besuch den Entwicklungsstand der medizinischen Elektronik in der DDR kennenlernen. Er wurde von dem damaligen Gesundheitsminister der DDR Max Sefrin und einem Tross sowjetischer Fachleute begleitet.

Boris W. Petrowski war einer der berühmtesten Herz- und Gefäßchirurgen der UdSSR. Vor dem Studium Krankenwärter in einem Moskauer Krankenhaus, war er seit 1932 leitender Chirurg am Moskauer Institut für Geschwulstkrankheiten, ab 1944 an der Front, zuletzt als Lehrer für Kriegsmedizin an der Kirow-Akademie in Leningrad. Nach verschiedenen leitenden ärztlichen Stationen in Moskau, Lehrtätigkeit als Ordinarius für Chirurgie in Budapest und neuen Aufgaben in mehreren Moskauer Kliniken und Instituten war Professor Petrowski seit September 1965 Gesundheitsminister der UdSSR. Er behielt trotz des zeitintensiven Ministeramts seine Tätigkeit als Arzt und Hochschullehrer bei. Er baute in Moskau eine chirurgische Schule auf. Petrowski war auf seinen Spezialgebieten der Gefäßchirurgie und der Thorax-Chirurgie weit über die Grenzen der Sowjetunion anerkannt. Auch in der Krebstherapie war Petrowski ein Fachmann. Er operierte in Moskau als erster den Speiseröhrenkrebs und suchte nach plastischen Möglichkeiten zum Ersatz der Speiseröhre.

Bei seinem Besuch in Dresden interessierte Petrowski besonders der von uns 1962 für die Chirurgische Klinik der Medizinischen Akademie Dresden gebaute Operationssaal für Krebstherapie-Forschung mit visueller elektronischer Vielkanal-Patientenüberwachung, Hyperthermiewanne und Zweikreis-Herz-Lungen-Maschine. Weiter wurden ihm die Entwicklungen des verschluckbaren Intestinalsenders (1959), des Kardiotachografen (1962) und die Ergebnisse der ersten Pionierversuche zur Ultraschallsonografie (1964) vorgestellt.

Im Zusammenhang mit diesem Besuch stand auch meine Wahl zum Präsidenten der auf Anregung von Dr. V. K. Zworykin 1961 gegründeten »Gesellschaft für biomedizinische Technik«. Unsere Beiträge zum Entstehen des neuen Fachbereiches »Biomedizinische Technik« führten dazu, daß 1973 die »X. International Conference on medical and biological Engineering« in Dresden stattfand.

Die biomedizinische Technik ist in unserem Jahrhundert zu einer sehr wichtigen Hilfe für das Leben und die Gesunderhaltung geworden. Sie dürfte auch in der Zukunft noch lange ein fruchtbares Arbeitsgebiet bleiben.

29.06.1966

Die Nobelpreisträger am Bodensee
Begegnung mit Graf Bernadotte

Durch seine Lindauer Tagungen der Nobelpreisträger hat *Lennart Graf Bernadotte* (*1909), der Onkel des schwedischen Königs, große Verdienste um den Gedankenaustausch zwischen den Preisträgern. Diese Tagungen fördern auch das schnellere Durchsetzen wissenschaftlichen Fortschrittes in unserem Jahrhundert.

Die Lindauer Tagung 1966 war dem Thema Krebs gewidmet. Otto Warburg hatte meine Frau und mich nach Lindau eingeladen. In seinem Tagungsvortrag hatte Warburg auf unsere Dresdener Arbeiten zum Krebsproblem hingewiesen und anschließend zu einem kleinen Kolloquium über meine Krebs-Mehrschritt-Therapie eingeladen, bei dem auch Graf Bernadotte anwesend war. Seit dieser Zeit ist es wiederholt zu freundschaftlichen Treffen mit Bernadotte, auch in seinem Schloß auf der Insel Mainau im Bodensee, gekommen.

Graf Bernadotte, der die Erziehung eines Prinzen des schwedischen Königshauses erhalten hatte, verzichtete 1932 freiwillig auf sein Erbfolgerecht und ehelichte Karin Nisswandt, Tochter eines Stockholmer Fabrikanten. Graf Bernadotte, fortan ohne Prinzentitel, verbrachte schon während seiner Jugend oftmals die Ferien auf der Insel Mainau. Die wunderschöne Insel im Bodensee war damals im Besitz der 1930 verstorbenen Königin Viktoria von Schweden. 1932 erhielt er sie von seinem Vater als Hochzeitsgeschenk.

Das geschichtsträchtige Bodensee-Eiland, einst über 500 Jahre Kommende des Deutschen Ordens, glich damals rund um das renovierungsbedürftige Barockschloß einem Urwald: dichte Hecken, riesige Bäume, überwucherte Wege. Der studierte Land- und Forstwirt machte sich daran, sie in das Blumen- und Landschaftsparadies zu verwandeln, wie es heute

272

41 Graf und Gräfin Bernadotte vor dem Eingang zum Schloß Mainau nach Ende der Lindauer Nobelpreisträger-Tagung 1966. Links (sitzend) Otto Warburg und rechts Otto Hahn.

Millionen Besucher kennen. Bei Kriegsbeginn ging Bernadotte, so der schlichte Familienname – den Titel eines Grafen von Wisborg verlieh ihm 1951 seine Tante, die Großherzogin von Luxemburg –, nach Schweden zurück. Sein soziales Engagement in der Heimat führte er nach seiner Rückkehr auf die Mainau fort. 1946 entstand unter der Obhut des Weltkomitees des YMCA das »Freizeitwerk«-Lager des Christlichen Vereins junger Männer zur Hilfe für Jugendliche in den Nachkriegsjahren. 1948 wurde das »Internationale Institut Schloß Mainau« gegründet mit dem Auftrag, zur christlichen Bildung der Jugend beizutragen. Bernadotte wurde Präsident. Unter Gärtnern, Gartenbauern und Blumenfreunden und in der Landespflege zählt der Graf mit seinen zahlreichen Ehrenämtern

273

und Ehrungen zu den großen international anerkannten Persönlichkeiten.

Unter seiner Kuratoriums-Präsidentschaft fand 1951 die erste Tagung der Nobelpreisträger in Lindau am Bodensee statt. Sie enden jeweils mit einer Zusammenkunft auf der Mainau.

Auf der gleichen Tagung 1966 kam es auch zu anregenden Begegnungen mit den Nobelpreisträgern Christian de Duve (Entdecker der Lysosomen) und Linus Pauling (Vitamin C als Schutzmittel), dem Träger auch des Friedensnobelpreises 1962, sowie Konrad Lorenz (Verhaltensforschung).

10. 10. 1966

Ein Verleger mit Blick für das Wesentliche

Begegnung mit Franz Burda

Nach der Promotionsurkunde erarbeitete sich der junge Volkswirt den Meisterbrief als Buchdrucker. Aus der Drei-Mann-Druckerei des Vaters wurde das Verlags- und Druckunternehmen in Offenburg, mit seinen auch internationalen Firmen und Beteiligungen eines der großen deutschen Medienhäuser. »Sie gehören«, schrieb ihm anläßlich seines 60. Geburtstages Ludwig Erhard, damals Bundeswirtschaftsminister, »zu jenen dynamischen Unternehmerpersönlichkeiten in Deutschland, die Wesentliches zum Wiederaufbau unseres Landes beitragen.« Senator Dr. *Franz Burda* (*1903–†1986) hat durch Verbesserung der Farbdrucktechnik die Farbe in der Illustrierten-Presse breit durchgesetzt und dadurch den Einfluß dieses Massenmediums sehr erhöht. In der Zeit seiner Verlagsleitung zeichneten sich die Berichte in seinen Zeitschriften über Fortschritte der

42 *Besuch bei Senator Burda in Offenburg. Er war Pionier des Farbdruckes in der Illustrierten-Presse. Durch Artikel in seiner Zeitschrift »Bunte Illustrierte« förderte er die Anfänge der Entwicklung meiner systemischen Krebs-Mehrschritt-Therapie.*

Medizin durch hohe Sachkenntnis, Objektivität und kluge Darstellung des Wesentlichen aus.

Dr. Franz Burda hatte schon Anfang der 30er Jahre großen Erfolg mit der von ihm neugegründeten Rundfunkzeitschrift »Sürag«. Der Rundfunk als junges, bald in fast jeden Haushalt gebrachtes Medium schuf auch im Zeitschriftensektor neue Märkte. Schon 1934 baute Burda eine größere Druckerei. Damit kamen auch neue Techniken zum Zuge. Das Tiefdruckverfahren wurde eingeführt. 1938 expandierte Burdas Druckhaus nochmals. Burda integrierte das Mannheimer Unternehmen Gebrüder Bauer. Im Krieg übernahm Burda, der ein Gespür für die richtigen Geschäftsbeziehungen verriet, auch Aufträge für die karthographische Ausrüstung der Wehrmacht. Auch die französische Besatzung brauchte unmittelbar nach dem Zusammenbruch des Dritten Reiches Karten und vielerlei Instruktions- und Informationsschriften. Burda blieb im Geschäft und hatte eine verhältnismäßig gute Geschäftslage, obwohl der Illustriertenmarkt in den ersten Jahren nach dem Krieg neuaufgebaut werden mußte.

Die 1954 aus der Zeitschrift »Das Ufer« hervorgegangene »Bunte Illustrierte« wurde unter Chefredakteur Franz Burda Markenzeichen und Flaggschiff der Burda-Gruppe, die mehr und mehr Bereiche der Unterhaltungsblätter besetzen konnte. Die »Bunte« war ein Begleiter der Aufbaujahre der Bundesrepublik. Heute kann man die damaligen Ausgaben wie historische Zeugen eines Lebensgefühls betrachten.

Ich kann hier nicht das bedeutende Verlegerschaffen von Dr. Franz Burda und das breite Zeitschriftenprogramm seines Verlages darstellen. Nur soviel: Der »Senator«, wie er später, Ehrensenator der Technischen Universität Karlsruhe, genannt wurde, war ein konservativer Mensch, der aber darauf sah, möglichst objektive Darstellungen aus dem Wissenschaftsbereich populär aufbereitet, auch aus der damaligen DDR, zu veröffentlichen. »Die vermutlich größte verlegerische Tat des Alleinherrschers war es«, so ein Nachruf, »daß er – im Gegensatz zu vielen vergleichbaren Unternehmern – rechtzeitig seine Nachfolge regelte.« Als er starb, hatte sein Unternehmen über 5000 Mitarbeiter. Als Vermächtnis Franz Burdas gilt auch im Zeitalter der elektronischen Medien seine Überzeugung: »Die Druckmedien haben eine Zukunft.«

17.07.1967

Stippvisite im Osten
Begegnung mit Miss Eleanor Lansing Dulles

Unangemeldet und in der Zeit des kalten West-Ost-Krieges sehr überraschend, erschien an unserer Haustür Miss *Eleanor Lansing Dulles* (*1895), die Schwester des 1959 verstorbenen

John Foster Dulles, amerikanischer Außenminister unter Präsident Dwight D. Eisenhower, und von Alan Dulles, im Krieg Leiter des amerikanischen Nachrichtendienstes in Europa, 1953–1961 Chef des CIA. Sie wollte sich offenbar ein Bild des Lebens von Wissenschaftlern in der DDR machen. Sie war sehr erstaunt, einen Krebsforscher aus dem National Cancer Institut in Washington bei uns anzutreffen. Im Gespräch ging es um die Verbesserung der Beziehungen zwischen Wissenschaftlern der USA und der DDR.

Eleanor L. Dulles stand 1967 im Dienst des »Center for Strategic Studies« in Washington. Ihr waren die deutschen und europäischen Verhältnisse bestens bekannt. Als Studentin der Finanzwissenschaft ging sie 1917 nach Paris. In den Jahren 1925–27 und 1930–32 hatte sie wissenschaftliche Arbeiten über Europa im Auftrag der Harvard University durchgeführt. Im Zuge dieser Studien reiste sie auch einige Male nach Deutschland, dem dann zeitlebens ihr besonderes Interesse galt. Nach bis dahin erfolgreicher Tätigkeit im wirtschaftswissenschaftlichen Bereich wechselte sie 1942 als Wirtschaftsexpertin ins State Departement. Aufgrund ihrer guten Kenntnisse über Deutschland wurde sie, die früh vor einem zweiten Versailles gewarnt hatte, mit Wirtschaftsfragen bezüglich des Wiederaufbaus von Deutschland betraut. Ihr Können und Fachwissen hatte sie als Finanzattaché 1945 bis 1949 an der Wiener US-Botschaft bewiesen. Sie galt in den Jahren nach der Teilung Deutschlands in zwei Staaten als glühende Verfechterin der Westbindung der Bundesrepublik Deutschland und West-Berlins.

»Berlin ist eine Keimzelle der Freiheit hinter dem Eisernen Vorhang, wir dürfen es niemals preisgeben«, propagierte Dulles anläßlich einer Pressekonferenz 1955 in Berlin. Als Berlin-Referentin des State Departement von 1952 bis 1957 lag ihr die Stadt an der Spree besonders am Herzen. Irgendwann, davon war sie überzeugt, würde Berlin wieder eine Einheit. Hochgelobt und dekoriert, persönliche Gesandtin des Präsidenten Eisenhower, kehrte sie 1960 zurück in die USA. Aber wie ihre

Arbeit für das »Center for Strategic Studies« beweist, verlor sie auch 1962 nach ihrer Pensionierung vom US-Staatsdienst nie den Kontakt zu Deutschland. In der Bundesrepublik wurde sie mit dem Bundesverdienstkreuz ausgezeichnet.

Eine Dame von solchem Rang und hoher politischer Bedeutung 1967 in der DDR zu empfangen, war ein höchst bemerkenswertes Ereignis und wurde seitens der DDR-Führung genauestens beobachtet. Schließlich standen die Zeichen zwischen den Lagern Ost und West noch wesentlich mehr auf Konfrontation als wenige Jahre später, als der Entspannungsprozeß den Austausch auch zwischen den Wissenschaftlern erleichterte.

06. 02. 1970
In der dritten Dimension
Begegnung mit Dennis Gábor

Den Ungar *Dennis Gábor* (*1900 – †1979) lernte ich um 1930 im Deutschen Institut für Hochspannungsanlagen der Technischen Hochschule Berlin-Charlottenburg in Babelsberg kennen. Gábor, der in Berlin studiert und promoviert hatte, arbeitete damals schon bei der Siemens-Halske AG als Elektroniker. Er untersuchte mit Kollegen der Universität die Wanderwellen, die nach Blitzeinschlägen bei den Hochspannungsüberlandleitungen auftraten und Schäden auslösten. Gábor war damals der Lehrer von Ernst Ruska und anderen später bekannt gewordenen Elektronikern.

1934 ging Dennis Gábor von Ungarn nach London, wo er Mitarbeiter des Forschungslaboratoriums der British Thompson Houston Co. wurde. 1947/48 entdeckte und entwickelte er die Holographie. Ihre auch bis heute keinesfalls voll ausge-

43 *Nobelpreisträger Professor Dr. Dennis Gábor, der Erfinder
der Holographie. Den Nobelpreis erhielt er für seine
»Erfindung und Entwicklung der holographischen
Methode«, die eine dreidimensionale Darstellung eines
zweidimensionalen Bildes ermöglicht.*

schöpfte praktische Bedeutung für Wissenschaft, Technik und sogar Kunst sollte sich vollends erweisen, als in den sechziger Jahren mit der Erfindung der Laserstrahlen das ideale kohärente Licht für Gábors optisches Abbildungsverfahren gegeben war, das Objekte in ihrer echten Räumlichkeit dreidimensional aufzeichnen, speichern und sogar farbig wiedergeben läßt. Gábor selbst prägte den bezeichnenden Namen: nach griechisch »holos« = ganz und »graphein« = schreiben. Ebenso wie beim Lichtwellenfeld läßt sich Gábors Verfahren bekanntlich auch auf Schall- und Mikrowellen anwenden. Als ihm 1971, ein Jahr nach unserer Begegnung, für seine Erfindung der Holographie der Nobelpreis für Physik zuerkannt wurde, nannte die schwedische Akademie unter der Fülle von Anwendungsbereichen die Plasmaphysik, Gasdynamik, die medizinische Diagnostik und die Datentechnik. In der Welt der Multimedia ist heute das virtuelle dreidimensionale Bild, das jedwede Zugänge und Sichtweisen erlaubt, nicht mehr fortzudenken. Für Wissenschaft und Technik, so z. B. für Astronomie und Präzisionsmessungen, hat das Hologramm als Bildspeicher unschätzbaren Wert.

Seit 1949 am Imperial College of Science and Technology der Universität London, 1958 bis zu seiner Emeritierung dort Professor für angewandte Elektronik, seither für den Kommunikationskonzern Columbia Broadcasting System (CBS) in den USA tätig, hat Gábor auf den Gebieten der Plasmaphysik, Elektronenoptik und Informationstechnik Herausragendes geleistet. Dafür sprechen auch seine über 100 Patente.

Bei unserer Begegnung im naßkalten London des Februars 1970 erläuterte er mir seine Überzeugung, daß ein erfinderischer Geist auf allen Gebieten erfolgreich tätig sein kann.

Er ermutigte mich, unsere Forschungen zur Entwicklung der systemischen Krebs-Mehrschritt-Therapie gegen viele Widerstände weiterzuführen. Er wünschte mir, daß es mir mit meiner Krebstherapie bei den Medizinern besser ergehe als Semmelweis und Schleich. Gábor erinnerte daran, daß damals die Einführung von zwei großen Fortschritten der Medizin um Jahre verzögert worden war. Mit tragischen Folgen bei Ignaz Philipp Semmelweis, dem ungarischen Professor der Geburtshilfe in Budapest. Schon um die Mitte des vergangenen Jahrhunderts hatte er erkannt, daß Kindbettfieber auf infektiöse Kontakte zurückzuführen war. Die von ihm verwirklichten und dringend empfohlenen vorbeugenden Desinfektionsmaßnahmen fanden jahrelang nicht nur vielerorts Unverständnis, sondern besonders auch seitens führender Kliniker feindseligste Gegnerschaften – auf Kosten tausender junger Mütter. Vergleichbar ist um die Jahrhundertwende die ungerechtfertigte Verzögerung bei der Einführung der örtlichen Betäubung durch Gewebsinfiltration (Infiltrationsanästhesie), deren Möglichkeiten der deutsche Arzt und Schriftsteller Carl Ludwig Schleich bereits 1892 entdeckt hatte.

Gábors Wunsch ist, was meine Krebs-Mehrschritt-Therapie anlangt, leider nur teilweise in Erfüllung gegangen.

Für den Wissenschaftler Gábor standen technischer Fortschritt und Fragen der menschlichen Gesellschaft und ihrer Zukunft stets in engstem Zusammenhang. Das Mitglied des »Club of Rome« war kämpferisch skeptisch gegenüber ungehemmtem Wachstum und Verbrauch der Weltressourcen, optimistisch aber, daß die industrielle Zivilisation nie an Energiemangel zu Ende gehen wird, wenn sie unerschöpfliche oder sich selbst erneuernde Energiequellen nutzt: Wasser und Kernenergie.

Das Geheimnis der Zellen
Begegnung mit Christian de Duve

Dem belgischen Physiologen Prof. *Christian de Duve* (* 1917) bin ich in meinem Institut, in New York und in Freiburg begegnet. Er hat mit Hilfe des Elektronenmikroskopes und der von dem schwedischen Chemiker Theodor Svedberg entwickelten Ultrazentrifuge, die erst Teilchen aus dem Zellinhalt isolieren ließ, die Lysosomen entdeckt. Es sind dies Organellen, kleine im Zellplasma verteilte Membransäcke der lebenden Zelle, welche beim Zelltod Enzyme freisetzen, die zur Auflösung der Zellsubstanz und der Substanz von Nachbarzellen führen. Mich interessierten die Forschungen von de Duve und die Eigenschaften von Lysosomen, weil ich die lysosomale Zytolyse-Kettenreaktion entdeckt hatte, die bei der Bekämpfung des Krebses eine Rolle spielt. Nicht nur für Zellbiologen lohnt es sich, die Geschichte der Zellforschung und die Entdeckungsgeschichte der Lysosomen kennenzulernen.

Die Cellula, die kleinste eigenständig lebensfähige Grundeinheit aller Lebewesen vom Einzeller bis zum Menschen, beschäftigt die Wissenschaft, seit der englische Naturforscher Robert Hooke mit Hilfe des eben erfundenen zusammengesetzten Mikroskops im 17. Jahrhundert entdeckte, daß sich das Korkgewebe aus einzelnen Zellen zusammensetzt. Ohne die Erfindung des Elektronenmikroskops, zu der ich auch meinen Anteil beisteuern konnte, wären viele Rätsel des Inneren, des Plasma oder Protoplasma, der Organisation und Funktion der Zellen bis heute ungelöst.

Gemeinsam mit vielen hunderten von Forschern hat Christian de Duve wesentlichen Anteil an der Eroberung dieses wissenschaftlichen Neulands. In England geboren, hatte er an der Universität Löwen Medizin und Biochemie studiert. 1947 wurde er dort Professor für Physiologische Chemie und war seit

44 Christian de Duve, Nobelpreisträger für Medizin, entdeckte mit Hilfe des Elektronenmikroskopes und der Ultrazentrifuge die Lysosomen.

1962 an der New Yorker Rockefeller University als Professor
für Biochemie tätig. Als er 1974, vier Jahre nach unserer Begegnung, gemeinsam mit dem ebenfalls in den USA arbeitenden George Emil Palade und seinem belgischen Landsmann
Albert Claude den Nobelpreis für Medizin und Physiologie erhielt, begründete dies das Schwedische Karolinska-Institut mit
der würdigenden Erläuterung: »Was früher eine Zelle war mit
Komponenten, deren Existenz oft umstritten war und deren
Funktion in der Regel unbekannt waren, das ist jetzt ein wohl-
geordnetes System von Einheiten für die Produktion lebens-
wichtiger Stoffe und solchen zur Zerstörung verbrauchter
Komponenten sowie für die Verteidigung gegen fremde Stoffe
und Organismen.«

06.01.1973
Der »Maschinenträumer« und seine
Auto-Revolution
Begegnung mit Felix Wankel

Dr. h.c. *Felix Wankel* (*1902 – †1988), der Erfinder des Motors, der seinen Namen trägt, hatte in den 60er und 70er Jahren
durch Lizenzvergabe die Patente für seinen Rotationskolben-
motor an über 20 führende Unternehmen der amerikanischen,
europäischen und japanischen Autoindustrie sehr günstig ver-
wertet. »Maschinenträumer« – so nannte er sich selbst, wenn er
auf seine Anfänge zurückblickte. Der Autodidakt Wankel aus
Lahr im Schwarzwald, dessen Leidenschaft Motorenbau war,
hatte sich schon früh zu einem Spezialisten auf dem Gebiet der
Abdichtung gleitender Flächen entwickelt. Nicht die Fortentwicklung des Hubkolben-Motors war sein Ziel, statt dessen seit

1926 ein Verbrennungsmotor mit kreisender Bewegung des Kolbens. Daran hatten sich schon Hunderte von Erfindern vergeblich versucht. 1936 konnte Wankel mit Unterstützung des Reichsluftfahrtministeriums in Lindau am Bodensee ein Entwicklungsinstitut errichten, 1944 den ersten Drehkolbenverdichter erproben.

Trotz der Demontage seines Instituts arbeitete Wankel nach 1945 unbeirrt weiter, gründete die Wankel GmbH und machte zahlreiche Erfindungen. 1953 konnte der »Tüftler vom Bodensee« bei den Neckarsulmer Motorenwerken NSU Interesse und Partnerschaft für sein Projekt des Krciskolbenmotors finden. 1960 fuhren die ersten »Prinz«-Versuchswagen mit Kreiskolben-Motoren. Die Automobilausstellung 1963 führte das erste Serien-Wankel-Auto vor: den »NSU-Spider«. Das zweite, einen Mazda, bauten die japanischen Toyo Kogyo-Werke. Dann kam der legendäre Ro 80 aus Neckarsulm. Trotz Kinderkrankheiten und hohem Kraftstoffverbrauch: Bahnte sich eine weltweite Revolution im Kraftfahrzeugbau an?

Die große Euphorie um den Wankelmotor mit dem Prinzip der rotierenden Scheiben hielt zwischen 1965 und 1975 an, bei Audi-NSU, Ford, Citroën, General Motors und Mazda, um nur einige zu nennen. Fiat und Daimler Benz zeigten Interesse. Dann kam die Ernüchterung, der Schock der Ölkrise 1973/74: mangelnde Zuverlässigkeit, extrem hoher Treibstoffverbrauch. Die Mehrheit der Lizenznehmer zog sich zurück, vollends als auch NSU in den 70er Jahren die Produktion des Ro 80 einstellte. Mazda, schon seit 1961 Lizenzpartner von NSU und Wankel, blieb davon überzeugt: Die Idee des Kreiskolbenmotors wird Bestand haben. Schon 1972 waren unter den über 700000 exportierten Mazdas mehr als 120000 mit Wankelmotor. Über 2 Millionen PKW aus verschiedenen Modell-Generationen, insbesondere Sportwagen, mit in Japan weiterentwickelten Kreiskolbenmotoren haben seither die Fertigungsbänder verlassen.

Die Wankel-Idee bekommt gerade jetzt neuen Schub. Bei der seit vielen Jahren betriebenen weltweiten Suche nach mög-

45 Felix Wankel, der Tüftler vom Bodensee, einer der großen
    Erfinder der Nachkriegszeit, mit dem Motor, der seinen
    Namen trägt.

lichst emissionsarmen alternativen Kraftstoffen scheint sich zu erweisen, daß als wasserstoffbetriebener Motor der Kreiskolbenmotor besonders geeignet ist. Bei Mazda hat man eine ganze Flotte von Testfahrzeugen damit ausgestattet. Und so bleibt man in Hiroshima bei der über Jahrzehnte erprobten Überzeugung: »Felix Wankel war ein begnadeter Erfinder.«

Nach der ersten Begegnung mit Dr. Wankel auf dem Weißen Hirsch hatte ich während meines Gegenbesuchs in Lindau bei einer gemeinsamen Motorbootfahrt mit sehr hoher Geschwindigkeit auf dem Bodensee die Eigenschaften des Wankel-Motors kennengelernt. Aufgrund seines finanziellen Erfolges war es Wankel bei unserem Treffen möglich, die Finanzierung der klinischen Erprobung meiner systemischen Krebs-Mehrschritt-Therapie zuzusagen. Die klinische Erprobung, der vorbereitende Arbeiten im Universitätskrankenhaus in Greifswald vorausgegangen waren, wurde in Friedrichshafen unter Leitung von Prof. Schostok im Olga-Krankenhaus durchgeführt. Als die Erprobung bereits längere Zeit lief, torpedierte leider ein diskreditierender offener Brief in der Presse aus dem Krebsforschungszentrum Heidelberg unser Friedrichshafener Vorhaben. Felix Wankel stellte seine finanzielle Unterstützung unwiderruflich ein, obwohl Prof. Schostok nach guten ersten Ergebnissen dringend die Weiterarbeit wünschte. Beiläufig sei erwähnt, daß einige Jahre später, nachdem Prof. Dr. Otto Westphal die Leitung des Heidelberger-Krebsforschungszentrums übernommen hatte, die Haltung des Heidelberger Zentrums sich umkehrte und ich sogar 1982 zu einem Vortrag über den Stand meiner Krebstherapie dorthin eingeladen wurde.

Nach der Wende hatte ich große Schwierigkeiten, weil einige prominente Onkologen und Gutachter erklärten, meine Therapie sei wissenschaftlich nicht begründet. Es lägen über sie keine kontrollierten Studien vor. Diese Forderung war für mich unerfüllbar, weil die Gehälter für die Mitarbeiter einer solchen mehrjährigen Studie von mir privat zu zahlen gewesen wären. Bei staatlichen Kliniken wurden die Gehälter für Mitarbeiter vom Staat getragen. Deshalb mußten wir uns in unserer inzwischen auf dem Weißen Hirsch 1989 errichteten eigenen Krebsklinik auf erste Einschätzungen der Wirkung bei einer größeren Zahl von Einzelbehandlungen beschränken.

Manchmal denke ich im Rückblick auf unsere Schwierigkeiten auch an die unbeirrbare Haltung eines Felix Wankel.

30. 03. 1973

Reise in die Vergangenheit der Physik

Begegnung mit V. E. Cosslett

Professor *V. E. Cosslett* war der führende englische Elektronenmikroskopiker und Leiter des berühmten Cavendish-Laboratoriums an der Universität Cambridge. Sein Vorgänger war der bekannte Atomforscher Lord Rutherford.

Im Frühjahr 1978 besuchte ich Cosslett in Cambridge. Mit ehrfürchtigen Gefühlen und gedankenvertieft sah ich die Hörsäle mit ihren bekritzelten Bänken. Hier hatten einst Maxwell, Heaviside, Raleigh, Thompson und Rutherford – die Größen der Physik – ihre Vorlesungen abgehalten. Mein Freund Cosslett, mit dem ich über Jahre einen fruchtbaren brieflichen Erfahrungsaustausch betrieben hatte, zeigte mir auf unserem Ausflug in die Geschichte auch die Häuser von Newton und Darwin. Am Abend kehrten wir wieder zurück in das Laboratorium von Prof. Cosslett. Die Gegenwart der ehrwürdigen Universität Cambridge hatte uns wieder.

Persönliche Erinnerungen an die Größen der Naturwissenschaften

Begegnungen beim Westphal-Fest-Kolloquium in Freiburg

Der Biochemiker *Otto Westphal* (* 1913) hatte die Pyrogene (fiebererzeugende Stoffe) entdeckt, mit seinen Mitarbeitern das Seuchengift Lipoid A isoliert und chemisch identifiziert. Er gilt als herausragender Experte auf dem Gebiet der Endotoxine, also von Lipopolysacchariden, zusammen mit Protein und Lipiden Bestandteil der Zellwand von Bakterien. Die an die äußere Zellwand gebundenen Endotoxine entfalten erst dann ihre toxische Aktivität, wenn die Bakterien zerfallen oder zerstört werden. Westphal war, seit 1962, viele Jahre der Direktor des Max-Planck-Institutes für Immunbiologie in Freiburg. Zugleich stand er als Präsident der Gesellschaft für Biologische Chemie und der Gesellschaft für Immunologie vor, die er 1968 gegründet hatte. Nach seiner Emeritierung 1982 leitete er für einige Zeit das Deutsche Krebsforschungszentrum in Heidelberg und war dort Initiator einer neuen Ära. Von der Zeit unseres Kennenlernens bei Otto Warburg 1962 bis zur Gegenwart hat er uns durch seinen Rat über mehr als 30 Jahre bei der Entwicklung der systemischen Krebs-Mehrschritt-Therapie geholfen.

Prof. Dr. Otto Westphal ist der Sohn des bekannten Berliner Physikers Prof. Dr. Heinrich Westphal. Max Planck, Albert Einstein und andere bedeutende Kollegen des Vaters, der an der Berliner Universität lehrte, zählten zu den Freunden des Hauses Westphal. Otto Westphal verband eine kollegiale und menschliche Beziehung mit Otto Warburg. Die beiden standen in regem Erfahrungsaustausch. Als Westphal und ich gemeinsam 1970 am offenen Grab von Otto Warbung standen, be-

46 *Professor Otto Westphal, zu dieser Zeit Direktor des
Heidelberger Krebsforschungszentrums, und Professor Dr.
K. zum Winkel (links), Direktor der Universitäts-Strahlen-
klinik Heidelberg, nach meinem Kolloquium im Heidel-
berger Zentrum über die systemische Krebs-Mehrschritt-
Therapie.*

merkte Westphal mit gewisser Wehmut, daß wir wohl mit die
letzten Wissenschaftler seien, die noch persönliche Erinnerungen an die Größen der Naturwissenschaften der 20er und 30er
Jahre hätten.

Westphals Forschungen und zahlreiche Publikationen auf
dem Gebiet der physiologischen Biologie, insbesondere der
Immunchemie, gehören zu den großen Leistungen seines
Fachs. Zu Ehren seines 65. Geburtstages wurde in Freiburg ein
Festsymposium abgehalten, an dem viele seiner Freunde teil-
nahmen. Aus der Liste der Gäste möchte ich nur einige nen-
nen: Adolf Butenandt, Heinz Maier-Leipnitz, Christian de
Duve, Guillaume Bernhard, Beryl Thomas, Peter Medawar,
Michael Sela, Manfred Eigen. Ich habe nie wieder ein Treffen

so vieler Naturwissenschaftler aus dem In- und Ausland erlebt, die alle zur Elite ihrer Fachwissenschaft zu zählen waren. Neue Beziehungen wurden geknüpft und alte aufgefrischt.

Im Vordergrund stand der Vortrag von Manfred Eigen über seine Evolutionstheorie. Diese weit über Darwin hinausgehende Theorie hat in unserem Jahrhundert die Vorstellungen über das Entstehen des Lebens neu gestaltet und theoretisch begründet.

01.02.1978
Wie entstand und erneuert sich Leben?
Begegnung mit Manfred Eigen

Professor Dr. *Manfred Eigen* (*1927), dem ich auf einer Vortragsreise in Freiburg begegnete, erhielt für seine Untersuchungsmethoden extrem schnell verlaufender chemischer und biochemischer Reaktionen zusammen mit dem britischen Physikochemiker R.G.W. Norrish und seinem Landsmann Sir G. Porter 1967 den Nobelpreis für Chemie. Ich sehe in der Evolutionstheorie des Chemikers Manfred Eigen, die er erstmals 1970 in zwei Vorträgen ausbreitete und später erweiterte, eine der größten wissenschaftlichen Leistungen in der zweiten Hälfte unseres Jahrhunderts. Deshalb möchte ich auf diese Theorie mit Nachdruck hinweisen.

In der Theorie des Direktors der Abteilung Biochemische Kinetik am Max-Planck-Institut für physikalische Chemie in Göttingen spielt die Selbstorganisation der Materie eine entscheidende Rolle. Der Ursprung des Lebens und die Evolution vollziehen sich nach Eigen auf der Basis von selbstreproduzierten Makromolekülen, d. h. zunächst Ribonukleinsäuren. Nach diesem theoretischen Modell ist die Entstehung des Lebens

47 *Nobelpreisträger Manfred Eigen, dessen Vortrag im Mittel-*
punkt des Festsymposium anläßlich des 65. Geburtstages
von Professor Otto Westphal am 1. Februar 1978 stand.

und seine Evolution allein durch die Physik erklärbar. Es be-
stehe kein Anhaltspunkt für die Annahme besonderer Kräfte
und Wechselwirkungen für die Lebenserscheinungen (siehe M.
Eigen: Selbstorganisation der Materie und Evolution der biologischen Makromoleküle, in: Die Naturwissenschaften, 58
(1971) S. 465–523). Eigens Theorie ist von Seiten der naturphi-
losophisch orientierten Richtung der Biologie widersprochen
worden. Seine Gedanken seien nicht imstande, die Frage »Was
ist Leben?« hinreichend zu beantworten. Seine Theorie sei eine
rein materialistische Deutung. Der Grund dafür, warum die
Bedeutung der Theorie von Eigen erst sehr langsam erkannt
wird, dürfte in ihrem sehr komplexen und schwer verständlichen
Charakter liegen. Ein weiterer Grund ist vielleicht darin zu sehen, daß sie keinen direkten Bezug zum wissenschaftlich-technischen Alltag hat. Es lohnt sich jedoch, den Veröffentlichungen
von Manfred Eigen große Aufmerksamkeit zu widmen.

Der schwierige Weg zur geeinten Nation
Begegnung mit Oskar Lafontaine

Zu einem Vortrag über die Sauerstoff-Mehrschritt-Therapie hatte mich der damalige sehr junge Oberbürgermeister von Saarbrücken und spätere Ministerpräsident des Saarlandes *Oskar Lafontaine* (*1943) eingeladen. Als Physiker verstand er sofort die große Bedeutung der anhaltenden Verbesserung des Energiestatus im menschlichen Organismus durch die Sauerstoff-Mehrschritt-Therapie für die Medizin. Am Mittagstisch tauschten wir Erinnerungen an Reisen in den Süden der Sowjetunion aus. Der wissenschaftliche Austausch diente so auch zum menschlichen Kennenlernen.

Nach der Wende 1989 ist es wiederholt zu Gesprächen über aktuelle Fragen mit Lafontaine gekommen. Dabei standen sowohl wissenschaftsorganisatorische wie zwischenmenschliche Fragen zur Debatte. Wie wir heute alle im siebten Jahr der Einheit Deutschlands wissen, war und ist der Wiedervereinigungsprozeß nach den langen Jahren der Zweistaatlichkeit mit ihren unterschiedlichen gesellschaftlichen Systemen und politischen Gegensätzen eine schwierige, alle Bereiche berührende hochkomplexe Angelegenheit. Die Entscheidungsträger, Politiker, Wissenschaftler und viele andere verantwortlich Handelnde müssen genau abwägen, wie eine neue Homogenität in Deutschland wachsen kann. Noch sind wir nicht am Ziel, eine tatsächlich geeinte Nation zu sein. Ich habe den heutigen SPD-Vorsitzenden Oskar Lafontaine in unseren Gesprächen als unabhängig denkenden, kreativen politischen Kopf kennengelernt.

Therapie für einen großen Dirigenten
Begegnung mit Karl Böhm

Um den Anfang dieses Jahrhunderts bereicherte Richard Strauss mit seinen Opern »Salome«, mit »Elektra«, dem »Rosenkavalier« und seinen weiteren Opern sowie seinen Orchesterwerken die Welt der Musik. Etliche der Opern von Strauss wurden in Dresden mit dem Dirigenten Ernst von Schuch uraufgeführt. Auf Fritz Busch folgte als Dirigent und Leiter der Dresdener Oper von 1933 bis 1942 *Karl Böhm* (* 1894 – † 1981). Dann war Karl Böhm Jahrzehnte von Dresden abwesend, er arbeitete mit den großen Orchestern in den renommierten Opernhäusern der Welt. Die Wiener Staatsoper und die New Yorker Metropolitan Opera zählten zu seinen Wirkungsstätten.

Es löste große Freude und Stolz bei den Dresdnern und bei der Dresdner Staatskapelle aus, als Karl Böhm für ein Gastspiel 1978 wieder nach Dresden kam. Ich erfuhr damals zufällig von den Kreislaufstörungen Böhms, und angeregt von seinen früheren großen Leistungen für die Dresdner Oper schenkte ich ihm eine Sauerstoff-Mehrschritt-Kur. Die Wirkung war bei ihm so erfolgreich, daß Böhm bei seinem Abschiedsempfang von der Dresdener Staatskapelle mehr über die Sauerstoff-Mehrschritt-Therapie sprach als über die Musik.

Wir erlebten dann mit ihm bei seinem Besuch in unserem Hause eine unvergeßliche Kaffeestunde. Er erzählte von seinem ungewöhnlichen Leben und berichtete von zahlreichen Episoden aus der Zeit seiner Begegnungen mit Furtwängler, Karajan, Bernstein und anderen Größen der Musikkunst. Es ist ein unverzeihliches Versäumnis, daß wir damals seine Worte nicht auf einem Tonband festgehalten haben.

Ich erinnere mich noch, daß Karl Böhm nach seinem Aufenthalt in Dresden zu einer Tournee in die USA aufbrach. Ich wies

48 *Karl Böhm arbeitete als Dirigent mit den großen Orchestern der Welt. Auch Dresden gehörte zu seinen Stationen. Mit ihm verlebte ich eine unvergeßliche Stunde.*

ihn auf die Strapazen hin, die eine solche Reise mit Proben, Aufführungen und Empfängen mit sich bringe. Schließlich war Böhm schon im 86. Lebensjahr. Ich empfahl ihm, nach der Reise seinen Energiestatus prüfen zu lassen und eventuell eine

295

weitere Sauerstoff-Mehrschritt-Therapie durchzuführen. Leider ist es aus Zeitmangel nicht mehr dazu gekommen, wie mir seine Frau später mitteilte.

24. 06. 1981
Kontakte nach Fernost
Begegnung mit Professor Hashimoto

Im Jahre 1979 war ich von der Kulturgesellschaft Japan – DDR zu einer Vortragsreise eingeladen worden. Es war eine wunderbare Reise, auf der mir die große Gastfreundlichkeit meiner japanischen Gastgeber allerorts zuteil wurde. Für mich war es eine große Herausforderung, die hohen Erwartungen meiner japanischen Kollegen in den Universitäten von Tokio, Sapporo, Osaka und Hakata sowie meine Zuhörerschaft beim Vortrag vor der japanischen Gesellschaft für Elektronenmikroskopie in Kyoto nicht zu enttäuschen. Schließlich war ich der erste Wissenschaftler der DDR, der eine solche Reise auf Einladung der höchsten Stellen Japans unternehmen durfte. Auch lastete der politische Erwartungsdruck seitens der DDR-Führung, die sich eine bessere wissenschaftliche und wirtschaftliche Zusammenarbeit nach meiner Reise erhoffte, auf mir.

Mein Vortrag vor dem Nationalen Krebszentrum in Tokio und stille Diplomatie mittels einiger Interviews über meine Sauerstoff-Mehrschritt-Therapie bescherten mir die hohe Ehre, eine Einladung von dem Arzt des Kaisers und Leiters des kaiserlichen Biologischen Laboratoriums Dr. Hatsuki zu erhalten. Das Interesse des Kaisers und der Besuch in seiner Residenz hat mich mit großem Stolz erfüllt.

Anläßlich meines Vortrags vor der Japanischen Gesellschaft für Elektronenmikroskopie lernte ich den Präsidenten der Ge-

49 Japan-Reise im November 1979 mit vielen Vorträgen über meine Krebs-Mehrschritt-Therapie, Sauerstoff-Mehrschritt-Therapie und Elektronenmikroskopie. Hier im Gespräch mit dem Begründer der Tokai-Universität Professor Dr. h. c. Matsumae (sitzend).

sellschaft Professor *Hashimoto* kennen. Wir hatten weit über den veranschlagten Zeitrahmen hinaus einen intensiven Erfahrungsaustausch. Zwei Jahre später kam es zu dem Besuch von Hashimoto in Dresden auf dem Weißen Hirsch.

Ausgangspunkt unserer Unterhaltung war mein Anfang 1940 erschienenes Buch über Elektronenmikroskopie, das auch ins Japanische übersetzt worden war. Wie mir Professor Hashimoto erzählte, hatte mein Buch die Entwicklung des Industriezweiges Elektronenmikroskopie in Japan entscheidend beeinflußt. Bei seinem Besuch zeigte mir Hashimoto Bilder von einzelnen zu einem Gitter verbundenen Atomen. Die Bilder ließen ein Rekord-Auflösungsvermögen erkennen. Sie bewiesen, welch hohen technologischen Stand die Japaner erreicht hatten.

Die mit dem Durchstrahlungs-Elektronenmikroskop und mit dem Raster-Elektronenmikroskop durchgeführten Forschungen haben in der zweiten Hälfte dieses Jahrhunderts Medizin und Zellbiologie besonders bereichert.

06. 10. 1981

Deutsch-deutsche Krebsforschung
Begegnung mit Gerhard Thews

Eine starke Änderung für das Leben jedes Mitbürgers ergab sich in unserem Jahrhundert, für Gegenwart und Zukunft, durch den Wandel der Medizin von einer empirischen Wissenschaft zu einer auf Messungen und mathematischen Gleichungen gegründeten exakten Naturwissenschaft.

Dieser Wandel berührt uns alle deswegen, weil durch ihn in jedem Lebensalter die Gesunderhaltung besser gesichert wird, weil die mittlere Lebenserwartung erhöht und auch die Lebensqualität in der Regel angehoben wird. Dieser tiefgreifende Wandel, der noch nicht abgeschlossen ist, spiegelt sich besonders in der Physiologie und Pathophysiologie wider. Einer der Physiologen, welcher von der Physik kommend zu diesem Wandel sehr stark beigetragen hat, ist Professor Dr. rer. nat. Dr. med. *Gerhard Thews* (*1926), der Präsident der Mainzer Akademie der Wissenschaften und Direktor des Physiologischen Institutes der Universität Mainz. Er hat, zum Teil gemeinsam mit den Professoren Vaupel und Schmidt, die grundlegenden Lehrbücher über Physiologie und Pathophysiologie aus heutiger Sicht abgefaßt.

Bei seinem Besuch wurde er von seinem Kollegen Peter Vaupel begleitet. Unser Gespräch bezog sich hauptsächlich auf das Problem der selektiven Übersäuerung der Krebsgewebe durch

298

50 Besuch der Physiologen Professor Gerhard Thews und Professor Peter Vaupel im Institut auf dem Weißen Hirsch (1981).

Hyperglykämie, die wir in unserem Konzept der Krebs-Mehr-schritt-Therapie therapeutisch mehrfach nutzen. Besonders Peter Vaupel hat uns seither durch Beratungen und eigene Un-tersuchungen wiederholt geholfen.

Wir blieben in den folgenden Jahren in regelmäßigem Kon-takt. Im Jahr 1989 besuchte ich Prof. Dr. Thews in Mainz. Wir vereinbarten eine gemeinsame Versuchreihe, die in den folgen-den Monaten von unseren Mitarbeitern hauptsächlich in Mainz durchgeführt wurde. Die Zusammenarbeit war ein bemerkens-wertes Beispiel für eine erfolgreiche deutsch-deutsche wissen-schaftliche Zusammenarbeit schon vor der Wende.

Der Vater des Computers und seine »Rechenknechte«

Begegnung mit Konrad Zuse

Konrad Zuse (* 1910 – † 1995) war der Erfinder des Computers. Er war von seiner Ausbildung her Bauingenieur und keineswegs Elektroniker, wie man annehmen könnte. Zuse arbeitete nach seinem Studium ab 1935 bei den Henschel-Flugzeugwerken als Statiker. Er erzählte bei einem unserer Treffen, daß er bei der Erfindung des Computers keineswegs Großes im Sinne gehabt habe. Er wollte sich »aus eigener Faulheit« die lästigen zeitintensiven statischen Berechnungen ersparen. »Es wollte mir nicht in den Kopf«, liest man in seiner Autobiographie, »daß lebendige, schöpferische Menschen ihr kostbares Leben mit nüchternen Rechnungen verschwenden sollten.« Deshalb baute er in seiner Freizeit seit 1934 im elterlichen Wohnzimmer die »Z1«, eine riesige programmgesteuerte Rechenmaschine. Sie bestand aus elektromechanischen Relais und funktionierte auf der Basis von Programmwalzen.

1936 machte sich Konrad Zuse selbständig, nur noch mit der Rechenmaschine beschäftigt, mit dem Prototyp eines elektromechanischen Speichers und theoretischen Grundlagen der neuen Technik. Während des Krieges, nach einer kurzzeitigen Kriegsdienstverpflichtung, gründete er 1940 die Zuse Ingenieurbüro und Apparatebau Berlin. 1941, mitfinanziert von der Deutschen Versuchsanstalt für Luftfahrt, war mit »Z 3« der erste arbeitsfähige programmgesteuerte elektromechanische Digitalrechner der Welt konstruiert, groß wie drei geräumige Kühlschränke. Revolutionär war, daß das Gerät mit binären Zahlen rechnete. Anders als in den USA, wo neuen Rechnersystemen während des Krieges entschiedene Aufmerksamkeit und Entwicklungsanstrengungen galten, blieben Zuses Bemü-

51 *Der Erfinder des ersten Computers der Welt, Professor*
Konrad Zuse, mit seinem Nachbau des ersten Computer-
Funktionsmodells »Z 1« von 1936.

hungen ohne ausreichende offizielle Förderung. Dennoch war
der Universalrechner »Z 4« noch vor Kriegsende voll funk-
tionsfähig und wurde aus dem brennenden Berlin gerettet. Um

301

die »Z 3«, später zur »Z 391« fortentwickelt, gab es 26 Jahre währende Patentstreitigkeiten. 1967 lautete der abschließende Bescheid »mangelnde Erfindungshöhe«, eine patentwürdige Erfindung läge nicht vor. Damals jedoch »waren die Computer schon überall«, erinnerte er sich. Mittlerweile aber hatte sich auch der Prioritätsanspruch des Harvard-Professors Howard W. Aiken erledigt, seinerseits Erfinder des Computers gewesen zu sein. 1944 hatte Aiken die erste Großrechenanlage »Mark I« erstellt, 17 Meter lang, 25 Meter hoch, mit 760000 Einzelteilen und 80000 Meter Leitungsdraht. Aiken erkannte schließlich Zuses Pioniertat an.

Zuse meldete über 50 Patente an, konnte mit der »Z 23« 1955 den ersten elektronischen Rechner vorweisen. Die Weiterentwicklung der Z-Modelle brachte der 1949 gegründeten, 1957 nach Bad Hersfeld verlegten Zuse KG eine erhebliche Ausweitung, mit Relais, dann Röhren und schließlich Transistorgeräten und Kleinrechnern, zuletzt die lochstreifengesteuerte Rechenmaschine »Z 64«. Über 100 Großrechenanlagen wurden ausgeliefert. Die ständigen Entwicklungskosten überstiegen jedoch die Finanzkraft des Unternehmens mit seinen 1100 Angestellten. Nach anderen Verbindungen ging die Zuse KG schließlich 1969 ganz auf die Siemens AG über. Konrad Zuse wandte sich wieder den theoretischen Grundlagen der Computertechnik zu und wurde 1966 Honorarprofessor für Elektronische Datenverarbeitung an der Göttinger Universität. »Ich bin ein gescheiterter Kapitalist«, resümierte der dreifache Ehrendoktor anläßlich der Ehrungen zu seinem 75. Geburtstag, »aber schönster Erfinderlohn ist die gelungene Verwirklichung einer Idee.« Und: »Die Dichte der Schaltelemente im Gehirn ist um viele Zehnerpotenzen höher als bei den Maschinen, von der Natur können wir also noch viel lernen.«

Der Computer hat das Leben in unserem Jahrhundert auch für die Zukunft in besonders starkem Maße verändert, weil er die Möglichkeiten des menschlichen Denkens erweitert und durch seine Speichermöglichkeiten dem Gedächtnis entscheidend hilft. Stark hat zur Computer-Verbreitung die Erleichte-

302

rung des Rechnens und mühelose Steigerung des Rechnens mit vielen, höchste Genauigkeit ermöglichenden Dezimalen beigetragen. Diese Eigenschaften haben dazu geführt, daß der Computer für die Wissenschaft, für die Wirtschaft, im Berufsleben und auch im Privatbereich fast unverzichtbar geworden ist. Der Entwicklung des Computers hat die in den letzten Jahrzehnten entstandene Technik der Mikrominiaturisierung sehr geholfen.

Bei dem Besuch von Konrad Zuse bezog sich unser Gespräch auf Fragen und Betriebsweisen des Monitors, mit dem heute fast alle Computer ausgerüstet sind. Bei diesen Monitoren, wo das Ergebnis wie bei einem Fernsehbild auf dem Bildschirm sichtbar wird, kommt hinsichtlich des Problems der angepaßten Zeilenzahl und Bildauflösung die von mir 1930 realisierte Bilderzeugung mit Elektronenstrahlröhren zur Anwendung.

Das letzte Mal begegnete ich Konrad Zuse wenige Tage vor seinem Tode bei der Eröffnung des Deutschen Museums in Bonn. Dort waren gleichzeitig das erste Modell seines Computers und unsere Elektronenstrahlkanone mit 1200 kW Strahlleistung in die Ausstellung aufgenommen worden.

06. 09. 1985

Auf der Berliner Funkausstellung
Begegnung mit Richard von Weizsäcker

Dem damaligen Bundespräsidenten *Richard von Weizsäcker* (* 1920) begegnete ich auf der Berliner Funkausstellung 1985. Er begrüßte mich mit den Worten: »Ihr Bruder Ekkehard war mein Kompaniechef im Potsdamer Regiment 9, sehr streng, aber noch strenger gegen sich selbst. Wissen Sie, daß unsere

Großmütter in Lindau miteinander befreundet waren?« – Weitere Treffen folgten später, aber leider kam es nie zu vertiefenden Gesprächen.

Computer als Bausteine einer menschlicheren Welt
Begegnung mit Heinz Nixdorf

Zur schnellen und großen Verbreitung der Computer und damit zu einer starken Veränderung des Lebens in unserer Zeit hat neben Konrad Zuse vor allem *Heinz Nixdorf* (* 1925 – † 1986) beigetragen.

»Ihr braucht einen Computer. Ich kann ihn liefern und produzieren. Ihr müßt nur vorfinanzieren, 30000 Mark.« So begann die Karriere des Konstrukteurs und Unternehmers Heinz Nixdorf, Sohn eines verstorbenen Reichsbahn-Bediensteten aus der alten Bischofs- und Hansestadt Paderborn. Er wußte mit seiner Rechner-Idee zu überzeugen: Der damals 27jährige, bis dahin Student der Physik und Betriebswirtschaft in Frankfurt und ganze 6 Monate als Werkstudent bei einem Elektroniker des amerikanischen Elektronikunternehmens Remington-Univac, Eleve im Bau von Rechnern, baute im Keller unter dem Lochkartenzentrum der Rheinisch-Westfälischen Elektrizitätswerke in Essen aus Elektronikröhren seinen ersten Abrechnungscomputer für seinen ersten Kunden RWE. Finanzämter und sogar das Büromaschinen-Unternehmen Bull waren bald weitere Auftraggeber seines 1952 ins Essener Handelsregister eingetragenen »Labors für Impulstechnik GmbH«.

Für den Rechenautomaten seines Hauptkunden, dem Büro-

52 *Heinz Nixdorf, der durch die Einführung der Mikro-
elektronik in den Computerbau und durch kluge Anpassung der Konstruktion von Computeranlagen den Weg
bereitete für den heutigen Einsatz in fast allen Bereichen des
wissenschaftlichen, industriellen, beruflichen und privaten
Lebens.*

maschinenhersteller Wanderer-Werke, entwickelte Nixdorf eine Transistor-Komponente statt der bislang üblichen Elektronenröhren. Damit war der erste Durchbruch elektronischer Rechner mit speziellen Elektronenröhren bzw. Transistoren gelungen. Zehn Jahre später, seit 1968 mit seinem stürmisch wachsenden Unternehmen im heimischen Paderborn, übernahm Nixdorf die traditionsreichen Wanderer-Werke und verfügte damit über ein weit gespanntes Vertriebs- und Service-Netz.

Eine große Leistung von Nixdorf war dann die Einführung von integrierten Schaltkreisen aus der Fertigung von Texas Instruments, einer Firma in den USA. Nur wenig später zwang Nixdorf die amerikanische Industrie dazu, 20 Schaltkreise auf einem Chip unterzubringen. Diese Entwicklung ermöglichte es ihm, eine Massenproduktion von Computern mit kleinen Abmessungen auf den Markt zu bringen. Daß es Nixdorf gelang, preiswerte Kleingeräte zu entwickeln und vor allem mit ihnen seine Paderborner Computerfirma aufzubauen, erregte die Bewunderung seines Freundes Konrad Zuse, dem ein solcher Durchbruch nicht gelang.

Nixdorf hatte ein herausragendes Gespür für die von den Branchenriesen noch kaum erkannten Chancen der »Mittleren Datentechnik« und der kleinen Computer am Arbeitsplatz mit umweltfreundlicher Software, »intelligente« Terminals für eine effektive dezentrale Büroorganisation anstelle zentraler Großrechenanlagen. »Man kann«, lautete seine Devise, »Elektronenrechner so einfach bauen, wie der liebe Gott die mathematischen Gesetze einfach erfunden hat.«

Zum Teil waren es in der Tat verblüffend einfache Ideen, die zu dem großen wirtschaftlichen Erfolg von Heinz Nixdorf führten. Ein lehrreiches Beispiel hierfür sei erwähnt. Bei meinem Besuch in Paderborn erzählte mir Nixdorf von katastrophalen Betriebsstörungen in Banken, wenn im Buchungswesen ein Computer ausfiel. Er habe die Gefahr einer solchen Störung auf einfache Weise dadurch beseitigt, daß er mehrere Computer in einer Ringschaltung vereinigte, bei der zusätzliche Computer sich automatisch einschalteten, sobald Ausfälle eintraten. Diese einfache Idee habe ihm einen entscheidenden Vorsprung vor der Konkurrenz (IBM und Siemens-Rechnerwerk) eingebracht.

In nahezu atemberaubender Entwicklung wuchs Nixdorfs Paderborner Unternehmen, jetzt die Nixdorf Computer AG, mit internationalen Engagements und Vertretungen in schließlich über 100 Ländern zum drittgrößten Computerhersteller Europas. Nach rd. 28 Millionen Umsatz 1966 war 1978 erstmals die Milliardengrenze überschritten. 1985 erreichte der Weltumsatz nahezu 4 Milliarden DM, von über 23 000 Mitarbeitern erwirtschaftet. Die ungeheuren Summen für Forschung, Entwicklung und Investitionen verlangten potente Partner. Mit wechselndem Glück wurden Allianzen geschmiedet, Kooperationsverträge vorgesehen. Statt eine drittseitige Mehrheit am Aktienkapital zuzulassen, holte sich Nixdorf mit stimmrechtlosen Vorzugsaktien Geld über die Börse in das immer noch mehrheitlich von der Familie gehaltene Unternehmen.

Noch nicht 61 Jahre alt, starb Heinz Nixdorf im Kreis von Kunden und Mitarbeitern bei einer Veranstaltung seines Unternehmens auf der CEBIT 86. Er war einer der großen Unternehmer, die zur Symbolfigur des deutschen Wirtschaftswunders wurden. Bis zuletzt hatten ihn große weitere Pläne beschäftigt. Die Nixdorf AG, 1990 nach der Übernahme der Aktienmehrheit durch Siemens mit deren EDV-Bereichen zum Computerkonzern Siemens Nixdorf Informationssysteme AG (SNI) Paderborn / München verschmolzen, will sich noch stärker als bisher auf den Weltmarkt ausrichten und langfristig je ein Umsatzdrittel in Deutschland, Europa und der übrigen Welt erzielen. »Wir müssen dort investieren, wo wir wachsen.« 1994/95 erzielte die Siemens-Tochter mit über 37 000 Beschäftigten einen Weltumsatz von 12,8 Mrd. DM.

Man braucht keinen von Heinz Nixdorfs Computern, um sich die Relation zu seinen ersten 30 000 DM vor Augen zu halten. Er hat den Kleincomputer nicht erfunden. Aber in Deutschland hat er den Markt dafür erobert. Das Wort »Erfinder«wollte er nicht für sich gelten lassen:»Ich bin ein Konstrukteur.«»Wir liefern«, sagte er einmal,»Bausteine zum Aufbau einer menschlicheren Welt.«Ein Nachruf drückte es so aus:»Er ist ein technischer Tüftler gewesen, der dabei zugleich auch immer im Auge behielt, daß Technik dem Menschen dienen soll.«

12.09.1986
In Tschernobyls Schatten
Begegnung mit L. P. Kindzelsky

Während meiner zehnjährigen Internierung in der Sowjetunion von 1945–1955 hatte ich in meinem Sinoper Institut bei Suchumi auch ein Labor für Strahlenbiologie. Außerdem unterhielt ich im Rahmen unserer Krebsforschung enge Beziehungen zu den Kiewer Onkologen. So kam es bald nach dem am 26. April 1986 erfolgten Reaktorunfall von Tschernobyl zum Besuch einer sowjetischen Delegation unter Leitung des Röntgenologen Prof. Dr. *L. P. Kindzelsky*, dem Direktor des Kiewer Forschungsinstituts für Röntgenologie und Onkologie, auf dem Weißen Hirsch. Wir berieten über Maßnahmen zur Bekämpfung der Folgen von Strahlenschäden. Wir sprachen uns für folgende Empfehlungen aus:
1. Verhinderung von Mißbildungen durch Verzicht auf Schwangerschaften in den strahlenbelasteten Gebieten.
2. Bei diagnostizierter Senkung der Leukozytenzahl durch akute Strahlenbelastung Wiederanhebung dieser Zahl auf möglichst den Normwert um $6000\,\text{mm}^{-3}$ durch Sauerstoff-Mehrschritt-Kur (Versuch einer Normalisierung der körpereigenen Abwehr).

Die Gäste aus Kiew wurden damals mehrere Tage in die Verfahrensweise der Sauerstoff-Mehrschritt-Kur eingearbeitet.

Auch angesichts des verheerenden Reaktorunglücks in der Ukraine rate ich nicht zum völligen Verzicht auf Kernenergie als Energiequelle, sondern zum Übergang auf sicherere Reaktortypen, bei denen die Kettenreaktion automatisch bei Unfällen abreißt und die Restwärme aufgefangen wird.

10. 09. 1987

Gemeinsam gegen den Krebs
Begegnung mit Rita Süssmuth

Die erste Begegnung mit der bedeutenden kreativen Politikerin der Tat war in der DDR-Vertretung der Bundesrepublik Deutschland in Berlin beim Staatssekretär Hans-Otto Bräutigam. Damals war Frau Professor Dr. phil. *Rita Süssmuth* (* 1937) Bundesministerin für Jugend, Familie und Gesundheit der Bundesrepublik. Mit Einverständnis des Gesundheitsministers der DDR machte ich ihr den Vorschlag, gemeinsam mit Wissenschaftlern der Bundesrepublik Deutschland einen Schnellprozeß zur Krebsprophylaxe zu entwickeln. Dieser Prozeß sollte die in einem Jahr maximal heranwachsenden Krebszellen vernichten und deshalb einmal pro Jahr bei der Gesamtbevölkerung durchgeführt werden.

Wir verfügten damals für ein solches Verfahren über ein gemeinsam mit Onkologen erstelltes Konzept auf Grundlage der Sauerstoff-Mehrschritt-Immunstimulation. Ebenso wie bei der Kinderlähmung wäre beim Krebs die Prophylaxe aus medizinischer Sicht ein viel zweckmäßigeres Handeln als das therapeutische Vorgehen, wenn die Krankheit sich bereits manifestiert hat. Frau Süssmuth zeigte hohes Interesse an diesem möglichen Gemeinschaftsprojekt der beiden deutschen Staaten. Nach der Wende ist das Prophylaxevorhaben nicht weiter verfolgt worden. Es fehlte auf unserer Seite die Kraft, das Projekt politisch voranzubringen. Der Vereinigungsprozeß hat viele Kräfte gebunden und bindet sie noch heute. Hoffentlich findet sich in der Zukunft aus der jüngeren Generation eine Gruppe von Medizinern, welche die Stafette von damals aufgreift.

Seit November 1988 als Bundestagspräsidentin im zweithöchsten Staatsamt, wurde Frau Professor Süssmuth bekanntlich nach der ersten gesamtdeutschen Wahl mit 525 von 650 abgegebenen Stimmen zur ersten Präsidentin des gesamtdeutschen Bundestages gewählt, Ausdruck des Vertrauens und der Wertschätzung für eine Persönlichkeit, die auch »produktive Unruhe« als Motor und Korrektiv politischen Handelns sieht.

15. 11. 1987

In Friedrichsruh
Begegnung mit Ferdinand von Bismarck

Veranlassung für unsere Fahrt nach Schloß Friedrichsruh im Sachsenwald östlich von Hamburg war der Wunsch des Fürsten *Ferdinand von Bismarck* (* 1930), eine Methode zur Prophylaxe gegen Krebsmetastasen kennenzulernen.

Bei unserem Besuch erinnerte sich Ferdinand von Bismarck, gelernter Bankkaufmann, Jurist und im Hauptberuf Anwalt, an die Beziehung meines Urgroßvaters Baron von Ohlendorff zu seinem Urgroßvater, dem Reichskanzler Otto von Bismarck. Mein Urgroßvater hatte zur Unterstützung der Politik des Reichsgründers Bismarck die »Norddeutsche Allgemeine Zeitung« gegründet. Wiederholt hatte mein Urgroßvater sich über Besuche des Fürsten in seinem Hamburger Hause freuen dürfen.

Bei unserem Besuch erzählte das Ehepaar Bismarck, daß

53 Heinrich Baron von Ohlendorff (Hamburg), der Freund
Bismarcks, mit Urenkel Manfred von Ardenne. Links
Großvater Franz Matthias Mutzenbecher, rechts der Vater
Egmont Baron von Ardenne (1908).

311

wenige Tage vor Kriegsende auf Weisung des englischen Premier Winston Churchill die Gebäude in Friedrichsruh, Alterssitz des Kanzlers nach seiner verletzenden Entlassung durch Kaiser Wilhelm II., durch einen Luftangriff zerstört worden seien. Der Angriff auf Friedrichsruh war Ausdruck des Hasses des englischen Premier gegen das Haus Bismarck.

21. 10. 1988

»Wasserstoffwelt« und Solarenergie
Begegnung mit Ludwig Bölkow

Dr. *Ludwig Bölkow* (*1912), dem Pionier der Luftfahrttechnik, begegnete ich auf einem DABEI-Symposium in München. Bis 1977 war er Vorsitzender der Geschäftsführung der Firma MBB Messerschmitt-Bölkow-Blohm. Seinen Weg vom Flugzeugkonstrukteur bei den Flugzeugwerken Messerschmitt über die eigene Ingenieurfirma bis zur Spitze des mit von ihm begründeten größten Luft- und Raumfahrtkonzerns der Bundesrepublik nachzuzeichnen, hieße zugleich ein Kapitel deutscher und internationaler Industriegeschichte mit zahlreichen zivilen und militärtechnischen Entwicklungen skizzieren zu wollen.

Bölkow ist Techniker aus Leidenschaft und von ungewöhnlicher Kreativität. »Wir dürfen nicht nur darüber nachdenken, wie man wieder ein neues Auto oder ein neues Flugzeug bauen kann. Die Technik hat eine Verantwortung für die Zukunft dieser Welt«, formulierte der 81jährige, kein Mann geschaffen für den Ruhestand. Die Sonnenenergie stärker zu nutzen, modernere, umweltfreundlichere Verkehrssysteme zu entwickeln und die Vision einer »Wasserstoffwelt«, die um die Mitte des nächsten Jahrhunderts Wirklichkeit werden könnte, sind bis heute seine Themen. Der Technikphilosoph ist und bleibt Rea-

312

54 München, 21. Oktober 1988: im Gespräch mit Ludwig Bölkow über die aktuellen Pläne und Entwicklungen in der Luftfahrt.

list mit Forderungen an die Regierenden und die ganze Gesellschaft: »Wir müssen, damit unsere Kinder noch vernünftig leben können, sparen und investieren in solche Dinge«, forderte er in einem Gespräch mit der Zeitung »Die Welt«. Er hat keine Scheu, als Spinner gescholten zu werden: »Wir gehen ins Sonnenzeitalter.... Und warum? Weil man bald kein Öl, kein Gas mehr hat.« Kann dies die ökologische Rettung der Welt sein? »Es ist die einzige Möglichkeit. Und es ist schon sehr spät.«

Die neuen Arbeitsgebiete, denen sich Bölkow seit seinem Ausscheiden aus dem aktiven Geschäftsleben widmet, dürften zu den wichtigsten, wenn nicht sogar entscheidenden der künftigen Jahrzehnte gehören. Bölkow begründete das Projekt zum Einsatz von Wasserstoff zum Antrieb von Kraftfahrzeugen und Flugzeugen, weil auf diese Weise als Abgas unschädlicher Wasserdampf entsteht. Sein Vorschlag sieht die Gewinnung von Elektroenergie durch große Solarzellen-Anlagen in äquatorialen, wolkenarmen Gebieten vor. Die gewonnene Elektroenergie wird dann zur Erzeugung von Wasserstoff durch Elektrolyse eingesetzt. Nach Verflüssigung des Wasserstoffs soll dieser dann durch Spezialschiffe zum Ort der Nutzung, z. B. in Industrieländer, transportiert werden. Die Realisierung dieses Projektes würde viele heutige Probleme lösen. Die Umweltverschmutzung durch CO_2 mit ihren vielfältigen Folgen (Klimagefährdung, Erhöhung der Häufigkeit von Krebserkrankungen) würde fortfallen. Die Prüfung und gegebenenfalls Verwirklichung des Projektes von Bölkow verdient daher große Aufmerksamkeit. Aus seinem Projekt könnte ein interessantes neues Arbeitsfeld für nachfolgende Generationen entstehen, obwohl es gegenwärtig noch als seiner Zeit weit voraus erscheint. Den Schlüssel zur Realisierung dieses Projektes bilden Großflächen-Solarzellen mit gutem Nutzeffekt und gleichzeitig sehr hoher Klimabeständigkeit. Es ist zu prüfen, inwieweit zur Entwicklung und Herstellung dieser komplizierten Vielschichtsysteme die von unserer »Von Ardenne Anlagentechnik GmbH« geschaffenen Großflächen-Beschichtungsanlagen helfen können. Ich denke hierbei besonders an die zusätzliche Beschichtung der Solarzellen mit weitgehend porenfreien und den Wirkungsgrad nicht verschlechternden Schutzschichten gegen Regen und andere Klimaeinflüsse.

Ich stimme Bölkow ganz zu, der schon vor 25 Jahren in Venedig auf einer Konferenz über »Industrie und Gesellschaft« sein Credo formulierte: »Fortschritt in der Technologie um seiner selbst willen hat keine Existenzberechtigung. Die Technik und die Technologie dienen der Gesellschaft.« Und ich gehe auch darin mit ihm überein:»Vorrangige Ziele sind alle Entwicklungen, die zu einer Verbesserung der qualitativen Lebensbedingungen, der Lebensqualität, nicht unbedingt des Lebensstandards, beitragen können.«

12. 01. 1989
Für den Fortschritt in Sachsen
Begegnung mit Kurt Biedenkopf

Am 3. Dezember 1987 hielt ich an der Universität Leipzig im »Interdisziplinären Zentrum für Internationale Wirtschaftsbeziehungen« einen Vortrag zum Thema »Der Blick auf das Ganze beim Wirken für Wissenschaft und Wirtschaft«. Diesem Vortrag hatte ich auf Einladung von Prof. Dr. Günter Nötzold meinen Brief an das Politbüromitglied Egon Krenz vom 31. Oktober 1985 mit Forderungen nach Reformen zugrunde gelegt. Gut ein Jahr nach meinem Vortrag, der sich kritisch mit der DDR-Wirtschaftsführung auseinandersetzte, hielt Professor Dr. *Kurt Biedenkopf* (* 1930) ebenfalls bei Professor Nötzold einen kritischen Vortrag über die Möglichkeiten und Aussichten der DDR-Wirtschaft. Dabei bezog er sich auf meinen Leipziger Vortrag. Das führte zum Besuch des Ehepaares Biedenkopf in unserem Hause sowie zu meinem Besuch beim Ehepaar Biedenkopf in Bonn.

Bekanntlich traten im Mai jenes Jahres 1989 nach den Kommunalwahlen in der DDR die ersten Demonstrationen auf, bei denen die SED der Wahlfälschung beschuldigt wurde. Erinnert sei auch an die Massenflucht von DDR-Bürgern, die Demonstrationen nach den Montagsgebeten in der Leipziger Nikolaikirche und in Dresden, Berlin und in anderen Städten, an Honeckers Sturz, an jenen 9. November 1989, als sich die Schlag-

55 *Nach seiner Wahl zum Ministerpräsidenten von Sachsen:*
Kurt Biedenkopf und seine Frau.

bäume öffneten, 28 Jahre nach dem Bau der Mauer, an die erste freie Wahl zur Volkskammer im März 1990.

Seit April lehrte Kurt Biedenkopf als Gastprofessor und bald
danach als ordentlicher Professor für Wirtschaftspolitik an der
Universität Leipzig, der erste westdeutsche Professor dort.
Nach der Währungs-, Wirtschafts- und Sozialunion kam dann
der Einigungsvertrag, das Ende der DDR. Mit großer Freude
erlebten wir, daß Kurt Biedenkopf im Oktober 1990 zum Ministerpräsidenten des nunmehrigen Bundeslandes Freistaat
Sachsen gewählt wurde.

Für den Ministerpräsidenten lagen die Aufgaben hauptsächlich in zwei Bereichen: Im Bereich »Repräsentation«, der im
Blickfeld der Öffentlichkeit liegt, und im Bereich von Wirtschaft und Verwaltung, der für die Weiterentwicklung des Landes maßgebend ist und daher an erster Stelle stehen muß.

In den sechs Jahren, die seit dem Regierungsantritt von Biedenkopf vergangen sind, zeugen unzählige Vorträge, Inter-

views, Fernseh- und Rundfunksendungen von den Aktivitäten des Ministerpräsidenten in diesen Bereichen. Initiativen für die Wirtschaft waren Aufgaben mit ungewöhnlichen Schwierigkeiten. In allen Städten galt es, die Gebäude zu renovieren, die verrottete Infrastruktur wieder in guten Zustand zu versetzen, Investitionen unter den speziellen Bedingungen der deutschen Wiedervereinigung anzuregen, zu leiten und zu kontrollieren. Durch attraktive Bedingungen galt es aussichtsreiche Industrien in günstige sächsische Standorte zu leiten, Handlungen gegen die Gesetze zu erkennen und zu verhindern sowie dort, wo es sich lohnt, unkonventionell zu helfen. Hier lag besonders der Bereich der stillen Taten Biedenkopfs.

So stand Kurt Biedenkopf auch uns hilfreich zur Seite. Unsere GmbH für Anlagenbau verhandelte mit holländischen Partnern um einen sehr bedeutenden Auftrag. Es ging um eine Anlage zur Herstellung von Mehrfachschichten mit so außergewöhnlichen thermischen Eigenschaften, daß ihre Einführung beim Bau von Turbinenantrieben fast unverzichtbar war. Zu unserer Überraschung schaltete sich Biedenkopf in die komplizierten Verhandlungen ein und förderte den Abschluß der Verträge. Ein anderes Beispiel für sein Wirken war eine Reise von ihm in die USA, um ein geplantes Industriewerk, in dem viele Arbeitslose beschäftigt werden konnten, nach Dresden zu holen. Schließlich ist auch die schnelle Renovierung sehr vieler Gebäude Dresdens ein Signal für die gute Verwaltung aktueller öffentlicher Aufgaben in Sachsen. In diesem Zusammenhang ist auch die Unterstützung zu erwähnen, die Biedenkopf durch seine Minister, insbesondere den Minister für Wirtschaft, Herrn Schommer, erhielt. Herrn Minister Schommer haben auch wir für wesentliche Hilfen bei der Überwindung unserer nach der Wende entstandenen Krise zu verdanken.

Neben der Arbeitslosigkeit haben zwei ungelöste Probleme das Leben in der Gegenwart verändert und belasten es auch noch in der Zukunft. Es ist der Milliarden von Arbeitsstunden absorbierende Verkehrsstau auf den Straßen unserer Großstädte und den Autobahnen. Es ist weiter die Finanzierung der

Renten und anderer Sozialausgaben bei dem wachsenden Anstieg des Anteils der ins Rentenalter kommenden Menschen in unserer Industriegesellschaft.

Nicht ohne gute Gründe möchte ich auch die Hoffnung und Erwartung aussprechen, daß Kurt Biedenkopf, der nach den Landtagswahlen 1994 erneut zum Ministerpräsidenten gewählt wurde, auch auf längere Sicht weiterhin zu den Persönlichkeiten gehören wird, die durch wegweisende Gedanken bei der Lösung dieser Hauptaufgaben unserer Tage helfen. Zur Beseitigung der Verkehrsstaus müssen neue Straßen, Brücken, Tunnel und in den Großstädten Untergrundbahnen gebaut werden. Die zu leistenden Bauarbeiten haben einen solchen Umfang, daß sie erheblich zur Minderung der Arbeitslosigkeit beitragen könnten.

Bei der Finanzierung der Renten für den älteren Teil der Bevölkerung dürfte es wohl kaum eine andere Lösung geben, als daß die Rentner nach Überschreitung des 65. Lebensjahres angepaßte berufliche Leistungen vollbringen und sich dadurch an der Finanzierung ihrer Altersrente beteiligen.

20.06.1989

Stifter und Anstifter
Begegnung mit Kurt A. Körber

Durch meine in den 20er Jahren erschienenen Bücher zum Selbstbau von Radiogeräten hatte ich ohne es zu ahnen einigen Erfindern und Entwicklern von Industrieanlagen geholfen, die der Mitwirkung von elektronischen Elementen bedurften. Zu diesen Persönlichkeiten gehörte auch der spätere Hamburger Industrielle Dr. *Kurt A. Körber* (*1909–†1992), zu dem sich später eine freundschaftliche Beziehung herausbildete. Kurt

318

56 *Gruppenbild mit Dame anläßlich der Verleihung des Dr.-Ing. h. c. der Technischen Universität Dresden an Dr. Kurt A. Körber.*
Von links: Professor Manfred von Ardenne, Hamburgs Bürgermeister a. D. Klaus von Dohnanyi, ZEIT-Herausgeberin Marion Gräfin Dönhoff, Dr. Kurt A. Körber, Professor Hans-Jürgen Jacobs, Rektor der Technischen Universität Dresden, und Willi Daume, Präsident des Olympischen Komitees der Bundesrepublik Deutschland.

A. Körber hatte bereits als 15jähriger sein erstes Patent – von später über 190 von der Hochfrequenz-Technik bis zum Maschinenbau – angemeldet: eine »Radiosender-Ablese-skala«. Sie ging sogar in Serienproduktion, wie Körber mir einmal erzählte. Unterstützt von zwei pensionierten Reichs-bahnbeamten, vermarktete er seine erste Erfindung schon während seines Elektrotechnikstudiums.

Körber arbeitete später bei Siemens, Berlin, als Hochfre-quenzspezialist und als Konstrukteur im Elektromaschinenbau. In Dresden wurde er noch vor dem Krieg technischer Direktor der Maschinenfabrik Universelle. Er entwickelte dort vor allem automatische Maschinen zur Zigarettenherstellung. Im Krieg vom Dienst an der Waffe ebenso freigestellt wie die 4000 Mitarbeiter der Universelle-Werke, weil diese auch kriegswichtiges Material herstellten, erlebte Körber die Zerstörung Dresdens durch britische Bomber. Auch die Universelle-Werke wurden fast vollständig zerstört.

Körber baute nach dem Zweiten Weltkrieg in Hamburg aus seiner eigenen Sechs-Mann-Firma ein großes Werk für die Produktion seiner Hauni-Automaten zur Herstellung von Zigaretten mit Filtern auf. Ihm gelang es mit seinen vollautomatischen Maschinen, auch für Verpackung, Papierverarbeitung und Metallbearbeitung, den Weltmarkt zu erobern. Als wir einander zum ersten Mal begegneten, zählten zur Körber AG bereits 18 Maschinenproduktionsunternehmen und zahlreiche Vertriebsgesellschaften im In- und Ausland. 1992 lag der Gesamtumsatz bei anderthalb Milliarden Mark.

Körber war politisch und sozial sehr engagiert. Er förderte das Hamburger Kulturleben und steckte viel Geld in wissenschaftliche und berufsbildende Förderungen. 1959 gründete er die Kurt A. Körber-Stiftung, zehn Jahre danach die Hauni-Stiftung, die 1981 in der Körber-Stiftung zusammengefaßt wurden. In seinem Hause lernten wir übrigens den Altbundeskanzler Helmut Schmidt und seine Frau Loki kennen.

Dr. Körber hatte die geniale Idee, 1961 den »Bergedorfer Gesprächskreis« ins Leben zu rufen. Zu diesem Kreis wurden ein- bis zweimal jährlich führende Politiker und Wirtschaftler eingeladen. Die Sitzungen galten jedesmal einem bestimmten aktuellen Problem aus Politik, Wirtschaft oder Wissenschaft. Durch die Vielzahl der prominenten Teilnehmer führte jede Sitzung zu Anregungen und konstruktiven Gedanken zur Tagespolitik. Inzwischen haben über 100 Sitzungen des »Bergedorfer Gesprächskreises« stattgefunden. Die dort ausgetauschten Anregungen dürften nicht unerheblich auch zur Gestaltung der deutschen Politik beigetragen haben.

Ich selbst lernte beim »Bergedorfer Gesprächskreis« viele Persönlichkeiten, auch Politiker kennen, mit denen ich sonst kaum eine Begegnung gehabt hätte. Dadurch kam es oft zu nachfolgenden Besuchen in unserem Hause auf dem Weißen Hirsch: beispielsweise von Helmut Schmidt und Frau, Willy Brandt und Frau, Sir Dahrendorf, Klaus von Dohnanyi, Walter Leisler-Kiep, Marion Gräfin Dönhoff, Dr. Lothar Späth.

Bei seinen Stiftungen hatte Dr. Körber den guten Gedanken, daß ein bedeutender hochdotierter Preis Forschern zukommen sollte, die an einem aussichtsreichen Thema arbeiteten. Der Preis sollte nicht für den Erfolg, sondern für die erfolgversprechende Umsetzung noch vor dem Abschluß der Forschungen vergeben werden. Auf diese Weise hätte noch mehr echte Förderung erfolgen können. Leider konnte dies, wenn ich es recht überblicke, nicht häufig verwirklicht werden.

Dr. Körber starb nach einer relativ ungefährlichen Operation. Er erwachte nicht mehr aus der Narkose. Wissenschaft, Forschung, Bildung und Erziehung und auch die Fürsorge für ältere oder kranke Menschen gehörten, wie die Kunst, zum weiten Umkreis seines Engagements. Gesellschaftliche Fragen der Zeit und Themen der Wirtschaft und des Denkens und Handelns in unserer industriellen Lebenswelt machte der dynamische Unternehmer auch zum Gegenstand eigener Veröffentlichungen. Mitentscheidungsrechte der Arbeitnehmer, Gewinnbeteiligung seiner Belegschaft charakterisierten seinen ungewöhnlichen Führungsstil. Bis zum Zeitpunkt seines Todes hatte die Körber-Stiftung für die Förderung von Kultur und Wissenschaft bereits über 200 Millionen Mark ausgeschüttet.

Altbundeskanzler Helmut Schmidt schrieb in seinem Nachruf in der »Zeit«: »Körber war ein kulturell und politisch hoch engagierter Stifter und Anstifter. Er hat viele Aufgaben früher erkannt als wir anderen – und lange bevor sie ins öffentliche Bewußtsein getreten sind.... Er hat Wege gewiesen und Menschen gefördert, die Ideen zur Lösung der Aufgabe hatten und denen er die Kraft zur praktischen Verwirklichung zutraute.«

Dresden und das Jahr 1989
Begegnung mit Wolfgang Berghofer

Im September 1989 überreichte mir *Wolfgang Berghofer* (*1943), seit 1986 Oberbürgermeister, die Urkunde zum Ehrenbürger der Stadt Dresden. Für mich war und ist diese Ehrung von besonderer Bedeutung, verbinden mich doch mit Dresden nun schon über 40 Jahre meines privaten und wissenschaftlichen Lebens.

Seit langem kannte ich Berghofer und den Ersten Sekretär der SED-Parteileitung in Dresden Hans Modrow als Kritiker der Politik Honeckers. Im Sommer und Herbst 1989 führten bekanntlich die meisten Wege der Flüchtlinge nach Prag und Ungarn über Dresden. Die Züge fuhren von Berlin kommend über Dresden nach Prag. Die politisch Verantwortlichen in Dresden waren somit sensibilisiert für die Stimmung in der Bevölkerung. Berghofer, der sich schon seit seinem Amtsantritt als Oberbürgermeister um ein unverkrampftes Verhältnis zum Westen und um die von ihm und Hamburgs damaligen Bürgermeister Klaus von Dohnanyi 1987 ins Leben gerufenen Partnerschaft zwischen den Elbstädten Hamburg und Dresden bemüht hatte, handelte besonnen und mit Fingerspitzengefühl für die äußerst heikle Phase in der 40jährigen DDR-Geschichte. Schließlich wurde durch den Flüchtlingsstrom die für das Selbstverständnis eines Staates grundlegende Souveränität zur Disposition gestellt. Nach dem Sturz Honeckers sollen Berghofer und Modrow mit Billigung sowjetischer Militärs bei Egon Krenz die Aufhebung des Schießbefehls, der bei einem Angriff auf die SED-Macht vorgesehen war, durchgesetzt haben. Egon Krenz war das im Politbüro für Polizei und Volksarmee zuständige Mitglied. Die Gewaltlosigkeit der Wende, die ein drohendes schreckliches Blutbad in Deutschland verhinderte, dürfte daher von Dresden aus durchgesetzt worden sein.

Der Schriftsteller Hochhuth erzählte mir, daß Willy Brandt zwei Tage vor seinem Tod von der Mitwirkung von zwei sowjetischen Offizieren bei diesen Dresdener Aktivitäten gesprochen habe. Ich habe Hochhuth vorgeschlagen, eine Studie zur Geschichte der Gewaltlosigkeit der Wende anzufertigen. Sicher könnte diese Studie eine große Lücke in der Wertung der deutschen Geschichte dieses Jahrhunderts ausfüllen.

10. 10. 1989
Habe ich richtig gehandelt?
Begegnung mit Wolf Graf Baudissin

Mit meinem Vetter *Wolf Graf Baudissin* (* 1907 – † 1993) durchwanderte ich in den Ferien 1924 die Wälder auf dem Gut Borstel meines Onkels Graf Baudissin in der Nähe von Hamburg. Wir waren damals beide 17 Jahre alt und erfüllt von Plänen und Tatendurst. Dann trennten sich unsere Wege für viele Jahrzehnte.

Graf Baudissin, im Zweiten Weltkrieg Generalstabsoffizier, zuletzt auf Wunsch von Feldmarschall Rommel im Generalstab des deutschen Afrika-Korps, als Major 1947 aus englischer Kriegsgefangenschaft entlassen, kam als fünfter ehemaliger deutscher Offizier 1951 zum »Amt Blank« und wurde 1955 Leiter der Unterabteilung »Innere Führung« des Verteidigungsministeriums der Bundesrepublik. Er wurde zum Mitgestalter der Bundeswehr. Das Ziel des von ihm geschaffenen Prinzips der »inneren Führung« war die Integration der Armee in den demokratischen Staat und dessen gesellschaftliche Ordnung. Von 1963 bis 1967 war Generalleutnant Graf Baudissin in hohen Kommandeurs- und Stabsfunktionen der NATO. Schließlich wurde er Gründungsdirektor des 1971 gegründeten »Institutes

57 *Mein Vetter Wolf Graf Gaudissin, Mitgestalter der*
Bundeswehr mit dem Ziel der Integration der Armee in den
demokratischen Staat. Danach wissenschaftlicher Direktor
des Instituts für Friedensforschung an der Universität
Hamburg.

für Friedensforschung und Sicherheitspolitik« an der Hamburger Universität.

Nach unserer Rückkehr 1955 aus der Internierung in der Sowjetunion lernte ich sein Können, seinen Rat und seinen edlen Charakter hoch schätzen. Bei einem Besuch von Graf Baudissin und seiner Frau auf dem Weißen Hirsch stellte ich ihm die Frage: »Habe ich aus deiner Sicht richtig gehandelt, durch unsere Mitwirkung bei der Entwicklung der sowjetischen Atomwaffentechnik zu helfen und damit die Herstellung des atomaren Patts zu beschleunigen?« Seine Antwort lautete: »Ja, du hast richtig gehandelt, denn das Gleichgewicht des Atomwaffenpotentials zwischen West und Ost hat den nuklearen Frieden bis zur Gegenwart erhalten.« Durch diese Antwort einer kompetenten Persönlichkeit hohen Ranges erschien mir unsere Arbeit in der Sowjetunion im nachhinein nicht nur gerechtfertigt, sondern auch notwendig gewesen.

Am 10.10.1989, also etwa eine Woche vor dem Sturz Honeckers, habe ich Baudissin gebeten, mir bei der Abfassung eines gegen Honecker gerichteten Beitrages in der BILD-Zeitung zu helfen. Ebenso beriet mich mein Vetter bei der Abfassung des Textes einer Rede, die ich am 16.10.1989 im Kulturpalast Dresden vor etwa 2500 Dresdnern gehalten habe. Die Rede wurde einen Tag später, noch vor dem Sturz Honeckers in der gesamten Dresdner Presse veröffentlicht.

Wolf Baudissin und seine Frau Dagmar waren enge Freunde der Gräfin Dönhoff. Als Baudissin von meiner tiefen Verehrung für die Gräfin erfuhr, plante er einen gemeinsamen Abend mit uns und ihr in seinem Hamburger Haus. Leider kam es nicht mehr zu diesem Treffen im kleinen Kreis, dem wir mit großer Freude entgegensahen, weil kurz nacheinander Baudissin und seine Frau starben. Durch Baudissins Tod 1993 ist Deutschland ärmer geworden.

»Ein europäisches Musterländle im kleinen«

Begegnung mit Lothar Späth

Als Ministerpräsident von Baden-Württemberg seit 1978 hatte sich Dr. *Lothar Späth* (* 1937) durch seine geistige Flexibilität, seinen Ideenreichtum, sein oft unbürokratisches Handeln und auch geschicktes politisches Management ein hohes Ansehen erworben. Der Spitzname »Cleverle« galt ihm als Markenzeichen für seine, die verschiedenen Interessen aller am Wirtschaftsprozeß Beteiligter vereinigende Politik. Man kann auch sagen, daß Lothar Späth einen »Riecher« für unkomplizierte Lösungen bewiesen hat.

Der gelungene Strukturwandel in Baden-Württemberg in den 80er Jahren ist wohl zu großen Teilen auf das Politikmanagement von Lothar Späth zurückzuführen. Nach dem durch unglückliche Umstände herbeigeführten Ausscheiden aus seinem Amt am 13. Januar 1991 – die Rede war von unschicklicher Verknüpfung von Landespolitik, Wirtschaftsinteressen und privaten Luxusbedürfnissen – übernahm er die Leitung der Firma »Jenoptik« in Jena mit ihren nach der Wende sehr komplizierten Problemen. Dies war rückblickend und im Vergleich zu ›Abwicklungen‹ anderer Ostfirmen in den ersten Jahren nach der Vereinigung ein Glücksfall für die Mitarbeiter. Späth bemühte sich in seiner zielstrebigen Umtriebigkeit erfolgreich um Umschulungsprogramme, Weiterqualifikationsangebote und Neuanstellungen in mittelständischen Betrieben. Neue Initiativen galten der High-Tech in den vier Unternehmensbereichen Optoelektronik, Systemtechnik, Präzisionsfertigung und Umweltanalyse. Späths Ziel lautete für die Jenoptik, im Jahre 1996 wieder schwarze Zahlen zu schreiben.

Dr. Lothar Späth wies bei seinem Vortrag im Januar 1990 in

meinem Institut darauf hin, daß ich in meiner Rede in der letzten Sitzung der DDR-Volkskammer am 01. 12. 1989 den Antrag bei der Verfassungskommission gestellt habe, eine Neugliederung unserer Republik in die fünf traditionellen Länder (Brandenburg, Sachsen, Sachsen-Anhalt, Thüringen, Mecklenburg-Vorpommern) durchzuführen. Dieser Antrag enthielt einen der ersten Reformvorschläge, die realisiert wurden.

31. 01. 1990
Höhenluft
Begegnung mit Reinhold Messner

Die höchsten Berge unserer Erde sind von dem Südtiroler *Reinhold Messner* (*1944) bestiegen worden. Der Aufstieg zum Gipfel erfolgte bei den meisten seiner Expeditionen ohne Kreislaufstützung durch Sauerstoff und meist im Alleingang. Nach zahlreichen äußerst gefahrvollen Unternehmungen ins Himalaya-Gebirge, bei denen sein Bruder 1970 in einer Lawine den Tod fand und zwei Jahre später zwei Teamkollegen nach einem Schneesturm verschollen blieben, gelang Reinhold Messner 1978 mit Peter Habeler die Erstbesteigung des höchsten Berges der Welt, dem Mount Everest (8848 m) ohne Sauerstoffgerät. Messner hatte damit bewiesen, daß es bei entsprechendem Training ohne Atemhilfe möglich ist, in diese Höhen vorzudringen. Dies wurde von Fachleuten und Medizinern bis dahin nicht für möglich gehalten. Reinhold Messner gilt mit seinen Leistungen als der erfolgreichste Bergsteiger in unserem Jahrhundert. Ich hege große Bewunderung für ihn. Deshalb freute ich mich sehr, ihm bei Dr. med. Rainer Holzhüter, dem Präsidenten der Ärztegesellschaft für Sauerstoff-Mehrschritt-Therapie, in Hamburg zu begegnen.

58 *Gespräch mit Reinhold Messner, dem erfolgreichsten Bergsteiger unseres Jahrhunderts, und Dr. Rainer Holzhüter, dem Präsidenten der Ärztegesellschaft für Sauerstoff-Mehrschritt-Therapie. Messner bestieg die höchsten Berge unserer Erde ohne Kreislaufstützung mit Sauerstoff und meist im Alleingang.*

Bei unserem Gespräch ging es um die Physiologie der At-mung und um die Frage, wie sein Organismus ohne Applika-tion von Sauerstoff in der sauerstoffarmen Höhenluft Kraft und Stabilität behält. Wir diskutierten die Wirkungen der mehrstu-figen langsamen Adaption des Organismus an große Höhen und der temporären Blutverdünnung (Hämatokrit-Senkung).

Die Begegnung mit dem großen Bergsteiger rief in mir Erinnerungen wach. Seit ich im Alter von fünf Jahren mit mei-nen Eltern auf dem Wendelstein bei Bayrischzell war, liebte ich die Berge. Höhepunkte unserer späteren Urlaube waren Mürren im Berner Oberland mit dem Blick auf Jungfrau,

Mönch und Eiger, das Gornergrat oberhalb Zermatt mit seinem Blick auf das Matterhorn, Monte Rosa und die umgebenden Walliser Berge, die Dolomiten mit ihren bizarren Bergformen und schließlich das Salzkammergut mit seinen einladenden Dörfern, Seen und Bergen. Diese Reiseziele möchte ich meinen Lesern sehr empfehlen.

23.03.1990
Kein Wort von Haß
Begegnung mit Marion Gräfin Dönhoff

Das Buch von *Marion Gräfin Dönhoff* (*1909) »Namen, die keiner mehr nennt« hatten meine Frau und ich mit großer Anteilnahme gelesen. Erschütternd war der Abschied von Schloß Friedrichstein der Familie von Dönhoff in Ostpreußen und ihre anschließende Flucht zu Pferde nach Westen im Chaos vor der anrückenden sowjetischen Armee. Bei unserer durch Dr. Körber vermittelten Begegnung sagte ich ihr, daß ich sie bewundere, weil sie in ihren Büchern kein Wort des Hasses gegen die Russen geäußert habe. Sie sah in Hitler klar die primäre Ursache des Unglücks, das über Europa kam.

Unvergessen ist ihre enge Verbundenheit mit dem Widerstand gegen Hitler. Nach dem 20. Juli 1944 verlor sie fast alle ihre Freunde. Ihre Auffassung zur Bedeutung des Ausfalls der geistigen politischen Elite des 20. Juli 1944 war bemerkenswert. Nach Kriegsende fand sie ihre neue Existenz in der Publizistik. Sprachrohr ihres steten politischen Engagements wurde vor allem die von ihr ab 1946 als Redakteurin, Ressortleiterin Politik, Chefredakteurin und schließlich Herausgeberin maßgeblich mitgestaltete Wochenzeitung »Die Zeit«, die durch ihre wegweisenden Beiträge schnell großen Einfluß nehmen konnte. Später gelang es ihr sogar, den Altbundeskanzler Helmut Schmidt als Mitherausgeber zu gewinnen.

Ihre Kommentare zur Ostpolitik ihres Freundes Willy Brandt waren tief bewegend. Ihre Erkenntnis, daß nicht die Tatsachen, sondern die Vorstellungen der Menschen von den Tatsachen das Schicksal in der politischen Welt bestimmen, hat mich sehr zum Nachdenken angeregt. Ihr Beispiel hierzu war der lange kalte West-Ost-Krieg. Dann kam Gorbatschow. Ohne daß die Tatsachen sich änderten, führten die neuen Vorstellungen zum Ende des gefährlichen Kalten Krieges.

Nicht erst mit der »Reise in ein fernes Land – Wirtschaft und Politik in der DDR«, dem gemeinsam 1964 mit Rudolf Walter Leonhardt und Theo Sommer geschriebenen Buch, hatte sie ein Zeichen für Annäherung gesetzt. »Wir waren als ›Zeit‹«, erinnerte sie sich anläßlich ihres 75. Geburtstages, »auch die ersten, die nach drüben gereist sind und darüber berichtet haben.... Das war der Beginn dessen, was dann zur Ostpolitik wurde.« Die Trägerin des Friedenspreises des Deutschen Buchhandels, Mitbegründerin und Vizepräsidentin der »Deutschen Gesellschaft für Auswärtige Politik«, trat früh engagiert für eine Politik der Versöhnung und eine aktive Ostpolitik ein. »Ende des Kommunismus – und was nun?« – so das von Helmut Schmidt zu ihrem 80. Geburtstag initiierte Symposium – war und ist Thema der Publizistin und Politikerin, eine unbestrittene Autorität nicht nur in Deutschland.

Ihre und Helmut Schmidts Auffassung, daß nach der Wiedervereinigung, die durch das Zusammentreffen von Michail Gorbatschow und Helmut Kohl im Kaukasus mit viel Fortune eingeleitet wurde, schwerwiegende Unterlassungen unterlaufen seien, ist sehr bemerkenswert. Gemeint sind noch erheblich größere finanzielle Leistungen der Bürger der alten Bundesrepublik für ihre Landsleute in den neuen Bundesländern, für eine Neugestaltung ihrer wirtschaftlichen Existenz unter, wie sich ja bald herausstellte, so völlig gewandelten Umständen. Womöglich wären viele der heutigen Probleme, Mißstimmungen, Ostkonkurse dadurch vermeidbar gewesen.

330

Ich sehe in Gräfin Dönhoff eine jener verehrungswürdigen Frauen, die dem geistigen und politischen Fortschritt zu dienen suchen, wie es auch Indira Gandhi, die Tochter Nehrus, tat und Bertha von Suttner, die Friedens-Nobelpreisträgerin von 1905. »Sie hat nie ein öffentliches Amt bekleidet«, schrieb Richard von Weizsäcker als Geburtstagsgratulant. »Aber dort, wo in der Welt nachgedacht und nach menschlicher Qualität und gedanklicher Vernunft aus Deutschland Ausschau gehalten wird, fällt den Menschen der Name Marion Dönhoff ein. Daß sich ihr überall in der Welt die Türen öffnen: wie gut für uns Deutsche.«

30.04.1990
Ideologien im Wandel der Zeit
Begegnung mit Willy Brandt

Altbundeskanzler *Willy Brandt* (*1913−†1992) besuchte uns begleitet von seiner Frau und Dr. Kurt Körber in unserem Hause. Aus der Sicht meiner zehnjährigen Internierungszeit in der Sowjetunion und der Kenntnis über die politischen Verhältnisse und Erwartungen in der UdSSR und der DDR habe ich Willy Brandts erfolgreiche Ost-Politik sehr bewundert. Brandts unanzweifelbarer Friedenswille und seine Reputation sowohl im Osten als auch im Westen haben es ihm möglich gemacht, den West-Ost-Dialog entscheidend voranzutreiben. Weder die Westverbündeten zweifelten an seinem Bekenntnis zur Westbindung der Bundesrepublik, noch vermuteten die Politiker im Osten in Brandts Handeln eine reaktionäre Absicht. Ich habe 1970 mit großer Zuversicht den Besuch Brandts in Erfurt verfolgt. Sein politisches Motto lautete: »Mehr Demokratie wagen.« Er hat sie tatsächlich gewagt. 1971 wurde

59 *Besuch am 30. April 1990 im Hause auf dem Weißen Hirsch: Bundeskanzler a. D. Willy Brandt.*

ihm bekanntlich der Friedens-Nobelpreis für seine überzeugende Politik der Versöhnung verliehen.

Der Kniefall vor dem Ehrenmal des jüdischen Ghettos in Warschau war ein Bekenntnis zur historischen Schuld der Deutschen und vielbeachtete stumme Abbitte, um zu einer neuen geschichtsbewußten Normalität der Beziehungen zu gelangen. Anläßlich des Todes von Willy Brandt erinnerte der damalige Bundespräsident Richard von Weizsäcker an diese Geste: »Ein tiefes Menschengefühl wurde zum Ausdruck eines Regierenden. Niemand hatte es erwartet. Keiner hat es vergessen. Es hat die Dinge verändert. Es hat den Völkern einen neuen Weg geöffnet.«

Bei seinem Besuch 1990 konzentrierte sich unser Gespräch auf die Frage, ob es nicht eine zwingende Notwendigkeit sei, politische Ideologien von Zeit zu Zeit an die Änderungen der Lebensbedingungen anzupassen. Brandt war der Meinung, daß dies notwendig sei. Das war auch meine Auffassung, denn ich hatte mich lange darüber gewundert, daß in der DDR und auch in der Sowjetunion trotz des starken Wandels der Lebensbedingungen die Ideologie des Marxismus über viele Jahrzehnte unverändert beibehalten wurde. Die sture Ablehnung von Reformen durch Honecker hatte ich noch wenige Tage vor seinem Sturz miterlebt. Auf der letzten Regierungsveranstaltung 1989 in der DDR hatte Gorbatschow in einer ausführlichen Rede Reformen vorgeschlagen. Unmittelbar nach Ende der Rede von Gorbatschow antwortete Honecker mit der Erklärung, in der DDR würden keine Reformen durchgeführt.

Willy Brandt vertrat zum Problem der Ideologien die Auffassung, daß auch der Kapitalismus zu neuen Formen finden müsse, um in der Zukunft Bestand zu haben. Dr. Körber meinte hierzu, daß auch in den nächsten Jahren die Kapitalisten zunächst einen möglichst hohen Gewinn erzielen sollten, daß aber dann der Hauptanteil der Gewinne für die Lösung der sozialen Probleme bereitgestellt werden müsse. Sicher wäre es notwendig, für dieses gemeinnützige Handeln einen starken Anreiz oder staatliche Zwänge einzuführen. Anschließend an diese Diskussion hatte ich Gelegenheit, den Altbundeskanzler über unsere Forschungen zur Entwicklung der systemischen Krebs-Mehrschritt-Therapie zu informieren.

Unvergessen sind zwei öffentliche Äußerungen Willy Brandts zur Einheit Deutschlands: »Noch so große Schuld einer Nation kann nicht durch zeitlos verordnete Spaltung getilgt werden« und sein berühmter Satz vor dem Schöneberger Rathaus: »Es wächst zusammen, was zusammen gehört.«

Innovationen schneller nutzen
Begegnung mit Sir Ralf Dahrendorf

Sir Ralf Dahrendorf (* 1929), zur Zeit unserer Begegnung auf dem Weißen Hirsch Rektor am St. Anthony's College in Oxford, ist einer der bedeutendsten Strategen der neuen Europapolitik. Deutschland, England, Europa sind, wie man bezeichnenderweise über ihn schrieb, die drei Vaterländer des Kosmopoliten. Er war im Jahr zuvor für seine Verdienste von der englischen Königin geadelt worden. Bei der Gesprächsrunde mit ihm und Dr. Kurt Körber diskutierten wir über die Wege und Schwierigkeiten der Förderung des Entstehens und der schnellen Nutzung von Innovationen mit wirtschaftlicher Bedeutung. Es liegt auf der Hand, daß solche Innovationen ein wirksames Mittel sind, um die bedrohliche, immer noch zunehmende Arbeitslosigkeit junger und in höherem Alter stehender Menschen zu bekämpfen. Dr. Kurt Körber lag dieses Thema deswegen nahe, weil er in seiner wegweisenden Stiftung verfügt hatte, daß der hohe, jährlich zu verleihende Preis nicht, wie bei der Nobel-Stiftung, an bereits voll anerkannte Entdeckungen oder Ergebnisse gegeben wird, sondern für aussichtsreiche, aber noch nicht abgeschlossene Entwicklungen. Durch diese Verfügung wurde bewirkt, daß der Preis noch zur Beschleunigung und Vervollkommnung der preiswürdigen Entwicklung beitragen konnte.

Ein weiteres Thema in unserer Runde behandelte damals die Frage, wie der jungen Generation bei der Suche nach Ausbildungen mit unter den gegenwärtigen Zeitbedingungen guter beruflicher Chance geholfen werden könnte.

Das Schicksal geht manchmal seltsame Wege

Begegnung mit Hans-Olaf Henkel

Die auf eine lange Firmengeschichte zurückblickende Computerfirma IBM, der größte Hersteller von EDV-Anlagen der Welt, hat wesentlich zur Verbreitung des Computers in allen Lebensbereichen beigetragen. Deshalb nahm ich einige Monate nach der Wende die Einladung des IBM-Chefs Dr. *Hans-Olaf Henkel* (*1940) an, vor leitenden IBM-Mitarbeitern einen Vortrag über das »Entstehen von Innovationen« zu halten. Ich tat dies auch, um von den versierten Fachleuten der Computerwelt zu lernen, wie zukünftiges Management aussehen müsse und welche Innovationen in den nächsten Jahren zu erwarten seien.

In der auf den Vortrag folgenden Diskussion wurde mir gesagt, daß bei IBM die Innovationen überwiegend von außen und zwar meist von Firmen mittlerer Größe kämen. IBM sei durch etwa 5000 Verträge mit solchen Firmen oder Einzelerfindern verbunden. Für mich bestätigte sich wieder das Sprichwort »Not macht erfinderisch«, denn der Existenzkampf war bei den genannten Betrieben mittlerer Größe und den Einzelpersonen sehr viel härter als bei den Angestellten des Großbetriebes IBM.

Als ich meinen Vortrag für die Veranstaltung bei IBM-Deutschland vorbereitete, erinnerte ich mich folgender Begebenheit: Der deutsche Zweig des heutigen internationalen Computerkonzerns IBM war aus der 1910 gegründeten Berliner Firma Deutsche Hollerith Maschinen GmbH hervorgegangen, die sich in der Nähe meines Berliner Institutes am Bahnhof Lichterfelde-Ost befand. Bei einem der ersten Angriffe englischer Bomberverbände auf Berlin während des Zweiten

335

Weltkriegs waren Gebäude meines Lichterfelder Institutes in Brand gesetzt worden. Ich bat meine Frau, die Betriebsfeuerwehr von Hollerith zu uns zu holen. Nach einem eiligen Marsch durch Straßen entlang brennender Gebäude erreichte sie die Feuerwehr. Weil das Betriebsgelände von Hollerith verschont geblieben war, konnte die Betriebsfeuerwehr zu uns ausrükken. Dank dieser unkonventionellen und spontanen Hilfe gelang es, die Brände im Institut soweit zu begrenzen, daß die Gebäude bis zum Kriegsende völlig wiederhergestellt werden konnten. Während der Löscharbeiten bei uns hatte eine zweite Welle der englischen Bomberverbände Lichterfelde überflogen und dabei die Gebäude von Hollerith in Brand gesetzt. Natürliche Folge war, daß die Verantwortlichen der Feuerwehr in Ungnade fielen. Sie wurden entlassen. Die meisten Mitglieder der Betriebsfeuerwehr wechselten dann zu uns und halfen beim Wiederaufbau der Gebäude. Nach Kriegsende folgten mir die Feuerwehrleute in die Internierung und entwickelten sich zu besonders tüchtigen Mitarbeitern des Sinoper Instituts »A«. Das Schicksal geht manchmal seltsame Wege.

04. 01. 1992

Nach dem großen geschichtlichen Augenblick
Begegnung mit Helmut Schmidt

Bei dem Wiedersehen mit Altbundeskanzler *Helmut Schmidt* (*1918) auf dem Weißen Hirsch erzählte ich ihm von der schweren Krise, in die mein Institut mit 500 Mitarbeitern durch die Wende unverschuldet geraten war. Dann berichtete ich über den Stand unserer medizinischen Arbeiten.

Meine Streßforschung interessierte ihn sehr. Er sagte, der Streß durch seine Regierungsarbeit sei so stark gewesen, daß er wohl nicht mehr am Leben wäre, wenn er noch ein Jahr länger in seinem Amt geblieben wäre. Er lobte die stabilisierende Wirkung des ihm implantierten Herzschrittmachers.

Der Wechsel aus der intensiven Arbeitsatmosphäre eines hohen Regierungsamtes in den Ruhestand dürfte in der Regel deprimierende Gefühle auslösen. Für Helmut Schmidt, als Elder Statesman eine gefragte Persönlichkeit auf Foren der politischen und wirtschaftlichen Weltbühne, war es sicher auch von Bedeutung, als sich für ihn, von Gräfin Dönhoff initiiert, 1983 eine Fortsetzung seines politischen Wirkens als Mitherausgeber und bald auch Mitgeschäftsführer der einflußreichen Wochenzeitung »Die Zeit« ergab. Auf diese Weise machte sich die große Regierungs- und Lebenserfahrung des Altbundeskanzlers wenigstens zum Teil wieder für die deutsche Politik geltend. Bei der Wiedervereinigung der beiden deutschen Staaten stand unvermittelt die Regierung der Bundesrepublik Deutschland vor einer Fülle von komplizierten Aufgaben, für die es keine Lösungsbeispiele in der Geschichte gab. Hier hätte, meine ich, die Regierung auch den Rat des Altbundeskanzlers suchen müssen. In Beiträgen, Interviews und Vorträgen brachte er Vorschläge und Empfehlungen vor, freilich auch harte Kritik mit unverblümten Vorwürfen an die Adresse von Kanzler, Ministern und die Regierungsparteien. Ein Hauptproblem bei der Wiedervereinigung war es, Wege zur schnellen Verringerung des großen Wirtschaftsgefälles zwischen den alten und neuen Bundesländern zu finden. Helmut Schmidt und Gräfin Dönhoff waren, wie erwähnt, der Auffassung, daß die Bürger der alten Bundesländer viel größere Opfer für den Neuaufbau der Wirtschaft in den neuen Bundesländern bringen müßten. Die Bürger in Westdeutschland sollten z. B., so Schmidt, zugunsten ihrer ostdeutschen Landsleute drei Jahre lang auf Lohnzuwächse oberhalb der Inflationsrate verzichten, Minister auf 15–20 % ihrer Gehälter. Er rief zur Bescheidenheit auf und meinte, nur durch die Rückkehr des westlichen

Lebensstandards auf das Niveau der späten 80er Jahre ließen sich Wirtschaftsrezession und Aufbau im Osten bewältigen.

Auch nach meiner Einschätzung kam es nicht zu genug gesetzlichen Regelungen und Taten. Aber niemand sollte die bis heute erbrachten Leistungen verkleinern wollen. Hier ist das Stichwort Solidaritätszuschlag ebenso zu erwähnen wie die rd. 615 Milliarden DM aus öffentlichen, also Steuermitteln, die allein zwischen 1991 und 1995 in die neuen Länder flossen. Zum überwiegenden Teil sind damit, wie die Bundesbank jüngst verlautete, Sozialausgaben bestritten worden. Für Investitionen wurde ein Viertel der Milliardensumme verwandt. Dieser Anteil wird sich nach Einschätzung der Bundesbank 1996 und 1997 auf rd. 30 % steigern.

Uns bleiben Mut, Optimismus und Tatkraft. Sehen wir die noch zu bewältigenden großen Probleme und Aufgaben als Herausforderung für uns alle an. Und als fortdauernde Chance nach dem großen geschichtlichen Augenblick der Wiedervereinigung, für den wir alle in Deutschland dankbar sein müssen.

Nützliche Verwendung meiner Zeit im hohen Alter

Die Wende in Deutschland, die wir so sehr erhofft haben und zu deren Entstehen ich durch viele öffentliche Reden und Aufsätze mit Forderungen nach grundlegenden Reformen beizutragen versucht hatte, führte mein Privatinstitut in eine sehr schwere finanzielle Krise. Durch den Untergang der Volkseigenen Industrie und die Schließung der DDR-Ministerien waren wir mit 500 Mitarbeitern plötzlich ohne Einkünfte. Hinzu kamen noch 7 Millionen Altschulden, die zu verzinsen und rückzuzahlen waren. Wohl jede andere Einrichtung hätte bei

60 Im Hintergrund Dresden: Mit meinen Söhnen Dr. Thomas
    (r.), Geschäftsführer »Forschungsinstitut Manfred von
    Ardenne OHG«, und Dr. Alexander, Geschäftsführer »Von
    Ardenne Institut für Angewandte Medizinische Forschung
    GmbH«.

einer solchen Lage Konkurs angemeldet. Wir hatten aber aus
der Vergangenheit so viele Innovationen von hoher wirtschaftlicher oder kultureller Bedeutung, daß wir uns entschlossen,
unter Anpassung an die Marktwirtschaft weiterzumachen.
    Das alte Institut wurde umgewandelt in 3 Bereiche:
1. Von Ardenne Anlagentechnik GmbH,
2. Von Ardenne Institut für Angewandte Medizinische Forschung GmbH,
3. Forschungsinstitut von Ardenne OHG.
Ihre Geschäftsführer Dr. Peter Lenk, Dr. Alexander von Ardenne und Dr. Thomas von Ardenne leiten die 3 Gesellschaften
so erfolgreich, daß wir heute einschätzen dürfen, die schwere
Krise überwunden zu haben. Ich selbst habe mir als weiterer

Geschäftsführer des medizinischen Bereiches nur noch die Leitung der Forschung zur Weiterentwicklung der systemischen Krebs-Mehrschritt-Therapie vorbehalten. Trotz großer erfolgversprechender Pläne ist diese Forschung gegenwärtig noch aus finanziellen Gründen gebremst. Ich habe aber die Hoffnung, daß es in naher Zukunft gelingt, eine Förderung der schon geplanten Arbeiten durchzusetzen.

Das Tätigsein als Geschäftsführer der medizinischen Forschung füllt meine Zeit nicht aus. Jede Art von Ruhestand ist für mich eine Strafe. Was war da zu tun? Ein Ausweg aus dieser Lage war die Abfassung von fünf Buchmanuskripten in den Jahren 1994 bis 1996. Gleichzeitig war das ein Gehirntraining, das die geistigen Kräfte weiter frischhält. Ohne Gehirntraining degeneriert die Denkfähigkeit.

Personenregister

343

344